세월호라는 기표

세월호라는 기표
- 교육은 4.16을 어떻게 사유할 것인가

ⓒ 김종구 외, 2019

2019년 4월 16일 처음 펴냄

글쓴이 | 김종구, 김수현, 조영선, 김경빈, 진냥, 김원석, 공현, 모란, 김한률, 임정은,
       이혜진, 어쓰, 권혁이, 하금철, 김훈태, 홍은전, 배경내, 정혜윤
기획·편집 | 이진주, 공현
본문 사진 | 최승훈
출판자문위원 | 이상대, 박진환
디자인 | 더디앤씨 www.thednc.co.kr
제작 | 세종 PNP
인쇄 | 보진재

펴낸이 | 김기언
펴낸곳 | 교육공동체 벗
이사장 | 심수환
사무국 | 최승훈, 이진주, 이경은, 설원민, 김기언, 공현
출판등록 | 제2011-000022호(2011년 1월 14일)
주소 | (03971) 서울시 마포구 성미산로1길 30 2층
전화 | 02-332-0712
전송 | 0505-115-0712
홈페이지 | communebut.com
카페 | cafe.daum.net/communebut

ISBN 978-89-6880-115-0 03370

이 도서의 국립중앙도서관 출판예정도서목록(CIP)은 서지정보유통지원시스템
홈페이지(seoji.nl.go.kr)와 국가자료공동목록시스템(www.nl.go.kr/kolisnet)에서
이용하실 수 있습니다. (CIP제어번호 : CIP2019013748)

교육은 4.16을 어떻게 사유할 것인가

세월호라는 기표

교육공동체벗

차
례

'3.11'과 '4.16'

2011년 동일본대지진이 일어났을 때 나는 일본 요코하마의 한 빌라에 세 들어 살고 있었다. 지진은 거대한 괴생명체처럼 찾아와 지축을 뒤흔들어 놓았고, 집안의 가재도구는 물론 나의 평범했던 일상들을, 아니 삶 자체를 뒤흔들어 놓았다. 이윽고 전기가 들어오고 텔레비전을 볼 수 있게 되었을 때, 후쿠시마 핵 발전소가 심상치 않다는 소식이 전해졌다. 텔레비전에는 해설자로 소위 분야별 전문가들이 불려 나왔다. 한 다섯 명은 되었을 것이다. 한 사람이 핵 발전소의 격납고의 구조를 설명한다. 또 한 사람은 핵 발전의 원리를 설명한다. 또 다른 한 사람은 우라늄의 핵반응에 대해, 그 옆에 있던 사람은 시버트라는 생소한 단위로 방사선의 수치와 그 위험성을 이야기한다. 마이크는

돌고 돌았고, 그 누구도 '판단'이 들어간 종합적인 설명을 내놓지 못했다. 텔레비전 프로는 이 전문가들의 이야기의 합이 곧 진실이라는 듯 그렇게 뭔가 찜찜하게 두루뭉술 넘어가고 있었다. 그때 후쿠시마에 살던 사람들은 아직 피난을 가지 못했고, 어디로 피난해야 할지조차 모르고 있었다(고 전해진다).

3.11은 계산과 합리성으로 세련되게 지어 올린 우리 시대가 한순간에 사막이 될 수 있음을 보여 주었다(아니 그건 처음부터 사막이었는지도 모른다). 그리고 그 계산과 합리성의 이면에 사실은 계산할 수 없는 것, 합리적으로 딱 떨어지지 않는 인간의 비합리성과 욕망들이 자리하고 있음을 목도하는 데는 그리 많은 시간이 필요하지 않았다. 즉각 우리는 그 누구도 책임을 지지 않는 구조, 아니 책임을 질 수 없는 구조 위에 살고 있다는 걸 알게 되었다.

2014년 세월호가 가라앉고 있을 때 나는 태평양이 내려다보이는 시즈오카라는 일본의 지방 도시에서 살고 있었다. 발달된 초고속 인터넷망은 이국에 살고 있던 나의 시선을, 마음을 팽목항으로, 진도체육관으로, 맹골수도로 붙잡아 놓았다. 한 3일은 그렇게 세월호에서 좀처럼 시선을 뗄 수 없었다. 테레비 아사히의 내일의 날씨를 안내하던 캐스터의 표정과 그 화면이 아직도 눈에 선하다. 일본 지역의 내일의 날씨를 다 전한 다음, 내일 진도 앞바다의 날씨와 바닷물의 온도, 물살의 세기까지 상세히 전해 주는 게 아닌가. 모두 무사히 구조되기를 바랍니다, 라는 마지막 멘트를 듣는 순간 코끝이 시큰해졌다. 일본 사람들에게 날씨 정보를 전달하는 뉴스에서 진도 앞바다의 날씨를 전하는 게 무슨 소용이 있는가 싶기도 했지만, 날씨 '정보' 코너가 정보 전달의 기능이 아니라, 기도로, 연대로서 그 역할을 수행하고 있구나 하는 데 생각에 미치자 왠지 마음 한편이 위로받는 듯했다. 그러나 그것도 잠시, 지구적 사건인 3.11과는 달리 4.16은 온전히 '대한민국'이라는 나라-공동체의 문제라는 생각에 분노가 치밀었다. '허수아비'를 국가의 리더로 뽑고 돈과 권력의 자리에 취해 있던 집권 세력들, 윗사람 눈치나 보며 책임을 미루거나 사고가 발생했을 때 그걸 신속하게 해결하는 능력도 가지고 있지 못한 관료들과 공무원들, 돈벌이에만 급급하고 안전 시스템을 갖추는 것에는 관심이 없었던 운항 회사, 항상 사후적으로 '지못미'를 외치며 바보처럼 우는 것 외에는 할 수 있는 게 없는 무기력한 시민들. 나는 그 모두에 분노하고 있었던 것이다.

2014년 4월 16일 이후 '대한민국'이라는 나라-공동체가 어떻게 흘러왔는지 곰곰이 생각해 본다. 너무나 소중한 것들

세월호라는 기표

을 잃은 '사후적'이라는 게 문제이기는 하나, 시민들은 많은 일들을 이루어 냈다. 허수아비 대통령을 '끌어내리고', 바다 깊이 잠자고 있던 세월호를 '끌어올리지' 않았던가. 그러나 무엇보다 큰 성취는 '사고' 정도로 얼렁뚱땅 정리될 수 있었고 또 그렇게 하려는 세력도 있었지만 그에 맞서 기어코 세월호를 '사건'으로 만든 것이다. 지금 일본이 돌아가는 모습을 보면, 3.11은 적어도 일본 사회에서는 핵 발전소 '사고'로, 조금 끔찍하고 피해를 많이 입은 사고 정도로 매듭지어져 가고 있고, 일본 역사의 지축을 뒤흔든 '사건'으로 자리 잡지는 못한 것 같다. 비단 아베 정권의 권모술수 때문만이 아니라, 일본의 평범한 시민들이 그냥 '없었던 일'로 하고 싶은 모양이다. 그렇지 않고서야, 저 먼 유럽의 국가들이 3.11에 충격을 받아 탈원전을 선포하고 있는 마당에, 자신들의 코앞에서 사고가 일어났고 아직도 그 수습조차 요원한 현실 앞에서 일본의 시민들은 어떻게 원전이 재가동되는 걸 용인할 수 있을까. 연호를 바꾼다고 해서 새로운 시대가 도래하지는 않을 터이다.

교육적 사건으로서 4.16

세월호 사건은 교육적 사건인가? 여기에 대해서는 갑론을박이 있다. 이 짧은 서문에서는 그걸 정리하지는 않을 것이다. 다만,

세월호 사건이 교육적 사건'만'은 아니지만, 분명히 교육적 사건
이라는 점을 이야기하고 싶다. 아니, 우리는 그것을 교육적 사건
으로 만들어야만 한다.

　"지켜 주지 못해서 미안해……." 4.16 이후 많이 듣던 말이
다. 소위 '어른들'은 이 말을 한 번쯤 입에 올렸을 것이다. 나 역
시 이 말을 입에 올렸다. 여기에 불편함을 느끼는 목소리들이
있다. 세월호에서 아이들만 죽어 간 것도 아니라는 것, 그리고
이 말은 "가만히 있으라"는 그 끔찍한 멘트와 한 짝이 되어 여
전히 아이들을 어른들이 '지켜 줘야 하는 존재'로, 수동적인 존
재로만 그리고 있다는 것에 대한 불편함이다. 옳은 말이다. 그
러나, 그럼에도 불구하고, 나는 왜 그들을 지켜 주지 못해서 미
안해하는 걸까. 예컨대, 이 글을 쓰는 나는 적어도 그들보다는
나이가 많고, 세월호를 침몰시킨 이 어쭙잖은 사회를 만들어
온 것에 적잖이 기여했다. 또한 나는 아무렇지 않게 불법을 행
하는 권력의 위험성도 알고 있었고, 내 속에 있는 악의 평범성
도 인지하고 있었다. 그런데도 단호히 '노'라고 하지 못했고, 세
상을 바꾸려 하지도 않았고, 현실 속에 안주하고 있었다. 그래
서 미안한 걸까. 그럴지도 모른다. 그러나 곰곰이 나는 다시 생
각해 본다. 자격도 능력도 의지도 없었기에 '지켜 주지 못했다'
는 이유를 일단 지워 본다. 그렇게 하니 하나의 감정, 슬어만 남

세월호라는 기표

는다. 미안해……. 이 감정만은 지울 수 없다. 열일곱 살의 아이들이 그 잠재성을 키워 보지도 못하고 한꺼번에 수장되어 버렸고, 나는, 우리들은 그런 사회에 함께 살았고, 또 우리들만 살아남았다는 것에 미안해하고 있는 것이다.

한편, 이런 이야기는 어떨까. 이 책에 실린 조영선의 글에는 다음과 같은 이야기가 나온다. 대학 입시를 위해 현재를 즐기는 걸 유예한 아이들에게 잠시 현재의 행복을 즐길 수 있는 시간이 수학여행이다. 세월호에서 희생당한 아이들의 또래들은 그들의 그 들뜨고 신났을 마음 상태를 알고 있었고, 그래서 무엇보다 안타깝다는 것이다.

'교육적 사건으로서 4.16'이라는 테제는 세월호 사건을 마주한 후 들었던 '미안하고, 안타까운' 이 단순한 감정을 사유로 길어 올리는 과정 속에서 나올 것이다. 2014년 4월 16일 이후 즉각적으로 나온 수많은 교육적 대응은 거의 대부분이 허무맹랑했거나 실패했다. 그것은 기존의 교육적 모순이나 과제를 전부 '4.16 이후의 교육'의 과제라고 손쉽게 뭉뚱그리거나 안전교육이라는 명목으로 아이들을 더욱더 통제하는 쪽으로 나아가 버리고 말았다. 혹은 세월호 사건으로 아이들이 감정에 동요를 일으키지는 않을까, 그래서 정치적인 행동으로 잘못(?) 나가서 사회적 혼란을 초래하지 않을까 하는 감시, 규율 권력이 작동하기도 했다.

이 책의 저자들은 그 부분을 세세하고도 단호히 지적한다. 그들의 글에서는 그 이유까지는 설명하지 않았는데, 나는 그 이유를 '미안하고, 안타까운' 저 근본적 감정과 사유의 대결을 벌이지 않았기 때문이라고 본다. 긴 애도라는 사유의 시간이 필요했는데, 우린 너무 빨리 그들을 장사 지낸 것이다. 어쩌면 세월호를 그냥 '없었던 일'로 만들어 버리고 싶었던 것일까.

1997년 말의 외환 위기라는 사건, 우리 입에 익숙한 말로 하면 IMF일 것이다. 1990년 이후 봇물처럼 쏟아져 나온 교육 개혁 운동, 청소년운동, 학벌 개혁 운동, 학부모운동, 탈학교 운동 등이 IMF를 기점으로 급속도로 쇠퇴해져 갔다. 교육 관련 단체들은 많아졌고, 집회와 공청회도 자주 열렸지만, '운동'의 '야성'은 사라져 갔고, 모두들 '생존' '서바이벌' 게임에 들어간 것이다. 지난 20년은 교육이 얼마나 퇴행했는지를 보여 준 시간들이었다. 모두 움츠러들었고 각자도생의 길을 걸어왔다. 4.16은 그런 우리들을 오랜만에 흔들어 깨운 기표가 아니었을까. 4.16은 아직 기표인 채로 남아 있고 교육적 사건이 되지 못했다. 그걸 교육적 사건으로 만드는 건 온전히 우리의 몫일 것이다.

세월호라는 기표

이 책은 지난 5년간 《오늘의 교육》에 실린 '세월호 사건'과 관련한 글을 묶은 것이다. 글에는 당시의 다급함과 분노, 안타까움의 감정이 그대로 담겨 있다. 많은 글들이 일관된 이야기를 만들지 못하고, 자꾸 뒤돌아보거나 망설이거나 어떤 감정에 사로잡혀 흐느껴 울기도 한다. 세월호라는 기표 앞에서 아직 기의를 찾지 못해 더듬거리고 있는 몸짓이라고 생각하면서 읽으면 좋겠다. 언제가 될지 모르지만, '교육적 사건으로서 4.16'이라는 좀 더 단단한 이야기 구조를 지닌 책을 낼 것을 기약해 본다.

세월호 5주기를 앞둔 2019년 봄에

저자들을 대표해서 김종구

1부

4.16을
사유하다

세월호 참사,
우리는 언제까지 '지못미'를 반복할 것인가

—

김종구

1.

"지켜 주지 못해서 미안해!"

한국 사회는 언제부터인가 '지못미'에 갇혀 있다. 그동안 한국 사회가 지켜 주지 못한 것은 연약한 아이들이나 여자들뿐만 아니라 연예인, 정치인, 전직 대통령까지 실로 다양했다. 2010년 즈음이었을 것이다. 〈용서는 없다〉, 〈악마를 보았다〉, 〈파괴된 사나이〉 등 남자들의 잔인한 복수극들이 전국의 스크린을 빼곡히 채웠다. 지못미는 트라우마가 되어 복수극으로 재현된 것이다. 주인공들은 하나같이 자신의 어리석음과 무능력, 혹은 어떤 주저함으로 인해 사랑하는 사람(아이와 여자)을 잃고 잔인한 복수의 화신으로 둔갑한다. 영화를 보지 않아도 짐작할 수 있다시피 복수의 결과로 돌아오는 건 허무함뿐이다. 혹은 자신을 파괴하는 것으로 끝날 뿐이다. 텅 빈 주체를 이렇게 잘 표현할 수 있을까.

이런 영화들이 하나둘 만들어지고 있을 때, 현실에서는 여성들과 아이들이 잔인하게 죽어 나갔다. 아이들과 여자들을 지켜야 할 존재로 상정된 '남성 주체'(혹은 사회)는 복수의 판타지로 도피하거나 지못미의 눈물을 흘리는 것 외에 딱히 할 게 없었다.

세월호 사건이 끝내 참극으로 바뀌면서 한국 사회는 또다시 지못미의 촛불을 들기 시작했다. 미안하다…… 미안하다. 기성세대뿐 아니라 희생된 아이들의 또래와 동생들까지도 나서서 노란 리본을 달고, 촛불을 들었다. 거대한 애도의 물결, '잊지 않으마'라는 다짐과 절규에는 그 어떤 가식도 없으리라. 사심 없는 가장 간절한 애도로부터 토해져 나왔을 '미안하다', '지켜 주겠다'는 다짐들. 그러나, 냉정하게 물어보자. 세월호 이후, 우리 중 누가 누군가를 지켜 주겠다고 감히 말할 수 있겠는가. 대통령은, 아버지는, 선생님은, 나의 이웃은 나를 지켜 줄 수 있을 것인가. 나는 지금 도덕적이고 존재론적인 물음을 던지는 게 아니다. 현실적으로 정말 나를 지켜 줄 수 있느냐를 묻는 것이다.

2.

스승의 날을 즈음해서 43명의 교사들이 청와대 게시판에 글을 올렸고, 이후 1만 5천 명이 넘는 교사들이 이른바 '교사 선언'에 동참했다. 선언문에는 교사들이 바라보는 세월호 참사에 대한 시각이 잘 드러나 있다. 선언문은, 이번 세월호 참사는 한국 사회의 총체적인 모순을 드러낸 사건이며, 그 중심에는 청와대, 곧 박근혜 대통령이 있다는 것을 분명히 한 후, 무능과 무책임, 몰염치와 기만과 교만을 범한 죄를 물어 현 정권을 처단하겠다고 밝혔다. 일종의 시국 선언이고, 정권 퇴진 선언이다. 그러나 그 내용은 결국 지못미로 귀결된다.

　나는 이 선언을 이해한다. 나 역시 교사 신분이라면 이 선언에 서명했을지도 모르겠다. 뿐만 아니라 (세월호 참사 이전부터) 사악할 뿐 아니라 무능하기 짝이 없는 박근혜 정부가 하루속히 물러나기를 바라는 시민의 한 사람으로서 이 선언의 내용에 고개를 끄덕이지 않을 수 없다. 그렇지만 나는 이 선언에 선뜻 동의할 수 없다. 그것은 몇몇 진보 논객들이 이야기하듯이, 박근혜를 끌어내리고 안철수 혹은 더 진보적인 인사를 대통령으로 앉힌다고 해서 한국 사회의 근본 문제가 해결되지 않는다는 입장을 가지고 있기 때문만은 아니다. 결론부터 말하면 나는 이러한 선언이, 그리고 선언이라는 '제도' 자체가, 세월호 이후 교사들이(혹은 우리들이) 함께 취할 수 있는 무수한 잠재적 행동들을 제한해 버리기 때문에 동의할 수 없다.

선언은 말로써 권력에 저항하는 하나의 제도화된 양식이다. 그것은, 말을 억압하는 시대에 기어이 말을 토해 냄으로써 권력과 부딪치려는 결연함이다. 그래서 선언은 두 귀를 막고 있는 권력자를 향한 것이기도 하지만 흔들리는 자신의 결심과 각오를 다잡는 것이기도 하다. 지금의 교사 선언 역시 다르지 않다고 본다. 국민의 안전을 지키는 데는 지독히도 무능하고, 국민을 감시하는 데만 유능해 보이는 현 정권의 작태를 보고 있노라면, '결연한 선언'이 필요한 시대를 살고 있다는 사실을 부인하기 힘들다. 그러나 세월호 참사라는 전대미문의 악몽을 마주한 지금, 선언이라는 제도화된 양식이 그 어떤 힘을 발휘할 수 있을지에는 회의적이다. 무슨 일만 터지면 항상 선언을 남발한다고 타박하려는 게 아니다. 세월호 참사로 선언이라는 제도적 양식 또한 파탄 났다고 나는 생각한다. 세월호 이후 지면에서 만난 무수한 지식인들의 칼럼을 보라. 한국 사회의 구조적 모순을 해부하는 글이든, 현 정권의 무능함을 낱낱이 고발한 글이든, 결국 지못미인 것이다. 한마디로 저들의 무능이 아니라 우리의 무능에 대한 토로였다. 누군가는 대한민국호가 침몰한 게 아니라 현 정권이 침몰한 것이라고 딱 자르려고 했는데, 동의하지 않는다. 아무리 봐도 대한민국이 침몰한 것이다. 단순히

이 정권을 우리들이 뽑았기 때문이 아니다. 세월호 참사로 현 정권의 민낯은 말할 것도 없고 우리들의 민낯도 까발려졌다. 그리고 지못미를 반복하는 남성 주체의 세계, 어른의 세계도 끝장났다. 선생의 세계(학생을 지켜 주고 성장시킨다는 그 세계) 역시 파탄 났다. 우리는 언제까지 이 지못미를 반복할 것인가.

3.

세월호 선장은 배를 버려두고 탈출했으며 기어이 구조되었다. 그런데, 70여 명의 아이들을 데리고 가까스로 탈출한 두 명의 교사를 제외한 나머지 교사들은 아이들과 함께 숨을 거두었다. 스승의 날을 즈음해서 아이들을 탈출시키려다가 끝끝내 돌아오지 못한 교사들에 대한 감동적인 이야기들이 들려온다. 보수, 진보를 가리지 않고 신문들은 '역시 선생님들은 달랐다'는 식으로 그들의 영웅적인 이야기를 쏟아 내고 있다. 부질없고 잔인한 이야기지만, 아이들과 교사들의 생존 비율이 혹시 뒤바뀌기라도 했다면 신문들의 보도는 어떻게 바뀌었을까. 생각만 해도 소름이 돋는다. 교사들 대부분이 아이들과 이 생의 마지막을 함께함으로써 대한민국 전체의 '교사'를 구했던 게 아닐까 하는 쓸데없는 생각마저 들기도 했다.

그런데, 교사들은 어떻게 아이들과 최후를 함께할 수 있었을까. 너무 당연한, 그래서 바보 같은 질문이라고 핀잔을 들을지 모르겠다. 아이들을 내버려 둔 채 혼자 살겠다고 배를 빠져나온 선생을 당신은 상상할 수 있는가. 아마 쉽지 않을 것이다. 그것은 교사들의 직업 윤리가 특별히 뛰어나서도 아니고 그들의 인성이 탁월해서 그런 것도 아닐 것이다. 그날 배 속에서 그들이 취한 행동은 아주 즉각적이고 본능적이었을 것이다. 불난 집을 미처 빠져나오지 못한 아이를 구하기 위해 불구덩이로 뛰어드는 아버지처럼 말이다. 이런 즉각적이고 본능적인 행동은 교직에 들어선 지 한두 달 남짓밖에 안 된 교사에게도 나타나는 행동일 것이다.

4.

세월호 참사에 대한 논의 중 가장 흥미로웠던 것은 '한국 자본주의의 철저한 신자유주의화'였다. 그러니까 세월호 참사는 한국이 아직도 '후져서' 발생한 게 아니라, 한국의 자본주의 즉 신자유주의적 체제가 너무 잘 작동해서 일어난 사건이라는 진단이었다. 사고 전, 사고 당시, 사고 이후 이루어진 모든 시스템과 대책이 철저하게 신자유주의적이었다는 것. 지금까지 밝혀진 사실 관계만으로도 이렇게 진단하는 게 과하지는 않을 것이다. 사고 초기에 언론들이 후진국형 사고라고 기계적인 멘트를 날

렸지만 동의할 수 없었다. 후진국형 사고란 물적 토대가 갖추어지지 않아서 하루가 멀다 하고 대형 사고가 터지고, 그것이 반복되어도 손쓸 겨를이 없는 상태를 일컫는 것이다. 그런데 조선업 세계 1위를 시작으로 비교적 물적 토대가 잘 갖추어진 나라에서 일어난 사건을 후진국형이라고 하는 게 말이 되는가.

'철저한 신자유주의화론'과 더불어 김어준이 제기하는 음모론도 흥미로웠다. 그의 주장에 따르면 조난, 구조의 전 과정이 권력의 불편한 부분과 실수를 숨기는 데 할애되었으며, 사고 이후의 모든 대책이 돈과 권력의 입김에 의해 작동되었다는 것이다. 돈과 권력이 매개된 곳에서 마주하게 되는 인간의 잔학함과 추함을, 그리고 신자유주의는 이런 인간의 잔학함과 추함을 간교하고 뻔뻔하게 승인하는 체제라는 것을 우리는 잘 알고 있다. 그런데, 그렇다고 해도 의문은 여전히 남는다. 생명과 관계된 것인데, 생명이 지금 저렇게 죽어 가는데 돈과 권력의 이해관계로 사람들이 일사불란하게 움직일 수 있을까. 난 이게 이해하기 힘들다. 혹시 우리가 잘 짜인 드라마와 영화를 너무 많이 본 것은 아닐까. 현실에서 돈과 권력은 막강하기도 하지만, 그것은 매끄럽게 앞으로 나아가지 못하고 항시 삐걱거린다.

질문을 바꾸어 보자. 왜 세월호 참사는 한국에서 일어난 것일까. 이에 대해 한국이 신자유주의의 첨병이기 때문이라고 말하는 것으로는 부족하다. 왜냐하면 한국이 어떻게 신자유주의의 첨병이 되었는지를 또 물어야 하기 때문이다. 물론 한국의 경제 구조에 대한 분석을 통해 왜 한국이 신자유주의의 첨병 혹은 먹잇감이 되었는지 비교적 자세히 설명할 수 있을 것이다. 그러나 그렇게 한다고 해서 세월호 참사에서 날것 그대로 드러난 한국 사회의 모습이 충분히 그려질 수는 없다. 덧붙여, 우리보다 먼저 가동된 미국과 일본의 신자유주의가 우리의 그것보다 더 냉혹하다고 자신 있게 말할 수 있을까. 세월호 참사는 왜 미국과 일본이 아닌 한국에서 일어난 것일까. 신자유주의론에 입각한 설명이 가진 문제는, 거대한 구조가 먼저 제시됨으로써 설명되어야 할 많은 것들이 봉합되어 버린다는 점이다. 그 결과 우리가 할 수 있고 해야만 하는 그 하찮고 자잘한 일들이 눈에 보이지 않거나 무력하게 다가오게 된다. 시스템을 부수는 것 외에는 전부 공허하게 느껴진다. 그런데 시스템은 결국 '생명을 가진 우리'가 부수는 것일 테다.

5.

맹자는 우물에 빠지려는 아이를 구해 주는 그 즉각적인 행동으로부터 '측은지심'이라는 본성을 봤다. 그러니까 맹자에 따르면 측은지심이라는 인간의 본성이 있고, 그것으로부터 자연스럽게 아이를 구하고자 하는 행동이 나왔다는 것이다. 난 아이를 구하려는 저 즉각적인 행동으로부터 측은지심을 이끌어 낸 맹자의 논리에 동의하지 않는다. 그래서 다른 생명이 위기에 처하면 즉각적으로 손을 뻗는 경향이 인간에게 깃들어 있다고 생각하지 않는다. 심지어 어머니조차 아이의 생명을 구하고자 하는 즉각적 행동을 태어나면서부터 가지고 있었던 것이라 생각하지 않는다. 어머니의 즉각적 행동은 아이와의 교감, 커뮤니케이션의 결과일 것이다. 세월호에서 아이들에게 구명조끼를 양보한 선원, 배에 남겨진 아이들을 구하려 다시 침몰하는 배로 들어간 교사의 행동은 교감과 커뮤니케이션으로부터 만들어진 경향성이 낳은 행동일 것이다. 이건 분명 칭찬받을 행동이지만, 여기에만 주목하면 재난 시 영웅을 기대하는 판타지에 빠지기 쉽다.

　자기 혼자 살겠다고 탈출한 선장에 대한 비난은 이 대목에서 기인한다. 선장이 승객들과 함께 최후를 같이했다면 비난이 수그러들었을 뿐 아니라 그의 결정적인 과실들을 사람들이 묻지 않았을지 모른다. 그러나 선장에게, 그리고 선원에게 물어야 할 것은 다른 데 있다. 일상적인 교감과 커뮤니케이션으로 자연스럽게 터득한 본능적 행동의 수행 여부가 아니라 비상사태 시 문제를 해결할 수 있는 기술, 판단, 행동 등이 있었냐는 것이다. 선장과 선원들의 이 능력은 거의 제로에 가까웠다. 해경도, 구조 업체도, 지원 나온 공무원들도 비슷했다. 능력은 있었는데 자신들의 잘못을 감추고 상전을 보필하느라 이런 처참한 결과로 이어진 것일까. 비상사태가 벌어졌고 눈앞에서는 생명들이 스러져 가는데, 삿된 생각들이 작동하고 딴전마저 피울 수 있다는 건 권력에 굴복했거나 도덕적인 해이의 결과가 아니다. 그건 육화된 기술, 판단, 행동이 없다는 걸 의미한다.

이렇게 한 개인의 신체 속에, 혹은 특정 조직 속에 적정한 기술, 판단, 행동이 자리 잡지 못해서 벌어진 일은 세월호 참사만일까? 그렇지 않을 것이다. 왜냐하면 그건 바로 한 사회의 역량이 걸려 있는 문제이기 때문이다. 이 역량은 반드시 돈으로 환산되지 않으며(한 사회의 경제적 수준에 비례하지 않는다는 말이다), 국가의 역량으로 환원되는 것도 아니다(때로는 국가라는 권력에 대항하는 역량이 되기도 한다). 사회의 역량이라고 했지만, 결국 부문 부문의 역량이며, 또한 개개인의 역량이라고 할 수 있을 것이다. 이 역량은 한 개인의 몸속에, 혹은 특정 집단의 중추에 각인된 매뉴얼이라고 해도 좋을 것이다. 이번 참사에서 매뉴얼이 작동하지 않았다고 한다. 그런데 이 말 자체가 모순투성이다. 작동되지 않는 매뉴얼은 매뉴얼이 아니며, 적어도 나의, 우리의 매뉴얼은 아닌 것이다. 그리고 역량의 표현체로서의 매뉴얼은 더더욱 아닌 것이다.

6.

역량으로서의 매뉴얼, 육화된 매뉴얼은 비상시에 눈에 잘 드러나는 것이지만 비상시에만 중요한 게 아니다. 이것은 아예 위기상황이 발생하는 걸 미연에 방지할 수 있는 힘이기도 하다. 사고가 나기 전의 세월호에 주목해 보자. 배를 무리하게 증축하고, 화물을 과적하고, 평형수를 확보하지 않은 일이 도대체 어떻게 가능했던 것일까. 비리와 도덕적 해이의 소산일까. 틀리지 않은 지적이지만, 그러나 이렇게만 설명해 버리면 비리 근절을 위한 강한 처벌 외에는 다른 수가 없다. 박근혜 정부는 벌써부터 이쪽으로 움직이고 있다. 그것이 현 정권의 실패를 감추려는 '꼬리 자르기'라는 걸 우리는 알고 있지만 우리 역시도 비리와 도덕적 해이를 빨리 도려내야 한다고 생각하고 있는 건 아닌가. 그렇게 도려낸 비리와 도덕적 해이는 가까운 시일 내에 다시 우리 사회를 엄습할 것이다. 개개인의 역량과 부문 부문의 역량이, 그 역량의 구현물로서 매뉴얼이라는 튼튼한 발밑이 없는 사회에서는.

가령, 매뉴얼대로 정확하게 철근을 사용하는 게 몸에 밴 사람들이 1/2 이상 모인 공사 현장이라면 사장이나 현장 감독이 철근을 도둑질할 수 있을까. 혹은 도둑질하도록 명령할 수 있을까. 아니, 그런 사람들이 1/3, 1/4만 있어도 철근을 빼먹은 부실시공이 이루어질 수 있을까. 창세기에는 소돔과 고모라가 의인 10명이 없어서 멸망했다고 기록하고 있다. 이 성서의 에피소드를 도덕적이고, 종교적으로만 읽을 필요는 없을 것이다. 의인 10명을, 매뉴얼대로 정확하게 평형수를 채우는 직인이라고 바꿔도 좋다. 그 10명이 없어서 세월호가 침몰했다고 볼 수는 없을까. 나는 지금 원칙주의라든가, 자신이 맡은 본분을 다하는 사람들이 필요하다는 도덕 교과서적인 이야기를 하고 있는 게 아니다. 배가 물 위에 안전하게 뜨기 위해서는 어느 정도 평형수가 필요하고, 그것을 정확히 채우지 않으면 배가 항해하지 못하도록 멈춰 세울 수 있는 '프로'들에 관해 이야기하는 것이다. 그리고 이건 곧 우리 한 사람 한 사람의 일상에 관한 이야기이다.

윗선의 명령에 일사불란하게 순응하지 않고 '노No'라고 할 수 있는 힘, 그런 힘은 깨어 있는 시민이라든가 양심을 따르는 시민 같은 거창한 근대적 시민으로부터가 아니라, 세상이라는 밭을 묵묵히 일구며 터득한 자기 기술, 판단, 행동을 일차적으로 신뢰하는 무수한 직인들로부터 오는 게 아닐까. 세상에 비리와 도덕적 해이가 완전히 없어지지는 않겠지만, 적어도 이런 프로들이 우리 사회의 부문 부문을 장악하고 있다면 훨씬 줄어들 것이다.

7.

2011년 3월 11일, 동일본대지진이 일어났을 때, 미야기현 이시노마키시의 오카와초등학교는 끔찍한 피해를 입었다. 108명의 학생 중 74명이 희생되었고, 외근 나간 교사 두 명을 제외한 11명의 교사 중 10명이 아이들과 함께 최후를 맞이했다. 훈련과 매뉴얼대로 아이들은 2층의 강당에 모여 쓰나미를 피하기로 했다. 그러나 6m로 상정된 쓰나미 대피 훈련과 매뉴얼은 무력했다. 10m 이상의 괴물 같은 쓰나미가 덮치고 만 것이다. 그런데, 피해지가 조금씩 복구될 즈음 부모들은 학교를 상대로 소송을 제기했다. 학교가 가진 매뉴얼에는 2차 피난소가 명기되어 있지 않았다. 1차 피난소가 여의치 않을 경우에 대한 대비가 전무했던 것이다. 거기다가 쓰나미가 도달하기까지는 40분이라는 시간이 있었다. 살아남은 아이들 중 몇 명은 쓰나미를 피해 뒷산으로 도망쳤는데 그 뒷산으로 가는 길은 어른들이 오르기에도 너무 가파른 오솔길이었다고 한다. 2차 피난소로 뒷산을 지정해 두고 오솔길을 정비해 둔다든지, 아니면 강당을 3층 높이로 증축해서 2차 피난을 대비했어야 한다는 전문가의 지적이 이어졌다. 다른 비슷한 조건의 초등학교에서 희생이 거의 없었던 걸 감안하면 오카와초등학교의 피해는 상상 외의 쓰나미만을 탓할 수 없었다. 냉정한 일본 사회는 74명의 학생과 사투를 벌이다가 최후를 맞이했을 10명의 교사들에 대해 그 어떤 언급도 없었다. 도리어 그들의 잘못, 학교의 잘못을 냉혹하게 물었을 뿐이다. 학부모, 전문가, 교육청 관계자로 구성된 조사위원회는 3년간에 걸쳐 260페이지의 두툼한 보고서를 제출했는데, 거기에는 학교 건물의 구조, 평소 학교의 방재 대책, 지역 사회와의 커뮤니케이션 정도, 당일 교사들의 의사 결정 과정, 시교육위원회의 쓰나미 정보 전달 체계는 물론, 희생된 교사들이 평소에 어떤 교육을 받았는지, 심지어 그들이 교원 양성 과정에서 어떤 과목을 이수했는지까지 철저하게 조사돼 있었다. 그리고 이를 바탕으로 종합적인 처방을 내놓았다. 고귀한 희생을 헛되게 하지 않기 위해서다.

세월호 참사 과정에서 희생된 교사들을 포함해서 학교 측역시 과오가 많이 있었을 것이다. 사고 당일 단원고 관계자들은 진도로 내려가 부모들 앞에서 사죄했다. 그런데, 죄송하다는 말이외에 이들이 무슨 과오를 저질렀는지 밝혀진 게 없다. 아마 사과한 그들도 도덕적인 책임 외에 뭘 잘못했는지 모를 것이다. 잔인한 물음이 되겠지만, '가만히 있어'라는 명령 이후, 배가 완전히 침몰하기까지 교사들이 무엇을 했는지 궁금하다. 물론, 교사들은 조난 전문가가 아니며 따라서 할 수 있는 선택지가 많지 않았을 것이다. 그러나, 그렇다고는 해도, 가만히 있으라는 명령이, 즉 1차 위기 매뉴얼이 작동하지 않는다는 걸 알았다면 2차 매뉴얼로 재빠르게 이행했어야 한다. 그들이 30~40분간 위기 상황에서 아이들을 진정시키는 것 외에, 그리고 끝내 그들과 함께 최후를 맞이

하는 것 외에 할 수 있는 게 없었다면, 그때 한국의 교육도 침몰한 것이다.

최근 《씨네21》에 실린 정훈이의 만화 〈우리가 무능한 탓〉은 이 참극 앞에 선 우리의 처지를 가슴 아프게 전해 주었다. 슈퍼맨, 스쿠버맨 등 온갖 히어로가 총출동했지만 진도 앞바다에서 그들은 속수무책이었고, 도리어 민폐만 끼칠 뿐이었다. 그사이 스파이더맨이 보이지 않는다. 나머지 히어로들이 스파이더맨을 찾아 나선다. 스파이더맨은 홀로 바닷가에서 거미줄로 그물을 짜고 있다. 식은땀을 흘리며 그는 말한다. "아이들이 떠내려간다잖아……. 거미줄로 그물 만들고 있어. 이거라도 안 하면 죽을 것 같아서……. 마음은 급한데 잘 안 되네……."

슬프고 무력하지만, 우리가 지금 할 수 있는 일은 남은 17명의 "시신을 부모나 가족 품으로 고이 돌려보내 주는 일"이다. 어떤 매뉴얼이든 비상사태 시의 매뉴얼 마지막 항목은 이렇게 되어 있다.

《오늘의 교육》 20호

김종구
spinozian@hanmail.net

2009년 일본으로 건너온 후 지금은 후지산과 태평양이 바라다보이는 시즈오카의 한적한 마을에서 살고 있다. 영상-미디어의 과거와 현재를 살피는 게 연구자로서의 주된 일인데, 최근 들어 이런저런 것에 곁눈질을 많이 한다. 일본의 젊은 소설을 읽거나, 지역 재생 프로젝트 현장을 방문하거나 일본의 오래된 순례 길을 걸으며 나와 공동체의 미래를 근심하며 살고 있다.

100일의 기록
세월호 참사 앞에서 마주한 장면들
—

김수현

넘실거리는 바다 물결을 즐기며 희희낙락 제주도로 향했겠지. 꿈은 깨어지고 이름 모를 수초들과 엉켜 시커먼 바닷속에 갇힐 줄 꿈에도 몰랐을 거야. 이래서 사람이건 뭐건 간에 이름을 잘 지어야 한다고 했나. 눈물 속에 잊히지 않을 것 같던 단원고 아이들의 모습이 세월 속으로 잠들어 간다. 교사 생활을 하면서 학생 다섯 명의 죽음을 경험했지만 나와 연이 없는 단원고 학생들의 죽음에 더 많이 충격받고 더 많이 울었는데, 어느 순간 세월호에 대해 무감해지는 중이었다.

내 마음을 들켰는지 《오늘의 교육》 편집위원회에서 세월호 참사에 대해 이야기하자고 했다. 원고를 청탁받았지만, 참 많이 슬펐다가 무감해진 원인이 도통 이해되지 않아서 글을 쓸 수가 없었다. 세월호에 대한 칼럼들을 읽고 또 읽었다. 서사와 비유의 차이만 있을 뿐 많은 칼럼들이 미셸 푸코, 사사키 아타

루, 발터 벤야민 같은 이름만 들어 본 학자들의 말을 빌려 무능하고 부패한 관료 사회, 선원들의 직업 윤리에 대해 비판하다 신자유주의를 신봉하는 통치자와 자본가에게 책임을 묻는 것으로 귀결됐다. 다 옳은 말이다. 틀린 지적 하나 없다. 하지만 내 무감의 원인을 설명해 주지는 못했고, 이 슬픔을 '어떻게 견뎌야' 하며 앞으로 '선생으로서 무엇을 해야 할지'에 대해서도 감을 잡을 수 없었다.

처음에는 '애도'의 방법마저 정권이 정해 주는 대로 따르는 학교의 모습에 대해 쓰려 했지만 쓰다 보니 (늘 그렇듯) 다른 방향으로 흘러갔다. 희한하게도 슬픔을 나름의 논리로 풀어 갈 수 있게 되자 조금씩 홀가분해졌고 내 글에 부응하는 역사를 만들어 가야겠다고 다짐하게 되었다. 논거를 찾지 못해 떠다니던 슬픔의 감정이 글로 정리되면서 삶과 선이 이어진 것이다. 그간 글쓰기에 고통을 느껴 왔는데, '치유의 글쓰기'라는 게 가능하다는 것이 내가 이번에 얻은 교훈이다.

4월 : 산 자와 죽은 자

1.

올해 학교를 옮겨 아직 새 학교가 낯설다. 3월 내내 폭풍 담임 업무에 지쳐 커피 한잔이 그리워 온 카페에서 지난 학교에서

2학년 담임을 함께했던 선생님들을 만났다. 저녁이나 하자는 제의에 근처 국숫집으로 갔고 주문한 메뉴를 기다리다 틀어 놓은 뉴스에 시선이 꽂힌다.

"우리 작년에 제주도로 수학여행 갔을 때 탔던 배, 사고 난 거 아세요?"
"아침에 전원 구조된 거 아니었어요? 난 그렇게 알고 있었는데⋯⋯."

뒤집혀져 서서히 가라앉는 배, 울부짖는 학부모들, 뒤집힌 배 위에서 몇 명의 구조대가 사람들을 구하는 모습, 헬리콥터는 마치 구경꾼처럼 하늘을 맴돌고, '실종 368명'이라는 자막이 화면에 뜨자 일순간 식당 손님들의 안타까운 한숨이 터져 나온다. 우리는 뉴스를 응시하며 울기 시작한다. 작년에 우리는 충현고에서 2학년 담임을 하면서 세월호와 쌍둥이 배라는 오하마나호를 타고 수학여행을 다녀왔다. 그때도 큰 배라 웬만한 파도에는 흔들리지 않는다더니 비바람이 몰아치자 8시간 내내 요동치는 배 안에서 멀미에 시달렸다. 우리 반 아이들을 잠시 들여다보러 가려고만 해도 어지럽고 토하기 일쑤라 화장실에 가는 것도 겁이 나 물 한 모금 마시지 않고 누워 있었다. 밤새 뱃멀미에 시달리다 인천항에 도착했다. 멀미 때문에 죽다 살아났다 했지만 우린 진짜 죽을 뻔했던 것일까? 주문한 회냉면이 나오고 칼국수가 나오고, 뱃속에서 들리는 꼬르륵꼬르륵 소리에 눈물범벅이 된 얼굴을 닦고 젓가락을 든다. 국수가 목구멍으로 들어간다. 너무나 많은 사람들이 속절없이 우리 곁을 떠나갔는데 국수가 입으로 들어간다. 구조된 선원들이 설렁탕을 그렇게 맛있게 비웠다지. 산 자의 안도감인가, 나도 참.

2.

다음 날부터 인터넷 뉴스를 읽으면 숨이 잘 쉬어지지 않는다. 우울의 시기가 온 것 같다. 밥을 삼키고 물을 마시지만 슬픔을 품은 채 일상을 지내고 있다. 인터넷을 켜면 포털 사이트 화면은 온통 검은빛으로 물들어 있고, 실종자는 사망자로 계속 바뀌고 생존자는 더 이상 늘지 않는다. 동료 교사들도 교재 연구는 않고 뉴스에서 눈을 떼지 못한다. 마지막 순간 아이들이 서로를 위로하며 기도하는 동영상을 본 나는 또 울컥한다. 이 시기를 어떻게 보내야 하나. 사람을 만나지 않고 가만히 있었다. 슬픔과 우울이 나를 지나가도록 그냥 견디는 것, 눈물이 흐르면 우는 것, 그것 말고는 할 일이 없었다. 종례 때 우리 반 아이들의 얼굴을 보고 있으려니 단원고 2학년 아이들이 생각났다. '지각하지 마라', '준비물 잘 챙겨라', '청소 도망간 애 누구니?' 어떠한 잔소리도 할 수 없다. 함께 슬퍼하자 했다. 슬픔에는 도리가 없다.

3.

얼마쯤 지나 동네 목욕탕에 가니 아주머니들의 수다 끝에 익숙한 이름 '충현고'가 들린다. 수다의 요지는 이렇다. 세월호 안에서 애들한테 안내 방송으로 "가만히 있으라"고 했는데 단원고 애들이 착한 애들이라 선생님들하고 가만히 있었다. 충현고 애들 같았으면 선생님 말 안 듣고 다 뛰쳐나와서 살았을 텐데. 착한 것이 죽음에 이르게 했나. 일부 진보 논객들도 수동적인 교육을 받은 학생들과 교사들의 자율적 판단 능력의 부재로 이런 대참사가 났고 우리 교육의 대변혁이 필요하다는 칼럼을 써 댔다. 말이야 방구야. 그들의 야박함이 밉다.

한 네티즌이 실종자들에게 돌아오라는 의미로 '노란 리본 달기 캠페인'을 제안하자 지인들의 카카오톡 프로필 사진이 온통 노란 리본이다. 에어 포켓 같은 희망 고문이 사라지고 '냉정을 되찾고 사회 구조의 문제를 따져 보자'는 칼럼들이 나오기 시작한다. 여권에서는 '살인마 선장'을 메인에 띄우며 꼬리 자르기를 시도한다. 카카오톡 프로필 사진에 노란 리본, 검은 리본, 애도 메시지를 띄우지 않는 사람은 매정하다고 힐난하는 분위기도 생긴다. 그래도 인터넷 기사들에 유족들을 위로하는 아름답고 착한 사람들의 댓글들이 99.9%라 다행이다.

4.

앞자리 미술 선생님이 아이들과 함께 노란 리본 만들기를 하려다 관리자에게 제지당했다. 교육부가 '집회 관련 복무 관리 철저 알림'이라는 제목으로 보낸 공문이 전국 시·도교육청을 통해 학교로 전달된 것이다. 나라 꼴이 어수선하니 공무원들의 기강 확립이랍시고 행동거지를 바로 하라는데, 내용인 즉 추모 집회나 규탄 대회 같은 성격의 모임에 참여하지 말고 아이들의 참여도 관리하라는 것. 방과 후 참여를 무슨 수로 관리한담. 교육부에서 하달받은 공문이 경기도교육청을 통해 학교로 전달되고 관리자는 공문 한 장으로 애도를 통제한다. 김상곤 교육감이 사표를 내서 그런가, 전두엽이 고장 난 사람들만 관료가 되는 건가. 별 생각이 다 든다.

5.

1차 지필 평가 바로 다음 날 예정되어 있던 현장 체험 학습과 체육 대회, 8월에 있을 수학여행이 취소됐다. 아이들 사이에서 다소 아쉬운 한숨이 들리긴 했지만 대다수는 수긍하는 눈치다. 아쉬워하는 소리를 내는 몇몇 아이들을 '개념 없다'는 의미로 쳐다보기까지 한다. 대신 시험 마치고 단체 영화 관람 한번 가자. 그리고 충분히 애도하자.

5월 : 글로 배운 '애도'와 잃어버린 교육

1.

광휘고도 애도 현수막 걸기를 하자는 전교조 분회장의 제안에 동의하는 선생님들이 비용을 마련해 교문에 노란 현수막을 걸었다. 그러나 채 몇 시간도 지나지 않아 관리자는 학교 정문에 애도 현수막을 거는 것을 허락할 수 없다며 철거를 요구했다. 옥신각신하다 결국 교문 건너 길에 있는 가로수에 하나, 버스 정류장에 하나를 거는 것으로 마무리한다. 이런 일이 있고 나니 대학원 가는 길목에 걸린 노란 현수막들을 보면 누가 걸었는지에 관심이 간다. '천주교 ○○교구', '□□시 택시기사연합회', '☆☆헬스클럽', '◇◇고등학교'……. 심지어 '△△동 재개발 추진위원회'까지 있는데 우리는 학교명도 아니고 '세월호 참사에 아픔을 함께하는 광휘고 교사 모임'이라는 애매한 이름으로 현수막을 내걸었다. 그마저도 길 건너로 이사 보내야 했다. 이런 게 공무원 기강 확립이던가. 유신 시절 교사 생활을 하지 않은 것이 천만다행이라 여겨 본다. 관리자가 그렇게 단호했던 것은 아니었다. 우리더러는 "도교육청의 상황을 봐 가며 했으면 좋겠다"고 그러시는데, '정권 눈치가 보인다'는 말을 에둘러 표현했으리라. 우리는 관리자의 말에 동의하지 않았고, 관리자는 우리를 이해하지 못할 것이다, 영원히.

2.

전교조 분회 모임을 안산 합동 분향소에 함께 가 추모하는 것으로 대신하기로 했다. 안산시가 온통 검은색이다. 애도 현수막과 검은색, 노란색 리본이 뒤엉켜 있다. 부슬부슬 비까지 내려 감정이 가라앉은 데다 아이들의 영정 사진을 보자 우리 반 아이들 같아 눈물이 왈칵 쏟아진다. 단원고도 한번 둘러보자 했다. 추모 글귀와 아이들이 좋아하는 간식들이 정문에서 추모객들을 맞이한다. 주변 집들이 작고 오래된 빌라들이다. 제주도에 처음 가 보는 아이들이 많았을 것이고, 수학여행비 마련도 어려웠을 것이다. 부자 동네 애들은 비행기 타고 외국으로 수학여행을 간다거나 학부모들이 부자였다면 잠수부를 사서 수색했을 거라거나 하는 네티즌들의 댓글이 떠오른다. 가난 때문에 아이들이 억울하게 죽은 것 같아 더 슬퍼진다.

3.

시험을 마친 우리 반 아이들에게 광명시청 분향소에 가면 어떨까 제안해 본다. 매일 잠만 자는 녀석도, 학교를 '뭣같이' 여기는 녀석도 따라나선다. 안산 분향소에 비하면 초라한 규모에다 친구들의 영정 사진도 없이 시청 직원 몇 명이 상주를 대신해 조문객을 맞고 있었다. 그래서 슬픔이 덜할 것이라 예상했지만 몇몇 아이들은 흐느꼈고 나도 추모 글귀를 읽고 있으니 또 목이 멘다. 다른 학교 학생들의 발걸음이 끊임없이 이어진다. 부모의 손을 잡은 초등학생들도 와서 추모 글귀를 쓰고 읽는다. '지켜 주지 못해 미안해'라는 어른들의 글귀를 보며 아이들은 무슨 생각을 할까? 아마도 어른과 국가에 대한 실망과 분노를 느끼지 않을까? 이 나라를 떠나고 싶을 것이다. 지켜 주지 못해 미안하다는 말이 학생들에게는 영혼 없는 사과처럼 들릴 것 같다.

4.
2학년 복도에서 소화전 비상벨이 울린다. 세월호 참사 이후로 예민해진 나는 즉각 확인하러 달려 나갔다. 누군가의 장난이라 가슴을 쓸어내린 순간 학생 한 명이 농담과 비아냥의 경계에 선 의중을 알 수 없는 말을 한다.

"야, 도망가야 돼. 가만히 있으면 안 돼. 선생님들 말 듣지 말고 밖으로 나가. 가만히 있으면 다 죽는 거야. 하하하."

모두 교실로 들어가라고 하고 그 학생만 잠깐 불렀다. 자리로 돌아간 아이들이 밖을 본다.

"○○아, 실제로 이런 일이 벌어지면 내 말 들을래?"

"들어요."

"왜? 내 말 듣고 잘못되어도 나 원망 안 할래?"

"에이, 윤리 선생님 왜 이러실까? 선생님 왜 갑자기 진지

빨고 그러세요?"

마침 소화전이 멈추고 각자 교실로 들어갔지만 마음이 쓸쓸하다. 선생으로서 이제 뭘 어떻게, 무엇을 가르쳐야 할까.

5.

지필 평가 성적표에는 담임이 학부모에게 한마디 써야 하는 '학교에서 가정으로'라는 칸이 있다. 지금까진 으레 학부모들에게 건강하시라는 메시지와 함께 학교 행사 날짜를 적어 왔지만 이번엔 좀 달리 써 본다. "안산 분향소에서 본 단원고 아이들이 2학년 7반 아이들 같았습니다. 제 앞에서 건강하게 웃고 있는 모습을 보니 다행입니다. 지필 평가 성적으로 너무 나무라지 마시길." 동료 교사들은 내용이 좀 그렇지 않느냐고 한다. '부담스럽다'는 관리자들처럼 교육청에서 복무 관련 공문이 자주 오니까 애도의 표현마저 나쁜 의미로 읽히거나 '정치적'으로 비치는 것 같다. 이런 내 속내를 아는지 모르는지 학부모들은 '가정에서 학교로' 칸에 '성적이 떨어져 속 터진다'거나 '이 성적으로 인서울 가능할까?'를 묻는다.

6월 : 일상으로 돌아가라

1.

네이버 메인에 있던 '세월호 소식'이 화면 귀퉁이로 이동했고, 경기도 내 대부분의 분향소가 문을 닫았다는 기사를 읽었다. '이제 일상으로 돌아가라'는 얘기를 자주 듣는다. 브라질 월드컵 응원 공연에 앞서 사회자는 유가족에게 위로를 보낸다는 발언을 하고, 아이돌들은 신나는 음악에 맞춰 춤추고 노래한다.

> "세월호 유가족분들 힘내시고요. 자 다음 무대는 걸스데이의~"

국가 대표 평가전에 앞서 했던 묵념만이 세월호 참사가 있었다는 것을 느끼게 해 준다. 우리 반 남자애들은 가나와의 평가전에서 4:0으로 패해 월드컵에서 우리나라의 부진이 예상된다며 화가 나 있다.

2.

지방 선거 전까지는 죽을죄를 지었다는 표정을 짓던 정부와 여권이 변했다. 정부의 '책임'은 완전 실종되고 남은 것은 야당들과의 '밀당'뿐이다. 이 와중에 새누리당의 득표율에 놀라고, 단원고를 외고로 변경하겠다는 경기도와 안산시의 발상이 어이없고, 전교조 법외 노조 판결에 화나고, '유가족 종북설'을 퍼트리며 추모 집회를 '전문 시위꾼'이 주최했다는 악플들에 기가 찬다. 순식간에 빠진 썰물처럼 세월호 이야기가 학교에서 더 이상 들리지 않는다. 카카오톡 프로필 사진들에도 노란색, 검은색 리본이 자취를 감췄다. 교문 건너 나부끼는 추모 현수막만이 세월호를 기억하라고 하는 것 같다. 학교에서 구독하는 신문에 박재동 화백이 그려 나가는 단원고 학생들의 얼굴 그림을 볼 때만 세월호가 생각난다. 마치 오래전 일인 것만 같다. 나도 이제 일상으로 돌아온 걸까? 그런데, 대체 누구를 위해 일상으로 돌아가야 하는 걸까?

3.
6월 전국연합학력평가 문제 중 정답률이 낮을 것으로 예상되는 문항을 해설하는데 윤리만 열심히 공부한다는 학생이 6번 문제를 가리키며 질문한다.

"샘, 가치 전도 현상이 뭐예요?"
"한국말을 몰라서 이 문제 틀렸구나?"
"예, 그러네요."
"전도가 뭐니?"

"교회 다니라고 하는 거요."

"이 문제에선 땡!"

"이동하는 것? 과학 시간에 들었는데."

"응. 열전도 현상 말하는구나. 쉽게 말하면 순위가 뒤바뀌는 거야. 가치에도 서열이 있잖아. 더 중요한 가치가 있고, 덜 중요한 가치가 있고. 가치가 전도되었다는 건 제일 중요한 가치가 1위를 해야 하는데 그렇지 않은 가치가 앞으로 와 버린 상태를 말해. 그럼 이게 옳은 거야? 잘못된 거야?"

"잘못된 거요."

"그래. 그러면 본질적 가치, 그러니까 순위가 높은 가치에는 뭐가 있니?"

"돈? 아니 생명이요." "사랑, 하하하." "우리 엄마요."

"그렇지. 돈보다 생명이 중요하다고 생각해서 의견을 바꿨지? 그런데 돈을 더 중시하는 그런 걸 가치 전도 현상이라고 해."

"청부 살인 하고 그런 거요?"

"그렇지. 난 세월호가 물에 잠기고 실종자 대부분을 못 찾았을 때 어느 방송국에서 1인당 보험금 얘기를 하는데 소름이 끼치더라. 그런 것도 가치 전도 현상인 것 같아."

"저도 기억나요. 그거 보고 자식들이 부모한테 효도하고 간다고 말하는 사람도 봤어요. 좀 그랬어요."

《생활과 윤리》교과서를 읽으면서 다 함께 대단원을 정리한다. "유교는 죽음을 자연의 과정이라 여기면서도 애도하는 것도 마땅한 일이라고 생각했는데, 죽음과 관련된 전통 윤리는 주로 이러한 유교의 영향을 받았다. 사망한 사람을 떠나보내는 슬픔과 아픔을 엄숙한 예식으로 승화시키면서 상주와 문상객은 자신의 삶과 그 의미를 성찰하는 기회를 가졌다." 어려서부터 슬픔은 함께 나누라고 배웠는데 현실은 그런 것 같지 않다. 교과서 문장이 당황스럽다.

7월 : 우리는 망각 중

> 니들 머리통은 어린 학생들의 억울한 죽음조차 정치적 이득을 얻기 위한 도구로 활용할 수 있도록 진화가 된 모양이야. 모든 신문, 방송 그리고 모든 국민이 무책임한 선장과 승조원들의 잘못된 대응이 이번 참사를 불러일으켰다고 하나같이 그들을 질타하는데 왜 남들이 다 아는 사고의 원인도 모른다면서 정권만 까 대는 거냐.
>
> — 어느 네티즌의 댓글

계획대로 됐다. 국민을 골라 보호하는 현 정권은 우리더러 일상으로 돌아가라고 하면서 자신들의 과오를 망각하기를 기다렸다. 위와 같은 정권 옹호 댓글과 '유가족이 벼슬이냐. 작작해라!'라는 식의 댓글이 추모 분위기를 압도한 지 오래고, 정부는 사고의 책임을 지고 물러나기로 한 총리를 유임시킨다고 한다. 4대강에 흉물스러운 벌레가 창궐해도 이명박 대통령과 지방자치단체장들이 처벌받을 리 없고, 청해진해운이 폐기했어야 할 낡아 빠진 세월호를 운항할 수 있도록 도운 정책 입안자들도 마찬가지겠지. 역사가 그렇다. 이 역사 속의 희생자들은 언제나 힘없는 국민이었고, 상처는 치유된 적이 없다. 사인이 분명하지 않으면 장례를 미루고 부검을 하는데 애도도 조문도 모든 게 너무나 빨랐다.

…ing : 세월호를 딛고 일어서겠다

사실 나는 이번 세월호 참사 때 카카오톡 프로필 사진에 리본을 띄우지도, 추모 글귀도 적지 않았고, 사고의 진상 조사를 촉구하는 투쟁에도 참여하지 않았다. 안 통할 것 같은 일에 포기가 빠른 성격이라 '못되고 힘만 센 그들'을 약간 귀찮게 할 뿐이라는 생각에 이리저리 재다가 시간만 보냈다. 언젠가 "강남 좌파 짓거리 하네"라는 욕을 먹은 적이 있다. 나름 진보적 의식(스스로는 자유주의자나 보수주의자에 가까운 것 같은데 남들이 이렇게 생각해 준다)을 가지고 있으면서, 《오늘의 교육》 같은 잡지에 글을 쓰고, 기부금 같은 것도 척척 잘 내면서 투쟁에는 나서지 않는다는 게 이유였다. 전에는 내 안의 고뇌도 모르면서 비난하는 것 같고 이유에도 동의할 수 없어서 모욕감이 들었는데, 이번 원고를 쓰면서 그 욕을 달게 받으려 한다. 작년 4월, 나 역시 그 배를 타고 거센 파도를 8시간 동안 헤치고 인천에 도착했으면서, 나는 알게 모르게 여전히 나 자신을 '보호받을 수 있는' 국민이라 착각했던 것 같다. 단지 운이 좋아 희생되지 않은 것뿐이었는데. 그러면서 나는 비탄에 빠진 유족들을 애도하고 죽어 간 생명들을 불쌍하게 여기는 것으로 도리를 다했다고 생각했던 것이다. 나와 내 가족의 생명을 언제 거둬 갈지 모르는 '못되고 힘만 센 그들'과 '몹쓸 구조'가 바뀌지 않았는데, 나 대신 먼저 간 세월호의 희생자들을 감히 조문했던 것이다.

'지켜 주지 못해 미안하다'는 사과의 진정성은 세월호가 마지막이 되도록 만드는 것에서 나온다. 제2의 세월호 참사가 발생하지 않도록 하는 일은 산 자의 몫이다. 300여 명의 억울한 죽음을 딛고서야 나는 깨닫는다. 세월호가 '남의 일'이 됐을 때 '나' 역시 그들에게 '남'이 된다. 내가 안전해지는 길은 힘없는 우리가 힘을 모아 '못되고 힘만 센 그들'과 '몹쓸 구조'에 대항하는 길뿐이라는 걸. 눈앞에서 세월호가 스러져 간 지 100일이 되어 간다. 여전히 11명이나 되는 사람이 바다 밑에 남아 있다.

덧) 세월호 참사 100일이 되는 오는 7월 24일 서울시청 광장에서 '잊지 말자'는 취지로 추모 시 낭송 및 음악회가 열린다고 한다. 가슴 시린 이 행사에는 '네 눈물을 기억하라'라는 제목이 붙었다.

《오늘의 교육》 21호

김수현
ee97002@naver.com

학생인권 관련 일에 기웃거리다 스스로 부족한 것을 깨닫고 성공회대 대학원에서 공부를 했습니다. 요즘은 《오늘의 교육》이 지면을 빌려준 덕분에 교육에 대한 날생각들을 정리하고 있습니다.

함께 폐허를 응시하기
세월호 참사에 대한 학생들의 목소리를 듣다
—

조영선

세월호 참사가 일어난 지 두 달이 다 되어 간다. 이 글이 읽혀질 때쯤엔 석 달, 아니 100여 일이 지난 후일 것이다. 처음 세월호 참사가 알려졌을 때 나 역시 충격을 받긴 했지만 솔직히 부끄럽게도, 감정적으로 많이 동요하진 않았다. 쌍용자동차 노동자들과 삼성전자서비스지회 노동자들의 죽음, 밀양 송전탑 현장에서 벌어진 국가 폭력이라는 사회적 재난과 참사에도 꿈쩍하지 않던 사회가 이렇게 아우성치는 것이 미덥지 않았다. 나의 슬픔과 그들의 슬픔을 구별하고 싶었다. 그래서, 슬픔 자체에 몰입되지 않으려 노력했다. 인터넷도 안 들어갔고, 배에 탑승한 학생들이 남긴 동영상 같은 것은 일부러 더 피했다. 하지만 그러한 나의 기획은 성공하지 못했다. 누구나 마찬가지였겠지만 사고를 수습하는 과정에서 보여 준 대한민국의 민낯은 결국 나를 '멘붕'에 빠트렸다. 지금까지 우리 삶을 지탱해 온 최소한의 민음들, 즉 '위기가 생기면 국가가 나를 보호해 줄 것이다. 아니, 안전의 기능을 맡은 '행정'이라도 돌아갈 것이다. 혹은 적어도 사회적으로 검증받았다는 전문가들이 우리를 도와줄 것이다' 같은 생각들이 무너져 내렸다.

교사라면 누구나 자유롭지 못했을 질문도 뒤따라왔다. '나도 그 상황이었더라면……' 거듭 생각해 보아도 나 또한 같은 현장에 있었다면 다르지 않았을 것이다. 그 다르지 않음이 벗어날 수 없는 옥쇄처럼 계속 나를 감아올렸다. 시간이 지나고 사고가 좀 더 수습되면 생각이 정리될 것이라 기대했지만 트라우마는 깊어지고, 마음은 더 이상 갈 곳을 알 수 없게 되었다. 뭔가 일상이 멈춰져야 할 것 같았지만 아무 일 없는 듯 일상은 계속되었다.

다만 뭔가 근본적인 세상의 변화 없이 이 참극은 반복될 것이라는 생각이 들었다. 정부-교육부-교육청-학교-교사-학생으로 이어지는 '가만히 있으라'의 고리를 끊지 않고는 이러한 참극이 반복될 수밖에 없을 것 같았다. 그때 누군가 박근혜 정권 퇴진을 외치는 교사 선언을 제안했고, 평소 '정권 퇴진 운동' 같은 데 전혀 어울리지 않던 나(나는 정권 퇴진보다는 미시 권력의 문제에 더 관심이 많았다)는 그 선언에 닥치고 동참할 수밖에 없었다. 물론 한낱 정권 퇴진이 근본적으로 세상을 변화시킬 수 없음을 안다. 그러나 467명으로 추정되는 국민이 탄 배가 침몰했는데 구조 0명, 실종 11명, 사망 293명(2014년 7월 3일 기준)의 참사가 일어났다는 것, 사진을 찍기 위해 내려온 대통령을 의전하느라 골든타임을 놓쳤다는 것, 심지어 청와대는 재난의 컨트롤 타워가 아니라 '징벌할 권위'만 있다는 것을 앵무새처럼 반복했다는 것만으로도 적어도 어떤 정부든 자리에서 물러나는 것이 상식이라는 생각이 들었다. 이 정도 사건이면 최고 책임자가 물러나는 정도로 세상이 흔들려야 하지 않을까. 그래서, 이 순간 정부-교육부-교육청-학교-교사-학생으로 이어지는 견고한 위계적 연결고리의 중간에 있는 내가 여기에 조금의 흠집이라도 내야 된다고 생각했다.

선언 그 이후

청와대 게시판에 교사들과 선언문을 올린 후, 아무 일도 없었던 듯 그냥 지내면 안 될 것 같은데 그렇다고 이 마음을 어떻게 다뤄야 할지도 몰라 혼란스러웠다. 전교조에서는 애도 수업을 하자는 이야기가 나왔지만 '애도'와 '수업' 각각도 혼란스러웠고, '애도'와 '수업' 사이의 거리를 어떻게 이어야 할지 난감했다. 사실 그동안 나는 배움은 도처에서 일어나고 수업은 다만 학생들과의 '대화'를 조금 더 풍성하게 하는 것이라 생각해 수업에 큰 부담을 느끼지 않았다. 그러나 나조차도 의도적 거리

두기와 무관심으로 시작해 뒤늦게 엄습한 슬픔인지 분노인지 짜증인지 알 수 없는 심리 상태를 하고 수업 장면에 들어가는 것이 두려웠다.

　나누고자 하는 애도의 내용과 형식의 결도 사람마다 다 다르다는 느낌이었다. 학교에 있고, 수학여행이라는 교육과정을 경험했기에 교사들이 학생들 뒤통수만 봐도 눈물이 나는 현상은 어찌 보면 당연하다. 하지만 일반 탑승객과 학생들을 분리하는 불평등한 애도에 대해서는 여전히 불편했다. 더 불쌍한 만큼 더 많이 추모를 받는다는 게 학생들을 타자화함과 동시에 애도의 자격을 얻지 못한 일반 탑승자들을 더 외롭게 만드는 일이라 느꼈다. 애도의 내용이 희생된 사람들에 대한 안타까움과 슬픔이어야만 하고, 이것이 정치적으로 이용되어선 안 된다는 식의 생각들도 불편했다. 슬픔과 분노, 순수함과 불순함, 정치와 일상이 구분되는 것이 아니라는 것을 세월호만큼 잘 보여준 사건도 없다고 봤기 때문이다.

　슬퍼한다는 현상은 같지만, 이렇게 그 슬픔을 표현하는 방식이나 내용은 다 다르다는 것을 알게 되면서 함께 슬퍼한다는 게 어떤 의미일까 하는 새로운 의문도 들었다. 서로의 슬픔을 공유하면서 그 고통을 나누는 것이 애도의 큰 목적이겠지만, 슬픔의 내용과 형식을 공유할 수 없다고 느껴지는 공동체 안에서 함께 애도하는 것이 가능한가 하는 의문이 머리를 떠나지 않았다. 학생들과 세월호 참사를 통해 드러난 사회 구조의 문제들을 나눈다는 것도 쉽지 않았다. 언론이 왜곡되어 있는 상태에서 우후죽순처럼 제공되는 수많은 정보들 중에 팩트를 가려내는 것도 쉽지 않았고, 징검다리가 될 질문들과 자료를 찾는 것도 난감했다.

'애도'를 '수업'의 형식으로 하는 것에 대한 고민도 들었다. 슬퍼하기 위해서라도 우선 일상이 멈춰야 할 것 같은데, 수업이라는 형식은 어쨌든 일상의 연장선에 있다. 오히려 애도의 시간을 갖기 위해 휴업을 하는 것이 맞지 않았을까?

하지만 이런 여러 의문들 때문에 머릿속이 멈춰 있으면서 일상은 일상대로 굴리고 있는 것이 왠지 '박근혜스럽다'는 생각이 들었다. 대국민 담화문을 발표하며 눈물을 흘리고는 곧바로 다른 나라에 팔아먹은 원전으로 여론을 돌려 보려 비행기를 타는 대통령처럼, 슬프다고 하면서 하던 일을 계속하는 것은 이상했다. 세월호를 핑계로 학교에서 벌어지는 일들을 보고 있자니 더 한숨이 나왔다. 학생들이 희생자 유족을 위한 교내 성금 모금을 제안했지만 학교 이름으로 하는 것은 안 된다며 불허됐고, 수학여행은 일괄 취소되었다. 물론 학생들의 의견은 고려되지 않았다. '아이들'에게 미안하다고 하면서도 '아이들'의 의견은 묵살될 뿐이었다. 그러는 사이 교육청에서는 안전을 주제로 계기 수업을 하라는 공문이 왔고, 지진 대비 훈련이 있었다. 사고 직후인 만큼 여느 때와 다르게 유인물도 길고 방송도 오래 했지만, 대비 훈련을 위해 계단을 내려오면서 학생들은 난간을 잡고 이렇게 얘기했다. "어차피 학교들 다 부실 공사라 이렇게 지진 나면 내려오지도 못해. 이거 난간 흔들리는 거 봐. 1층으로 내려가기도 전에 건물 다 무너질걸? 그리고 이번에 사고 난 거 봐. 방송 기다리고 있으면 무조건 죽어."

그 사이 안산의 24개 고등학교의 학생회 주최로 열린 추모 집회가 있었다. 희생된 학생들을 기억하는 친구들 2,000여 명이 모여 조용히 촛불을 밝혔다. 추모제를 준비한 학생들이 만든 영상 사이로 이런 목소리가 들려왔다. "지금까지는 우리가 어른들의 말을 들어야 했지만, 이제는 어른들이 우리의 말을 들을 차례입니다." 영상을 보고 나서 나는 애도 수업이라는 타이틀을 내려놓았다. 수업을 하지 않고 그냥 학생들의 말을 듣는 시간을 가지기로 했다. 한 샌드 아티스트가 만든 추모 영상과 안산 지역 고등학교 학생회가 만든 추모 영상을 학생들과 함께 보았다. 그리고는 세월호 참사와 관련해 하고 싶은 말을 적어 보기로 했다. 추모의 말도 좋고, 느낀 점도 좋다고 했다. 적고 싶지 않은 사람은 안 적어도 좋다고 했다. 많은 수의 학생들이 슬픔과 분노를 표현했고, 희생된 사람들에 대한 추모의 말을 전했다. 다음은 그중에 내가 마음에 새겨야겠다고 생각했던 몇 가지이다.

나도 저런 어른이 될까 두렵다

"이번 세월호 사건으로 여러 가지 생각이 들었지만 확실한 것은 위급한 상황에서 나를 지킬 수 있는 것은 나 자신뿐이라는 것이다. 이기적으로 보일지도 모르지만 딱 그 생각뿐이었다."

"나이가 많다 해서 어른인가. 나는 이번을 계기로 쓸모없는, 쓰레기와 다를 것 없는 어른을 알게 되었다."

"자신을 먼저 생각하고 다른 사람들을 내버려 두고 도망간 선장, 선원, 아무런 대비 없이 있다가 사고를 재앙으로 만든 사람들. 어른들이 너무 무섭다. 어른들도 어렸을 땐 순수한 아이들이었을 텐데 나도 이제 어른이 되면 저렇게 변할까 봐 무섭다."

"사건이 일어난 후 얼마 되지 않아서 진도체육관에 정치인들이 양복을 빼입고 실종자 유가족들을 위로하는 척하는데 선거 때 자신들을 뽑아 달라는 게 속이 다 보이더라구요. 정치인들이 되게 더러워 보였어요. 저도 이제 곧 성인이 되는데 국민들을 진짜 위하는 정치인을 뽑을 자신이 없어요."

"어른들은 꼭 어른들만 믿으면 된다는 식으로 우리를 통제하고는 합니다. 그리고 우리 또한 그런 풍조에 너무 익숙해져 있었습니다. 어른들이라고 해서 다 옳은가요? 저는 이번 세월호 침몰 사건을 통해서 처음으로 이런 질문을 던져 봅니다. 아니요. 불신만 커졌습니다. 세상이라는 거인 앞에 갈피를 잡을 수 없는 소인이 된 것만 같습니다."

"학생들에게 할 일을 강요하면서 책임지지 않는 어른들이 이중적이라고 느꼈다."

"사건, 사고가 많은 요즘 어딜 가기가 무섭다. 누구의 말을 들어야 할지도…… 모두 다 겁이 난다. 아직 살날이 많은 우리는 앞으로 살아갈 날에 대해 기대보다 걱정이 더 앞선다. 이런 불안한 세상에서 잘 이겨 내며 살아갈 수 있을지…… 시간이 지날수록 좋은 세상이 아니라 무서운 세상이 되어 가고 있는 것 같다."

"얼마 전이 5월 18일이었다. 5.18민주화운동의 주역인 학생들과 그 친구들이 이제 사회를 이끌어 가는 주역이 되었다. 5.18뿐만 아니라 크고 작은 사건들 때문에 많은 사람들이 다쳐 왔고, 지금은 어른이 되었다. 세월호 사건 때 학생이었던 나와 친구들도 자라면 지금의 어른들이 그래 왔듯이 조그마한 현실 속 문제에 갇혀서 더 큰 문제를 잊어버릴 것 같다."

세월호 사건을 통해 동시대인으로서 나와 학생들이 가장 많이 공유한 정서는 실망감과 두려움이 아닐까 싶다. 그런데 내가 느낀 실망감과 학생들이 느낀 실망감은 같지 않다. 나의 실망감이 '나름 한다고 했는데 소용이 없었구나. 앞으로 노력한다고 뭐가 달라질까' 하는 실망감이라면, 학생들의 실망감은 '우리더러 그렇게 자기들 믿고 딴생각하지 말고 공부하라고 하더니 너희가 자신하는 세상이 이런 거였니? 그런데 나도 그렇게 살게 될까 두려워'인 것이다.

5.18민주화운동을 언급하며 그때 세상을 바꾸자던 사람들이 지금은 '그러그러한 어른'이 되었다고 말한 것은 정말 날카로운 현실 분석이었다. 나름 그 언저리에서 세상을 좀 더 좋게 만들겠다고 노력해 왔다는 나는 괜찮은 걸까? 이제 몇 달 있으면 성인이 될 학생들에게 성인이 되는 것이 기쁨이 아닌 두려운 일이라는 것, 괴물이 될지도 모르는 일이라는 것이 얼마나 끔찍할까? 우리 함께 괴물이 되지 말자고 어떻게 손 내밀 수 있을까?

수학여행의 의미

"멀지 않은 가까운 동네, 또래……. 정말 들뜬 마음으로 배
에 탔을 텐데……. 부디 하늘나라 가서는 행복하길……."

나를 비롯한 대부분의 '어른'들은 앞으로 살아갈 날이 창
창한 아이들의 '이른' 죽음에 안타까워했다. 하지만 학생들이
안타까움을 느끼는 포인트는 조금 달랐다. 학생들은 수학여행
을 갈 때 얼마나 즐겁고 신났을지 그 마음을 아는데, 그런 여행
을 가는 중에 사고를 당한 것을 안타까워했다. 실제로 학생들
에게 수학여행, 수련회가 갖는 의미는 남다르다. 대학 입시를
위해 현재의 행복을 미래로 유예해야 하는 현실에서 수학여행
은 집으로부터 학교로부터 벗어날 수 있는 유일무이한 숨구멍
이다. 학생들이 보기에 단원고 학생들은 그런 수학여행이라는
극적인 순간에 희생당한 것이었다. 그래서 수학여행 폐지에 대
해 분노를 표출하는 학생들도 많았다.

"수학여행을 가다가 사고가 났다고 수학여행을 금지시키
는 정책이 어이없다. 선장이나 관리자들을 엄격하게 법으
로 처벌하고, 자식을 잃은 부모님들, 친구를 잃은 학생들
의 슬픔을 위로하기 위해 애쓰는 것만으로도 바쁠 텐데,

기껏 제일 먼저 하는 게 수학여행을 폐지하는 단순한 정책이라니 정말 싫다."

"어른들의 실수로 아무 잘못도 없는 아이들을 희생시킨 것도 모자라 수학여행을 폐지하겠다는 게 과연 사람 입에서 나올 수 있는 최선의 대책인가. 그럴 바에야 차라리 희생된 학생들에게 마음속으로라도 진심을 담아 사과를 하는 게 좋을 것 같다. 수학여행을 폐지한다는 것은 바바리맨 있다고 바바리코트 없애고 불났다고 가스를 없애는 것과 뭐가 다른가? 우리는 누구를 믿어야 하며 언제까지 어른들 말을 듣고만 있어야 할까? 우리들이 그런 어른이 될까 두렵다."

그러고 보니 세월호 참사 이후 국가 개조를 해야 된다는 둥의 말을 여기저기서 떠들어 댔지만 학교에서 제일 먼저 한 후속 조치는 '수학여행 금지'였다. 학생들은 어떻게 이번 사태가 수습되는지, 변화가 일어나고 있는지 지켜보고 있는데 수학여행 자체를 금지하는 것으로 사태 수습이 시작됐다는 건 굉장히 상징적으로 현실을 보여 주었다. 물론 수학여행 금지를 결정하는 과정에서 학생들의 생각은 묻지도 않았다. 학생들은 '가만히 있으라'는 말을 그대로 따라 희생당한 애도의 대상은 될 수 있을지언정 앞으로 어떻게 하면 이런 일이 다시는 생기지 않을지 함께 의논하는 파트너는 절대 될 수 없었다. '가만히 있으라'고 해서 미안하다면서도 또다시 너희는 시키는 대로 잠자코 가만히 있으라고 한 것이다.

애도도 그들에겐 사치였다

대부분의 학생들이 슬픔과 분노를 표현했지만 몇몇 학생들은 추모 영상을 보면서 의도적으로 거부감을 내비치기도 했다. "나는 진짜 하나도 안 슬퍼. 어차피 다 잊을 거잖아. 시간 지나면 사람들 얘기도 안 할걸?" 나 역시 사고 초반엔 의도적으로 나의 슬픔과 세상의 슬픔을 구별 지으려는 마음부터 들었기에 그 친구의 반응도 한편으로는 이해가 되었다. 하지만 다음 글을 보며 나는 둔기에 맞은 느낌이었다.

"그 순간에 부모님을 생각하며 학생증을 꼭 쥐고 있었다는 게 너무 마음이 아프다. 조금만 빨랐으면, 조금만 더 잘해 주었으면 다 살아남았을 텐데. 내가 해 줄 수 있는 일이 고작 다른 사람 원망하는 것밖에 없다는 게 너무나도 부끄럽고 미안하다."

"내가 해 줄 수 있는 일이 고작 다른 사람 원망하는 것밖에 없다는 게 너무나도 부끄럽고 미안하다"는 말. 학생의 말처럼 동시대의 청소년은 할 수 있는 것이 없고 스스로 무엇인가를 할 수 있다는 상상력조차 거세된 상태에 있다. 그런데 우리는 그런 학생들에게 대고 왜 분노하지 않냐고, 왜 슬퍼하지 않냐고 말한 게 아니었을까?

"세월호 사건이 터졌을 때 학교 시험 기간이라는 이유 하나만으로 안산 분향소조차 다녀오지 못했다. 어른들은 마음 깊은 곳에서 울려 나오는 소리를 듣는 우리들을 말리기에 급급했던 것 같다. 교외 활동을 하면서 알게 된 친구가 안산 지역 고등학교 학생회장이었는데 함께 동참하지 못해서 미안했다. '성적', '점수'를 대단히 중요하게 여기는 현재 교육의 패러다임을 바꿀 필요가 있다."

"처음 뉴스를 접했을 때 전원 구조라는 소식을 듣고 큰일이 아니라 생각하고 안심했다. 전원 구조는 오보고 많은 사람들이 아직 배 안에 있다는 소식을 접했을 때는, 사람들이 그 속에서 죽어 나가고 있지만 시험 기간이기에 크게 감정 이입을 하지 않으려고 노력했다. 지금 생각해 보니 그게 잘한 건가 싶다. 시험 하나 잘 보겠다고 내 일 아니라며 멀리하고 다른 친구들은 슬퍼하고 우울해할 때 꿋꿋이 내일 하고, 그게 진짜 잘한 걸까?"

위 글들은 충격이었다. 애도도 대한민국 고3에게는 사치였다. 자신을 흔들리게 하는 사건으로부터 자신을 보호하기, 그러기 위해 거리 두기. 실제로 학생들은 주변에서 이런 말을 들었다고 한다. "세월호와 월드컵에 휘둘리지 않는 자, 2015년 인 서울의 관문을 뚫을 것이다!" 그렇게 슬픔에 잠겨 있을 시간조차 허락되지 않는 것이 지금 청소년의 처지였다. 슬픔과 고통이라는 감정도 어쩌면 일부 사람들에게만 허용된 것일지도 몰랐다. 슬퍼하고 분노해도 그 분노가 무언가를 할 수 있는 에너지가 되지 못하고 오히려 무력감이 되어 돌아오는 상황이 싫어서 청소년들은 오히려 체념과 냉소라는 철갑으로 마음에 벽을 치고 있는지도 모른다. 이 과정에서 죄책감으로부터 벗어나기 위해 체념하고 냉소하고, 사회적 사건으로부터 스스로를 격리시키는 훈련이 차곡차곡 이루어지기도 한다. 그리고 이것은 또 다른 참사를 낳을 숙주가 될 것이 뻔하다.

"시간이 지날수록 점점 감정이 무뎌지려는 내가 실망스럽다. 대한민국은 과연 올바른 길을 걷고 있는 걸까?"

"사건 초반에는 되게 영향을 많이 받았는데 시간이 흐르면서 무덤덤해지고 지나간 일처럼 시간을 보내는 내가 싫었다."

입을 틀어막지 마세요

"이 나라는 만날 그때뿐, 말만 선진국, 꼼수 쓰는 후진 나라."

"악어의 눈물, 박근혜."

"대한민국 정말 ×까라 그래."

"선장과 선원들을 탓하기 전에 그런 결과를 낳은 사회 구조의 문제를 직시하자."

"이번 세월호 참사를 보면 비단 한 기업만이 아니라 대한민국의 어두운 이면을 적나라하게 보여 준 것 같다. 우리나라는 지연, 학연이 너무 악의적인 곳에 이용되는 것 같다. 자신들의 이익 챙기기에 바쁜 고위 관리들은 힘없는 국민들을 돌아볼 여유조차 없다. 나는 이 시점에서 단원고 학생들이 고위층 자녀들이었다면 어땠을까 하는 생각이 든다. 그랬다면 더 빨리 구조가 이루어지지 않았을까? 나는 학교, 학원에 진실을 배우기 위해 다니지, 왜곡된 진실을 배우러 다니지 않는다. 같은 실수가 반복되지 않도록 대통령이 책임지고 진상 규명을 해야 할 것이다."

검찰은 진상을 규명한다며 유병언 잡기 놀이만 계속하고 있다. 구원파 현수막조차도 "세월호 진상 규명 하면 현상금 5억"이라고 걸지 않았던가? 많은 학생들이 선원과 선장의 무책임을 질타하면서도 이것은 사회 구조의 문제라는 것을 간파하고 있었다. 하지만 이렇게 사태의 핵심을 파악하고 있는 학생들이 받는 대접은 어떠한가?

"어른들은 나이가 많다는 점을 강조하며 학생들의 말은 듣지 않고 믿지 않습니다. 우리나라의 가장 큰 문제점은 급속도로 성장하면서 내부 문제는 제대로 짚어 보지 않고 일이 발생해야지만 깨닫는 안전 불감증, 또 다음부터는 이래야지, 새겨 두어야지 하면서 금세 잊고 다시 제자리걸음 하는 것입니다. 제도적인 측면이나 사회관계에서의 지나친 위계질서(수직 관계), 관료제도 문제입니다. 옳은 의견, 더 좋은 의견이 있으면 그 사람의 말을 들어 주어야 하는데 우리가 관여할 일이 아니다, 나서지 말라는 말들로 입을 틀어막고 듣지 않습니다."

"주입식이 아닌 토론식 교육이 필요하다."

"학교부터 변화가 필요하다. 교칙은 누가 지켜야 하는 규칙인데 누가 정하고 누가 바꾸는가. 예를 들어 교칙은 학교 내의 규칙이지 사회의 규칙이 아닌데 수업이 끝난 후에도 강압적으로 적용하는 어이없는 일도 많고 어른들의 억지도 많다. 모범이 되지 않는 어른은 훈계할 자격이 없다."

"학생들을 수동적인 존재, 교육을 받아야만 하는 미성숙한 존재로 여기지 말고 학생들을 보다 능동적인 존재로 인식하고 좀 더 많은 권한과 기회 등을 가질 수 있도록 했으면 좋겠다."

"어른들은 우리들에게 순종할 것을 강요한다. 하지만 이제 어른들도 우리의 목소리에 귀 기울이고, 사회의 한 구성원으로서 학생들을 인정해서 의견을 수렴해야 한다고 생각한다. 세월호 사고 이후 많은 추모 글과 영상들을 봤지만 오늘 봤던 영상이 가장 마음에 와 닿는 것 같다."

사실 무엇을 해 주지 못해 미안하다는 말조차 무엇을 할 권한이 있는 사람들이 할 수 있는 말이었는지도 모른다. 무엇을 할 수 있었는데 하지 않아서 미안한 것과 할 수 있는 일이 없어 다른 사람을 원망할 처지밖에 안 되어 미안한 것은 다르기 때문이다. 상명 하달식 관료제가 늑장 대응을 하는 구조를 만들고, 누군가에게 책임을 떠넘기며 기다리게 했다면, 이것을 혁파하기 위해서는 기다림을 종용했던 구조들이 사회 곳곳에서 무너져야 한다. 이런 구조 안에서 문제의 책임을 최고 책임자에게 묻는 것은 단순히 '머리'를 바꾸자는 게 아니라 이 기다림을 종용하는 구조를 무너뜨려야 한다는 첫 신호탄인 것이다. 이는 교육의 문제와도 밀접하게 연관되어 있다. 세월호 문제 전체를 '교육'의 문제로 환원시키는 것은 과도할 수 있지만, 어쨌든 학급으로 편재되어 그 단위로 '관리'되는 '질서' 안에 교사-학생이 있었다는 것은 이 참사의 비극성에 맞닿아 있다. 만약 누군가의 지시를 기다리고 지시에 따라 일사분란하게 움직이기 위해 편재된 단위가 아니라 어느 시공간에서든 공동체의 생존을 함께 모색하기 위해 주체적으로 행동할 수 있는 '함께'의 단위였다면 이 비극의 양상이 조금 달라질 수 있지 않았을까?

나는 아직 세월호에 타고 있다

"어른들은 아이들에게 정직하라고 하지만 정작 어른들을 파헤쳐 보면 온갖 부정부패로 찌들어 있다. 그런 어른들을 믿는 자체가 너무 무섭고 이런 사건이 또 일어날까 봐 소름이 끼친다. 그리고 사건, 사고에 대해 무심했던 나 자신도 부끄럽게 느껴졌다. 앞으로 이런 사건을 막기 위해서는 이번 일을 깊숙이 새겨 자신을 반성하고 '나부터 바뀌어야 세상이 바뀐다'라는 마음으로 행동해야 된다고 생각한다."

"복종을 강요하는 대한민국 교육이 너희를 죽였어. 이런 대한민국을 누구도 바꾸려 하지 않았어. 미안하다. 다시는 이런 일이 없도록 내가 꼭 바꿀게, 잊지 않을게."

"잊기에 좋은 시간이란 없습니다. 잊히지도 않으며 잊혀서도 안 됩니다. 그리고 문제의식을 가졌다면 집요하고 치밀하게 파헤칠 필요가 있습니다. 그래야 세상이 바뀝니다."

나는 아직도 내가 세월호에 타고 있다고 생각한다. 가끔 수업을 하다가 이 교실이 세월호 4층의 한 선실처럼 느껴질 때가 있다. 누군가는 탈출을 모색하고, 누군가는 이미 숨이 다 빠져나가 버린 상태이고, 꾸역꾸역 자리를 지켜야 한다고 생각하는 누군가만 나를 바라보고 있다고 생각되는데도 진도를 나가기 위해 나도 모르게 내뱉는 나의 목소리가 '가만히 있으라'는 방송 같아 소스라치게 놀라는 때도 있다.

국민 모두가 "미안합니다", "잊지 않겠습니다"라고 말하지만, 미안함의 내용과 그걸 표현하는 방식은 저마다 다를 것이다. 누구는 평소에 질서를 안 지키고 꼼수를 쓰는 것을 관용했던 것이 미안하고, 누구는 비리를 척결하는 데 나서지 않은 것이 미안하고, 누구는 이렇게 만든 사람들에게 사회를 맡겨 온 것이 미안할 것이다. 그러나 이렇게 자신의 감정만 토로한 채 또다시 각자의 삶의 자리로 돌아가 버린다면 우리는 다시 세월호 안으로 들어가는 것과 다르지 않을 것이다.

국가 개조 프로젝트를 시행한다는데, 정말 국가가 망했다는 곡조는 몰래몰래 흐느껴 나온다. '이렇게 살면 다 죽는다' 아니 '이미 다 죽었다'고 우리 스스로 정직하게 인정해야 할 텐데, 섣부른 희망 노래와 국가 개조 프로젝트를 보면서 이것이 오히려 이 민낯을 다른 화장으로 가리고, 내가 세월호에 타고 있다는 사실을 잊게 만드는 또 하나의 '가만히 있으라'가 될 것 같아 두렵다. 폐허를 오랫동안 응시할 수 있어야 해법도 보일 것이다. 그래서, 나는 학생들의 절망이 나쁘게만 보이지 않는다.

깊은 절망 속에서 건강하고 단단한 삶의 길이 모색될 수 있다고 믿기 때문이다.

나에게 소중한 글로 동시대를 견뎌 나갈 힘을 준 학생들에게 다음과 같은 말을 전하고 싶다.

"그래, 어른들은 아주 오래전부터 믿을 수 없는 존재였어. 이제 스스로 생각해야 할 때야. 자신의 생명과 안전, 아니 삶은 누구에게 맡기지 말고 내 스스로 건설할 수 있어야 지. 근데 있잖아. 그건 어려운 상황에서 나 혼자 빠져나와 야겠다고 생각하는 것으로 끝나지 않아. 왜냐하면 혼자 빠져나오려고 해도 안전한 버팀목으로부터 멀리 떨어져 있을 때 서로에게 손을 내밀 수 있는 연대감은 있어야 하 거든.

버팀목들을 세우는 것도, 우리 사이에 연대감을 만드는 것 도 온전히 우리 몫이야. 또 이렇게 지나가 버리면 페인트 로 버팀목을 그려 놓기만 하고 버팀목이라 우기며 그 신기 루를 돈 주고 파는 이들이 변함없이 횡행할 거야. 우리는 그 신기루를 살 돈을 버느라 생명을 귀히 여기는 마음도 잃어버리게 되겠지.

그리고, 세월호 이전에도 일상이 참사인 사람들이 너무나 많았어. 어쩌면 그때 우리가 '가만히 있었기 때문에' 지금

또 후회하는 것일 수도 있어. 폐허를 응시하자. 무엇부터
시작할지 우리 함께 얘기하자."

조영선
imaginer96@hanmail.net

교사로 '행복한 밥벌이'를 하기 위해 고군분투하다가 학생인권을 만났습니다. 학생인권을 통해 '내 안의 꼰대스러움'으로부터 해방되면서 학교를 견디는 힘이 커지고 있어요. 학교에서 좌충우돌하는 것을 귀찮아하지 않는, 괜찮은 교사이기보다는 '괜춘한' 인간이고 싶습니다.

우리에게 소중한 것
세월호 참사 이후의 변화에 대한 단상
—

김경빈

"어쩌면 나의 이야기가 될 일이었다"

지난 2016년 5월 서울 강남역 10번 출구에서 일어난 여성혐오 살인 사건을 보고 가장 먼저 떠오른 것은 세월호 참사였다. 분명 사건의 성격도 다르고, 일어난 이유도 다르며, 굳이 따지자면 서로 비슷한 점보다는 그렇지 않은 점이 더 많을 텐데도, 강남역 10번 출구 근방 추모 공간에 남겨진 포스트-잇 쪽지를 보고 그런 생각이 들었다. "우연히 살아남았다, 나의 이야기가 될 일이었다." 여러 개의 추모 문구 속에서도 그 말이 유독 나를 찔렀던 것은, 세월호 참사 이후 많은 이들이 느꼈던 두려움과 죄책감도 바로 그런 맥락에서 생겨났다고 여겨졌기 때문이다. '어쩌면 나도 저 배에 탈 수 있었다.' 그때에 청소년기를 보낸 사람들이라면 나는 정도의 문제일 뿐 그런 두려움을 피해 갈 수는 없을 거라고 생각했다. 세월호 참사의 희생자 중 다수는 고등학생들이었고, 수학여행을 가던 중 일어난 일이었기 때문이다. 고등학교 수학여행이란 학교 안에서 맞는 꽤 중요한 이벤트가 아니던가.

그러니 내가 2014년 4월 16일의 날씨까지 기억하는 것도 이상한 일이 아닐지 모른다. 구름이 잔뜩 껴서 어두침침한 날. 등굣길에 흐드러지게 피었던 벚꽃들이 비 때문에 바닥으로 전부 내려앉는 것을 보고 짜증을 내며 학교에 갔던 기억이 난다. 늘 지각하던 습관을 버리질 못하고 급히 학교에 와서야 어떤 배가 침몰했다는 소리를 들었다. 배가 침몰한다고? 요즘 같은 때에? 믿기 어려울 정도로 놀랐고, 동시에 그 배에 탄 이들이 무사히 나올 수 있기만을 기대했다. 또, 얼마 지나지 않아 교사가 전하는 전원 구조 소식에 안도하기도 했다. 그러나 전원 구조 소식은 학교를 마치고 나오자마자 뒤집어졌다. 전원 구조는커녕, 배는 476명의 사람들을 실은 채 바다 밑으로 침몰했다. 그 배에서 뭍으로 나올 수 있던 이는 172명. 그리고 배와 함께 바다로 가라앉은 사람 중에는 내가 알던 누군가도 포함되어 있었다.

그제야 '참사'로 다가왔다

물론 '여자라서 살해당한' 여성혐오 살인 사건과 달리, 세월호 참사가 '청소년이라서 죽은' 사건은 아니라고 생각한다. 그저 언젠가는 터질 수밖에 없었던 사고가 그렇게 맞물렸을 뿐. 그래서 세월호 참사는 내게도 그저 불행한 사고로 생각되기 쉬웠던 것 같다. 솔직히 말해서, 나는 내가 아는 사람이 죽었다는 사실을 알기 전까지 이 침몰 사건에 대해 어떤 거대한 슬픔이나 참담함을 느끼지는 못했다. 동시대를 살아가면서 느끼는 당혹스러움이나, 정부의 대응에 대한 분노를 느끼지 않았다는 것은 아니지만, 이 사건이 나에게 직접적인 '슬픔'으로 다가온 것은 내가 아는 사람이 그 배에서 죽었다는 소식을 들은 이후부터였다. 특별히 친했다고 말할 수 없다고 해도 얼굴과 이름을 알았던 사람의 죽음. 그이가 죽었다는 사실을 알게 된 건 사건이 일어나고 얼마 되지 않았을 때였다. 당시로부터 며칠이 지난 후였는지, 어떻게 알게 되었는지는 이젠 제대로 기억이 나지 않는다. 그냥 그 이야기를 듣고 굉장히 충격을 받았던 것만 기억에 남아 있을 뿐이다. 내 주변 사람들은 그런 사고에 휩쓸리지 않을 줄 알았는데 그렇게 휩쓸려 생명을 잃은 걸 보니 허무함이 밀려왔다. 그제야 이 사고가 내게 '참사'로 다가왔다. 내가 이 사실을 알기 전 세월호 참사는 그저 사람이 많이 죽은 '사고'였을 뿐이었다. 내 또래의 많은 청소년들이 생명을 잃긴 했지만 나랑 관련도 없고, 그러니 안타깝고 참담하기는 했더라도 개인적으로는 슬퍼할 이유가 없었던 그런 사고.

그러나 부끄럽게도 나는 그걸 안 이후에도 무어라고 말도 못 한 채 '가만히 있었다'. 아무리 내가 알던 사람이 죽었다고 해도 나는 이 사건에서 제3자라고 생각했기 때문이었다. 아니, 그렇게 생각하고 싶었다. 그래서 SNS에서 세월호 유족들과 희생자들을 비난하고 조롱하는 장면을 보면서도 '가만히 있었다'. 나는 여전히 제3자였다. 슬펐지만 나는 유가족도 아니고, 죄책감이 쌓였지만 그게 나의 잘못은 아니지 않느냐며 외면했다.

주변 사람들도 다들 충격을 받은 듯했지만 그뿐이었다. 다만 그 배에 네가 없어서 다행이라는 말을 내게 건넸다. 그렇게 외면해 온 이후에, 여러 가지 말들이 범람하는 것을 보며, 때때로 내 속에서는 무엇인지 모를 분노가 일었다. 그저 그 배에 타지 않았다는 이유만으로 살아남은 것인데, 나는 아무것도 하지 않았다. 아는 사람이 죽었다는 것에 대해서 끊임없이 슬퍼하면서도 정작 그 사람이 죽은 참사를 외면하고 있었다.

세월호 참사 이후로 많은 사람들이 정치적 목소리를 내기 시작했다. 나와 비슷한 연령대의 사람들 중에는 세월호 참사를 계기로 정치에 관심을 갖게 되었다는 사람들도 많다. 세월호 참사는 '이렇게 살다가' 어떤 참사가 벌어질 수 있는지를 보여 준 사건이었다. 그리고 많은 사람들이 얼마든지 나에게도 일어날 수 있는 일이라고 느꼈다. 그래서 죄책감과 두려움으로 거리에 나온 이들이 많았다. 나도 아니라고 말할 수 없다. 세월호 참사에서 드러난 문제들을 바꾸기 위해서 목소리를 내고 행동해야 한다는 생각들이 싹트기도 했다.

　내가 세월호 참사에 대해 외면하기를 그만둔 것은 참사로부터 1년이 지난 2015년이었다. 나 자신의 내면에서 그런 이슈에 대해 회피하기를 그만뒀다고 하는 것이 더 맞겠다. 그러니 내가 그 이후 세월호와 관련한 행사든, 집회든, 무언가에 참석하기는 했지만, 온전히 마음을 다해 참여했다고 할 수 있을지는 잘 모르겠다. 그러나 개중에서 유독 기억에 남는 날을 꼽을 수는 있다. 1주기 이후 4월 18일에 있었던 집회와, 11월에 있었던 민중총궐기가 특히 그렇다.

　2015년 4월 18일, 이틀 전인 16일에 있었던 1주기 집회 이후 다시 열렸던 집회에서는 세월호 진상 규명 요구와 박근혜 퇴진 구호가 함께 나왔다. 경찰은 4중의 차벽을 쳤고 전·의경들이 종로 일대를 전부 막고 있었으며, 시위에 참석한 사람들은 최루액이 섞인 물대포를 맞았다. 또 같은 해 11월, 세월호의 진상 규명과 여러 노동 현안을 같이 이야기했던 민중총궐기에서는 광장 진입조차 실패한 채 7시간 가까이 최루 물대포를 맞았다. 이 과정에서 백남기 농민이 물대포에 맞아 사망하기도 했다. 그리고 그 집회 이후 온 세상 사람들이 집회에 참석한 사람들을 비난했다. 경찰의 폭력에 가로막혀서 아무것도 할 수 없던 그때의 절망을 생생히 기억하는 사람들도 많을 것이다. 박근혜 대통령을 탄핵시키려 진행된 2016년의 촛불도 평화롭지만은 않았다. 초기 집회 중, 새벽에 끝나지도 않은 집회를 경찰들이 사람들을 밀치고 수십 명의 사람들이 연행되고 병원으로 실려가던 것도 똑똑히 기억한다.

세월호 참사는 정치적 현안이 되었고, 대통령 탄핵의 중요한 고리가 되었다. 마치 5.18이 전두환 정권의 부당함을 증명하는 역사적 사건이었던 것처럼, 4.16은 박근혜 정부의 잘못을 증언하는 사건이 된 것이다. 그것이 가능할 수 있었던 건 우리가 그 사건 이후로부터 역설적으로 정부와 국가에 거듭해서 배신당했기 때문이다. 언젠가는 터질 수 있었던 사고였다는 것은 그만큼 국가 차원에서도 그러한 사고가 일어나지 않게 철저히 안전에 대한 주의를 기울여야 했다는 뜻이다. 그렇기 때문에 세월호 참사는 예방할 수 있는 사고였다고 모두가 입을 모아 말하는 것이다. 국가는 이러한 참사가 일어날 환경을 적극적으로 나서 고치기는커녕 아무것도 않은 채 그저 수수방관했다. 노후 선박의 관리에 대한 규제를 완화하고, 충분한 안전을 위한 감시를 하지 않았고, 사고가 일어났을 때 제대로 구조하지도 못했고, 참사 이후, 진상 조사를 방해하고 유가족을 외면했다. 그러한 일련의 문제들을 보며 우리는 정부의 책임을 물었고, 참사이후 3년이 지나서야 세월호는 인양되어 다시 진상 규명을 진행하고 있다.

기억해야 한다는 것은

세월호 참사가 깨닫게 해 준 것 중 하나는, 학생이라고 해서 학교에만 살고 있는 것이 아니고 학교 역시 우리 사회 속에 있다는 것 아닐까 싶다. 나를 포함해서, 세월호 참사 이후 더 많은 것들이 눈에 보이기 시작한 사람들이 있다. 강남역 10번 출구 사건만이 아니라, 서울 구의역에서 스크린도어를 수리하던 노동자가 죽은 사건도 세월호 참사와 같은 뿌리를 갖고 있는 것처럼 보였다. 한국이 산업 재해 사망률 OECD 1위 국가이며, 공식 통계로만 매년 약 2,000명의 노동자들이 일하다가 죽는다는 것도 알게 되었다. 현장 실습을 하는 청소년들이 겪는 일과 죽음도 알게 되었다. 가습기 살균제 때문에 죽거나 건강을 잃은 수많은 피해자들과 정부의 무책임함이 보였다. 핵 발전소가 폐기물 처리의 문제와 사고의 위험에도 불구하고 '경제적'이라는 이유로 돌아가고 심지어 더 늘어나고 있다는 것도 새삼 다시 깨닫게 되었다.

세월호의 문제점과 정부의 문제점이 사람들을 죽게 만들었고 그중에는 학생들도 있었다. 비청소년들은 우리에게 나중을 위해서 공부만 열심히 하면 된다고 하지만, 이 사회의 잘못된 점은 사람을 가리지 않고 사고로, 참사로, 재앙으로 닥쳐 온다. 청소년이라고 해서 '나중에' 죽지도 않는다. 그리고 학교 역시 우리 사회의 문제점들을 그대로 담고 있었다. 세월호 참사 이후 냉소와 불신도 생겨났지만 또 이러한 이유들 덕에 한편에서는 정치적 관심이 높아졌다고 생각한다.

많은 사람들의 참여와 실천에도 불구하고 참사 이후 2년이 지나도록 변하지 않는 세상은 무력감과 절망감을 안겨 주었지만 움직임들이 모여 박근혜는 탄핵당했다. 세월호는 인양에 성공했고, 아직까지는 갈 길이 까마득히 멀다 해도 다른 참사들의 진상 조사 또한 조금씩의 진전이 있었다. 앞에서 행동함으로써 변화하는 것이 있다는 희망을 다시금 확인할 수 있었던 것이다. 그것들은 모두 우리가 위기 앞에 무력히 서 있는 것이 아니라, 직접적으로 국가란 무엇인지 묻고, 그 대응에 대해 이야기했기 때문에 그럴 수 있었던 것임을 우리는 안다. 희망이 단순한 꿈이 아니라는 것을 경험한 것이다. 그리고 그 모든 과정 속에는 당연히 청소년 또한 함께했다.

그런데 정부의 책임을 물은 다음, 세월호 참사 이후 우리 사회, 특히 교육에서 무엇이 변화해야 하는지는 아직도 잘 모르겠다. 많은 교육단체들이 말하는 '세월호 이후의 교육', 경기도교육청이 발표한 '4.16 교육 체제' 같은 것들이 무엇인지 잘 와 닿지 않는 것도 그런 이유가 클 것이다. 그런 말을 볼 때마다 어쩌면 별 상관이 없는데 세월호의 이름을 가져다 쓰고 있는 것은 아닌가 하는 생각마저 든다. 예를 들어 경기도교육청 '4.16

교육 체제' 중에 있는 "미래 인재 육성" 같은 내용은 세월호 참사에 대한 어떤 고민에서 나온 것인지 감조차 잡히지 않는다.

세월호 이후 수학여행 금지, 해경 해체 등의 말도 안 되는 말들이 계속 나왔고, 그것과는 별개로 교육 환경의 쇄신이라며 4.16 교육 체제까지 선포가 되었지만, 딱히 무언가 새로운 '체제'가 만들어진 것 같은 체감은 없었다. 학교에서는 노란 리본을 달라고 시키고, 잠시 애도의 기간을 가지라고 말만 할 뿐, 무엇인가를 나서서 해 보려고 하면 교사의 입을 빌려 "가만히 있어라", "그만 해라", "너희가 다치면 어떡하냐"라고 말했다. 세월호 사건 이후 학교는 겁에 질린 것처럼 점점 더 경직되어 갈 뿐이었는데, 뜬금없이 학교가 자율화되어 간다는 말이 마음에 잘 와닿지 않았다. 간혹 "너희들 또래가 그렇게 죽어서, 학교가 많이 바뀌었다"라고 말하는 교사들을 보며 단 한 번도 공감할 수 없던 이유다.

물론 변화가 아주 없었던 것은 아니다. 2014년 지방 선거에서 이른바 진보 교육감들이 많이 당선된 결과를 두고 사람들은 세월호 참사의 여파라고 분석했다. 그리고 청소년운동의 학습 시간 줄이기 요구 등과 맞물려서 '9시 등교'나 '야간 자율학습 폐지(또는 선택권 보장)'와 같은 조치들이 더 확대된 것은 사실이다.

그러나 이후 학생인권조례 등이 더 제정되지도 못했고, 경기도에서도 교육이나 인권과 관련한 특별한 조치가 취해진 적이 없었다. 여전히 학교에서는 학생들의 건강과 행복보다도 시험 성적과 입시 결과와 취업률이 더 중요하게 여겨졌다. 경북·경남 지역에서 지진이 발생했을 당시에는 심지어 학교 안에서 자습을 계속 진행하라고 했던 학교들도 있었다. 대체 그 안에 세월호 참사에 대한 고민과 논의가 있기는 한지, 진짜로 바뀌기는 했는지 의문이 들 수밖에 없는 것이다. 나는 가끔 세월호 참사 이후, 내 안에서나 사람들 사이에서 무엇이 바뀌었는지, 그리고 무엇이 바뀌어야 하는지 곰곰이 생각해 본다.

소중한 것을 정하는 과정이 정치

세월호 이후 나는 '소중한 것이 무엇인지' 다시 이야기하고 확인하는 것이 필요하다고 생각한다. 이런 과정이 있어야 세월호 참사가 남긴 것이 냉소와 불신, 불안을 넘어 사회적 변화로 나타날 수 있다.

우리에게 소중한 것이 무엇인지 소통하고 싸우고 확인하고 합의해 나가는 과정, 모두가 소중히 여겨야 할 것을 결정하는 것이 결국 '정치'일 것이다. 그래서 세월호 참사 이후 우리에게는 정치가 더 절실하게 필요하다. 그렇기에 그 정치에서 청소년도 배제되지 않고 함께하기를 바란다. 학교에서는 '다 너희를 위한 것'이라고 말하면서 많은 것을 대신 결정해 왔다. 하지만 과연 그것이 정말 우리를 위한 것인지, 세월호 참사 이후 그러한 의심은 더 커졌다고 생각한다. 무엇이 우리를 위한 것인지, 무엇이 소중한 것인지 다시 함께 정하자는 요구.

　박근혜 대통령을 탄핵시키려 백만 명이 모였던 그 촛불의 가운데에도 청소년이 있었고, 정권이 바뀐 뒤 활발히 논의되었던 청소년 참정권 운동의 현장에도 청소년들이 있었다. 청소년은 정치 한가운데에 선 사람들이고, 동시대를 같이 살아가는 사람들이다. 정 세월호 참사 이후의 교육을 말하고 싶다면, 말한다고 한다면, 단순히 '자치'나 '참여 보장'에 그치는 것이 아니라 그 이상으로 청소년이 주체가 되는 정치가 필요하다는 것을 빼놓아선 안 된다. 그것이 우리가 세월호 참사 이후, 애도하고 기억하고 진실을 밝히고 정부의 책임을 물은 그 이후, 우리 사회와 교육을 변화시키는 길로 나아가기 위한 출발점이다.

《오늘의 교육》 38호

김경빈
kkb9905@gmail.com

세월호 참사가 일어난 당시에 중학교를 다녔다. 경기도 수원에 살며 청소년운동을 했고, 지금은 인권운동 근처를 기웃거리는 중.

학교에 '나'의 안전은 없다

—

진냥

세월호 사건은 모두에게 충격이었다. 이전에도 재해와 재난은 많았다. 삼풍백화점과 성수대교 붕괴, 대구 지하철 가스 폭발 그리고 화재 사고, 숭례문 화재, 후쿠시마 핵 발전소 사고……. 현시대를 살아가는 사람들은 대부분 각자의 생애에 각인된 재난·재해를 하나쯤 가지고 있다. 하지만 세월호는 또 달랐다.

대부분의 사건 사고는 손쓸 틈 없는 순간이 존재한다. 붕괴도 폭발도 교통사고도 빵! 하고 위험이 분출되는 순간이 존재하고 그 순간에 수많은 생명들이 마치 휘발되듯 사라진다. 혹은 치명적인 위험에 고착된다. 사람들이 분노하고 책임감을 느끼게 되는 것은 보다 지속적인 상황인 경우가 많다. 대구 지하철 가스 폭발 사고 때는 폭넓은 공분이 일지 않았다. 반면 대구 지하철 화재 사고 때 사람들은 화재가 났음에도 기관사가 운행을 중단하지 않고 활활 타고 있는 지하철 옆으로 다른 지하철을 정차시켜 화재를 확산시키고 마스터키를 뽑아 사람들을 탈출할 수 없게 만든 점에 분노했다. 그 인재ᴬ災의 연속에 말이다.

시대의 차이도 있어서 심지어 세월호 사건은 인재의 연속이 전국에 실시간으로 중계되었다. 사고가 났지만 다 구할 수 있다고 했고 중계되는 상황을 보기에도 구할 수 있을 것 같았다. 그런데 아니었다. 구조의 전면적이고 완전한 실패. 실패라고 하기도 곤란한, 구조하지 않음의 결과. 그래서 세월호는 모두에게 충격이었다. 그리고 두려움이었다.

안전교육의 시작

세월호 사건 희생자의 많은 수가 청소년이었다는 점은 교육으로 이 문제를 해결해야겠다는 생각, 이른바 교육 깔때기로 이어졌다. 학교에 안전교육이 전면적으로 도입되었다.

연일 목도되는 비극 속에서 안전교육이라는 말은 제도권 교육에서 제기되는 다른 문제들을 집어삼키기 시작했다. 가정에서의 학대도, 학교 내 성폭력도, 학생 간 폭력이나 갈등도 안전교육에 포괄되었다. 2017년 일어난 포항 지진은 안전교육 담론에 한층 더 힘을 실어 주었다. 메르스ᴹᴱᴿˢ 사태는 교실을 매일 알코올로 소독하고 전교생이 하루 2회 체온을 재는 걸 일상으로 만들었고 박근혜 정부에서 냉각된 남북 분위기는 전쟁에 대한 위기감까지 고조시켰다. 그 각각이 새로운 위협은 아니었지만 안전교육은 공포를 먹으며 '가오나시'처럼 몸을 키워 갔다. 두려움의 크기만큼 학교는 대피 훈련과 예방 교육을 요구받았다.

지진 대피 훈련, 화재 대피 훈련, 공습경보 대피 훈련, 성폭력 예방 교육, 성매매 예방 교육, 학교폭력 예방 교육, 가정 학대 예방 교육, 감염병 예방 교육, 생존 수영, 심폐 소생술 및 응급 처치 교육, 생명 존중 자살 예방 교육⋯⋯. 학기별로 1~2회 이상 의무화된 교육의 목록이다. 이 외에도 연간 50회 이상 안전교육을 수업 중에 실시해야 하고 특히 초등학교 1, 2학년에게는 주당 1시간을 추가로 편성해 '안전한 생활'이라는 과목을 신설했다. 이 덕분에 초등 1, 2학년은 오후까지 학교에서 수업을 받게 되었다.

매뉴얼도 어마어마하게 생겨나기 시작했다. 2016년에 대구광역시교육청이 발간한 〈학교 현장 재난 대응·안전 관리 매뉴얼〉은 240쪽에 달한다. 그나마 이게 우후죽순 난립하던 여러 매뉴얼을 추려 정돈한 것이다. 물론 이것 말고도 학교폭력 대응 매뉴얼, 가정 학대 대응 매뉴얼 등 각각의 유형별로 매뉴얼이 있다. 각각 240쪽보다 결코 얇지 않다. 학교는 안전교육을 소화하지 못하고 토할 지경이다.

물론, 안전교육은 당연히 필요하고 안전교육이 중요시되면서 긍정적인 면들도 생겨났다. 옛날 대피 훈련 때는 사이렌이 울리면 학생들이 복도로 나와 실내화를 갈아 신고 교사의 지시에 따라 성별을 나눠, 키 순서대로 줄을 서서 걸어서 운동장으로 나갔다. 개그가 따로 없는 이런 이상한 대피 훈련은 오래도록 학생이 통제를 벗어나서는 안 된다는 생각 때문에 10여 년 동안 변화하지 않았다. 그러다 세월호 사건 이후 실제적인 대피 훈련에 대한 고민이 싹텄고 '대피할 때 신발을 왜 갈아 신냐', '키 순서대로 어떻게 줄을 설 수 있냐' 하며 그냥 대피하라는 지침이 내려왔다. 그제야 실내화를 신은 채로, 교실에서 나오는 순서대로 운동장으로 나가게 되었다. 그러다 작년부터는, 대피할 때 교사는 교실에 마지막까지 남은 사람이 없는지 확인하고 마지막으로 대피해야 하는데 가장 앞에서 학생을 인솔하는 게 맞지 않다는 지적에 따라 학생들끼리 대피 경로를 따라 대피하고 교사는 마지막에 따로 나가게 되었다. 인솔 교사 아무도 없이 전교 학생들만 움직이는 모습을 처음 봤던 날 나는 아연해졌다. 교직 경력 중 처음 보는 학생들만의 모습에 그리고 이제 껏 이걸 문제로 느끼지 못한 것에 충격을 받았다.

요즘은 소방서에서 불시 현장 점검도 나온다. 사전 연락 없이 학교로 와서 대피 사이렌을 울린 후 골든타임 내에 전원 대피가 되는지 시간을 잰다. 한국의 학교에서 화재 사이렌이 울리면 다급히 뛰어나오는 사람이 딱 한 명(원어민 교사) 있다는 농담이 있는데 불시에 하는 대피 훈련이 몇 년간 이어지면 이 농담도 옛이야기가 될 것 같다.

매뉴얼의 한계

학교가 아닌 공무원의 화재 대피 훈련이 어떻게 이루어지는지를 최근에 듣고 당황한 적이 있다. 완강기 사용이 늘 훈련에 포함된다는 이야기에 놀란 것이었는데, 생각해 보니 나는 완강기가 설치되어 있는 학교를 본 적이 없다. 건물 외벽에 사다리가 있는 학교도 본 적이 없다. 학교는 여러 층의 건물이고 당연히 완강기로 대피해야만 하는 상황이 예상되지만 학생도 교사도 완강기를 이용한 대피 훈련 대상자가 아니다.

계단을 통해 운동장으로 나가는 대피 훈련이 강조될수록 우리에게는 계단만 보인다. 화재로 계단을 통한 이동이 불가능해지면 우리는 어떻게 해야 할까? 그걸 생각해 보는 사람은 있을까?

이것이 매뉴얼의 한계다. 매뉴얼에 따른 훈련을 열심히 하면 실제로 유용하다. 안전해지는 것 같은 기분도 든다. 하지만 대피 훈련, 예방 교육은 누군가 구성한 시나리오에 따라 행해지는 대비에 불과하다. 매뉴얼에서 이야기하는 위험과 안전은 무엇이고 그것을 결정하는 것은 누구인가. 무엇이 문제이고 무엇이 안전한 것인지를 결정하는 것은 그 자체로 엄청난 권력이다. 나를 포함하여 많은 사람들은 누가 알려 주지 않으면 어떤 상황이 안전한지 어떤 상황이 위험한지도 판단할 능력도 권한도 가지고 있지 않다. 위험하다고 판단했더라도 그 위험에 대응할 힘과 전략, 즉 위험에 대한 주체성을 가지지 못한다면 결국, '가만히 있으라'고 해서 가만히 있을 수밖에 없었던 상황을 벗어날 수 없다.

그래서 매뉴얼로는 충분하지 않다. 매뉴얼은 현재를 유지하는 것이 고작이다. 비극적이지만 사건과 사고는 부조리를 집약적으로 폭발시켜 그간 쌓여 온 문제를 해결할 수 있는 계기를 만들어 낸다. 그러나 그 대처로 나온 매뉴얼은 문제를 관리할 뿐, 아무것도 변화시키지 못한다.

삭제되는 위험들

최근 몇 년간 불타오르고 있는 '페미니즘 리부트'. 그리고 2018년부터 터져 나오기 시작한 '미투'. 그 과정에서 뜨거웠던 논쟁이 몇 있다. 그중 하나가 강남역 화장실 살인 사건이 무차별 범죄인지 여성혐오 범죄인지에 대한 논쟁이었다. 사건 이후 추모의 메시지를 담은 포스트-잇 벽과 거리 집회에서 물리적 충돌도 여러 번 빚어졌다. 주목할 지점은 충돌한 양측이 외치는 주장이다. 한쪽은 살해당했다고, 나도 죽을 수 있었다고 외치는데, 다른 한쪽에서는 애니메이션 〈주토피아〉를 빗대어 '사이좋게 지내요'라는 구호를 외쳤다. 한쪽은 위협과 폭력이라 말하고 다른 한쪽은 갈등이라 말하는 국면. 그 과정에서 쟁점은 여성혐오가 무엇인가, '남성혐오'는 있는가 없는가로 옮겨 가고 피해자의 이야기는 삭제된다.

학교도 그렇다. 화재 대피 훈련과 지진 대피 훈련이 개선되고 있는 것은 그것이 외면당하지 않기 때문이다. 마치 부익부 빈익빈처럼 가시화된 영역은 빠르게 개선되고 보이지 않는 부분은 그만큼 더 낙후된다. 어떤 위험은 주목받고 매뉴얼이 만들어지고 대피 훈련이 개선되지만, 어떤 위험은 위험으로 인정받지 못한다. 휠체어 이용 학생이 대피 훈련에 참여하지 못하는 것은 '위험하다'보다 '불편하다'로 표현된다. 집단 따돌림 피해는 '위험하다'보다는 '적응을 하지 못하다'라고 표현된다. 성폭력 피해는 '예민하다' 혹은 '불쌍하다'로, 성소수자 혐오 피해는 '특이하다', '이상하다'로 표현된다. 아동 학대 피해는 '우울하다', '안됐다'로, 체벌 피해를 제기하는 사람은 '싸가지 없다'로 표현된다. 위험은 지워지고 사람들만 각각 관리가 필요한 사례로 남는다. 위험의 원인은 그대로 둔 채 '힘들 때 선생님에게 이야기해', '네가 말을 해야 도와주지' 등의 메시지들만 겉돌 뿐이다. 현실을 변화시켜야 얻어질 수 있는 안전에 대해 학교는 침묵하고 있다.

'나'의 안전은 없다

학교에서의 안전을 이야기할 때 가장 큰 범주의 매뉴얼은 '헌장'이다. 법규들은 어겼을 때 책임을 묻기 위한 것이지만, 안전은 더 나아가 구성원들의 보다 적극적인 동의가 필요하기 때문에 그 지향을 밝히는 헌장이 있는 것이다. 안전행정부 고시제2014-7호 〈안전관리헌장〉은 안전에 대해 이렇게 밝히고있다.

〈안전관리헌장〉

안전은 재난, 안전사고, 범죄 등의 각종 위험에서 국민의생명과 건강 그리고 재산을 지키는 가장 중요한 근본이다.모든 국민은 안전할 권리가 있으며, 안전 문화를 정착시키는일은 국민의 행복과 국가의 미래를 위해 반드시 필요하다.이에 우리는 다음과 같이 다짐한다.

Ⅰ. 모든 국민은 가정, 마을, 학교, 직장 등 사회 각 분야에서 안전 수칙을 준수하고 안전 생활을 적극 실천한다.

Ⅱ. 국가와 지방자치단체는 국민의 안전기본권을 보장하는 안전종합대책을 수립하고, 안전을 위한 투자에 최

우선의 노력을 하며, 어린이, 장애인, 노약자는 특별히
배려한다.

Ⅲ. 자원봉사기관, 시민단체, 전문가들은 사고 예방 및 구
조 활동, 안전 관련 연구 등에 적극 참여하고 협력한다.

Ⅳ. 유치원, 학교 등 교육 기관은 국민이 바른 안전 의식을
갖도록 교육하고, 특히 어릴 때부터 안전 습관을 들이
도록 지도한다.

Ⅴ. 기업은 안전제일 경영을 실천하고, 위험 요인을 없애
사고가 발생하지 않도록 적극 노력한다.

헌장을 읽었을 때 드는 생각은, '나의 안전이 나의 것이 아
니야?' 하는 것이었다. 국가와 사회를 위해 안전해야만 하는 것
인가. 안전 습관을 들이도록 지도한다는 것은 또 무엇인가. 국가
와 사회에 위협이 되지 않는 위험은 그럼 덜 주목해도 되는 것
일까. 그래서 휠체어 사용자의 대피 훈련은 행해지지 않고 성폭
력으로부터 안전할 권리는 안전에 포함되는지 갈등에 포함되는
지 갑론을박이 있는 것일까?

안전하다는 것은 무엇일까? 하고 싶은 것을 위험하지 않게
자유롭게 할 수 있는 것이 안전한 상황이 아닐까? 안전이 확보
될수록 나는 자유로워져야 할 텐데, 이 헌장을 보면 국가, 학교,
기업, 지방자치단체 등의 질서 안에 통제에 따라 모두 열 맞추

어 줄을 서 있어야만 안전해질 수 있을 것 같은 느낌이 든다. 너무 후지고 전근대적이며, 무엇보다 나와 상관없는 이야기 같다.

안전은 학교 구성원 모두에게 피부에 와닿는 의제다. 사회와 집단의 이야기이기도 하지만 1차적으로 각자 나 자신의 문제다. 나와 관련된 중요한 문제를 내가 결정하고 내가 판단할 수 있도록, 권한을 나누고 구조를 변화시키는 것이 필요하다. 안전할 수 있도록 지도하는 것이 아니라 안전이 무엇인지 결정할 수 있는 권리와 왜 안전해야 하는지가 각자로부터 나오는, 즉 안전할 수 있는 권리와 권한, 결정권이 학생을 포함한 모든 사람에게 보장되었을 때 실제로 '안전하다'고 느낄 수 있을 것이다. 누구도 다른 사람을 완전히 안전하게 보호할 수 없기 때문이다. 궁극적으로 누군가를 안전하게 할 수 있는 사람은 그 자신일 테니 말이다.

《오늘의 교육》 46호

진냥
jinnyang3@gmail.com

고양이 세 분을 모시고 초등 교사로 생계를 유지합니다. 교사라고 밝혔을 때 "요즘 학생들 말 안 듣는다면서요?"라는 '혐오 발언'을 듣지 않을 수 있는 세상에 살고 싶습니다.

교육, 참사를 마주하다
세월호 참사와 중립성이라는 함정
—

김원석

참사 앞에 멈춰 선 교육

예고와 함께 찾아오는 참사는 없다. 참사는 느닷없이 찾아와 많은 것들을 누군가에게는 모든 것을 순식간에 앗아 간다. 이처럼 부지불식간에 발생한 파국적 상황 속에서 우리의 몸과 마음은 한없이 부서져 내린다. 그런데 참사의 비참함과 참혹함을 더욱 키우는 것은 그 어느 참사도 결코 '우연적'이거나 '자연 발생적'이기만 한 것은 아니라는 사실이다. 5년 전 세월호가 속절없이 침몰하던 순간부터 최근의 세월호 내부 CCTV가 조작된 정황이 있다는 특별조사위원회의 발표에 이르기까지 우리는 세월호 참사가 사실상 사람과 시스템이 만든 "참극" 혹은 "참살"에 더욱 가깝다는 것을 우리의 눈으로 직접 목격하였다.[1] 그러나 바로 그렇기 때문에 사람들은 세월호 참사가 야기한 개인적 고통들을 단순히 위로하는 것에서 나아가 더욱 절박하게 고통의 원인들에 대하여 묻고 따졌다. 많은 이들이 잔인하고도 무능한 사회(국가)에 대하여 혹은 사회(국가)의 부재에 대하여 그리고 살아남은 우리 자신에 대하여 끊임없이 물었다. '참사 공화국' 속에서 우리가 단 한 발짝이라도 앞으로 나아갈 수 있다면 그것은 이처럼 함께 고통을 나누는 과정 속에서 참사가 드러낸 우리(사회)의 모순들에 대하여 묻고 따지기를 멈추지 않기 때문이다.

참사의 피해자 대부분이 교육 활동 중에 있던 학생들이었고 또 무엇보다 '가만히 있으라'는 세월호 선내 방송의 말이 상징하듯, 온갖 교육적 문제들이 집약되어 있기도 한 세월호 참사에 대하여, 여러 교육 주체들이 가장 적극적으로 참사를 대면하고 고민하며 변화의 계기로 삼아야 했음은 당연했다. 예를 들면, 당시 대통령을 비롯하여 구조에 막중한 책임과 권한을 부여받은 자리에 앉아 있던 소위 '능력자'들의 거듭되는 '무능'이 공적 의무와 책임감을 갖추게 하는 데 전혀 관심없는 우리 교육의 필연적 결과물이 아닌지 반성하고 변화를 모색해야 했다. 세월호 유가족들의 단식을 조롱하며 옆에서 '폭식 투쟁'을 벌이던

---

1   고민택, 〈세월호 참사 후 한국 사회 정치 지형 변화 가능성〉, 《진보평론》, 61호, 2014,
     91쪽; 김홍중, 〈마음의 부서짐: 세월호 참사와 주권적 우울〉, 《사회와 이론》, 제26집,
     2015, 147쪽.

이들이야말로 타인의 고통에 대한 공감을 익히는 것 대신에 타인을 언제든 짓밟고 올라가야 할 경쟁의 상대로 여기게 만든 우리 교육이 만든 괴물들이 아닌지 반성하고 변화를 모색해야 했다. 또 세월호 참사가 발생한 지 몇 해가 지나도록 분명한 원인도 모른 채 논란과 의혹만 지속되고 있지만, 이제는 그만하자고 법적 처벌이 모두 이루어졌다고 자위하며 다시 생존 경쟁에 뛰어들어 자기 계발에 열중하고 있는 우리 자신들에 대한 반성과 고민이 지속되어야 했다. 그렇게 세월호 참사가 너무도 고통스럽고 적나라하게 폭로한 우리 자신들과 우리 사회의 민낯을 교육 현장 곳곳에서 이야기하며 변화를 모색해야 했다. 이러한 노력들은 참사에 연루된 이들을 형사 처벌하는 것이나 학교에서 학생들에게 개별적 생존을 위한 안전교육을 대폭 확대하는 것만큼이나 아니 어쩌면 그 이상의 중요성을 가지는 것들이었다.

그러나 세월호 참사 이후에도 오랫동안 우리 교육을 지배해 온 '침묵의 문화'는 지속되었다. '가만히 있으라'는 세월호 선장의 명령은 여전히 거두어지지 않았다. 따지고 보면 우리의 교육은 그동안 주변 세계에서 벌어지는 일에 대해 묻고 따지는 것이 허용되지 않는 가장 대표적인 '금지의 장소'였다. 동시에 교육은 학생들을 무한 경쟁이라는 각자도생의 길로 몰아넣음으로써 묻지도 따지지도 않는 '순응적 주체'로 만드는 데 가장 앞장서 왔다. 그러다 보니 학교는 그리고 교육은 세월호 참사와 같은 총체적인 사회적 파국에 개입하며 그것을 어떠한 형태로든 변화의 계기로 삼으려 하기보다는, 온실 속 화초마냥 '객관적'이고 '과학적'인 '지식'들을 다루는 '순수한' 영역으로 남아 있어야 했다. 그리고 '교육의 중립성'이라는 너무도 모호한 그러나 너무도 '강력한' 원칙이 이를 뒷받침하였다. 그리하여 나는 그리고 아마도 많은 이들이, 참사 회피의 당연한 귀결이겠지만, 세월호 이전과 뚜렷이 구분될 수 있는 세월호 이후의 교육을 찾아볼 수 없게 되었다.

중립성이라는 함정

세월호 참사를 비롯해 한국 사회에서 발생한 여러 참사들이 우리에게 가져다주는 공통된 절망들 가운데 하나는 참사를 다루는 방식과 관련이 있다. 무엇보다 한국 사회에서 참사는 "정치 공동체의 어떠한 매듭에도 연결되지 못한 채" 개인의 배/보상 문제로 간주되거나, 사법 처리의 영역이 되거나, 의학적 치유의 문제로 귀결되는 경우가 많다.[2] 비슷한 맥락에서, 참사의 피해자들뿐만 아니라 참사를 지켜보는 우리 모두는 각종 뉴스 매체

---

2   정현, 〈세월호 이후 정치적인 것의 '세속화'〉, 《창작과 비평》, 43권 4호, 2015, 404~405쪽.

에서 쏟아져 나오는 정제되지 않은 정보들의 홍수 속에서 너무도 일상적이면서 동시에 너무도 예외적인 '악'들을 마주하며 어찌할 줄 모르고 무기력과 우울에 빠지곤 한다.

　이같은 참사의 개인화 혹은 개별화에서 학교교육도 자유로울 수 없다. 더 심하게 말하면, 학교라는 공간 속에서 참사에 대한 무관심은 '교육적인 것'으로 여겨지고 있기도 한데, 앞에서 말했듯이 교육 중립성은 이를 뒷받침하는 중요한 근거가 된다. 예를 들어 보자. 세월호 참사가 발생한 지 정확히 5개월이 지난 2014년 9월 16일 교육부는 시·도교육청에 공문을 내려보내 학교 내에서 세월호 희생자를 추모하기 위한 노란 리본 달기를 시행하는 것은 "교육 활동과 무관하고 정치적 활동으로 오해의 소지가 있으므로 학교 내에서 발생하지 않도록 조치"하였다. 헌법 31조 4항을 비롯해 〈교육기본법〉 등에 명시된 교육의 정치적 중립성 원칙에 대한 위반이라는 것이다. 이듬해 국가인권위원회에서 리본 달기가 "세월호 침몰 사고 희생자에 대한 추모의 의미로 널리 활용된 상징적 표현이었고 그 자체가 정치적 활동을 위한 것이라고 보기 어렵다"며 "리본 달기 행위를 금지하도록 한 조치는 학생 등 학교 구성원의 표현의 자유를 침해할 소지가 있다"고 의견을 표명하기도 했지만, 이후에도 여러 학교 현장에서 가만히 있으라는 명령이 교육 중립성이라는 기만적 기표 뒤에 숨어 작동해 왔다.

그런데 대체 교육과정에서 발생한 참사의 희생자들에 대한 애도도 마음대로 하지 못하게 만드는 교육 중립성 내지는 교육의 정치적 중립성이란 무엇을 말하는가?[3] 국립국어원 표준국어대사전에 의하면 중립성은 "어느 편에도 치우치지 아니하고 공정하게 처신하는 성질"로 정의된다. 그러나 이러한 사전적 정의는 중립성이라는 개념이 중립적인 것과 중립적이지 않은 것을 구분짓는 분명한 속성이나 구체적 실천의 방식들을 담고 있지 않은 대단히 모호한 개념임을 오히려 보여 줄 뿐이다.

교육이라는 영역으로 한정시켜도 애매하기는 마찬가지다. 교육 중립성의 필요를 주장하는 사람들은 다양한 가치들이 경쟁적으로 공존하는 다원적 사회에서 국가나 교사들이 일종의 불가피한 권위를 행사해야 할 때 그것은 중립성의 원칙에 근거해야 한다고 주장한다. 반면에, 그런 국가의 결정을 비롯해서 교육과정이나 교과서 등 모든 교육적 요소에 이미 불평등한 사회적 관계가 스며들어 있을 뿐만 아니라 나아가 교육은 그러한 불평등한 관계를 해결하는 적극적인 정치적 역할을 담당해야 한다고 비판적 교육자들은 말한다. 이들에게 중립적 교육은 가능하지도 바람직하지도 않다. 교육 중립성을 둘러싼 서로 다른

---

3   이하 '교육 중립성'에 관한 설명은 졸고 [Wonseok Kim(2018), A Critical Investigation into the Discourse of Educational Neutrality in South Korea(1987~2017), PhD Thesis, Department of Sociology, University of Warwick] 참고.

두 시선은 비단 이론뿐만 아니라 현실에서도 여러 갈등들을 야기하고 있다. 특히 한국 사회에서는 교육의 정치적 중립성을 둘러싼 논쟁이 왕왕 발생한다. 교육이 특정한 정치적 이해나 영향으로부터 독립적이어야 한다는 것인데 언뜻 이러한 주장은 과거 권위주의적 군사 정권 등에 의해 교육이 정치적 도구로 활용되어 온 역사적 맥락을 감안하여 볼 때 그럴듯해 보인다.

하지만 한국 사회에서 교육의 정치적 중립성 원칙이 실제로 이해되고 적용되는 데는 조금 특이한 점이 있다. 대개 교육의 정치적 중립성에 관해 정리한 많은 논의들은 정치적인 것과 교육적인 것의 '불가분성'을 전제로 그것들이 '정당하게' 다루어질 수 있는 방식들에 관한 것들이다. 예컨대 논쟁적인 정치사회적 이슈를 학교 현장에서 가르치기 위해 교사는 어떤 수업의 형태를 택해야 하는지 또 그 속에서 어떤 역할을 담당해야 하는지 이야기한다. 탐구 수업과 그 속에서 중재자로서 교사의 역할이 강조되기도 하며, 교사가 무시되기 쉬운 소수자의 입장이나 견해들을 적극적으로 대변해 줄 것이 요구되기도 한다.[4]

---

4   Kelly D. M. & Brandes G. M.(2001), Shifting Out of "Neutral": Beginning Teachers' Struggles with Teaching for Social Justice, *Canadian Journal of Education*, 26:4, pp.437-454; Kelly T. E.(1986), Discussing Controversial Issues: Four Perspectives on the Teacher's Role, *Theory and Research in Social Education*, 14:2, pp.113-138; Stenhouse L.(1968), The Humanities curriculum project, *Journal of Curriculum Studies*, 1:1, pp.26-33; Stenhouse L.(1971), The Humanities curriculum project: The rationale, *Theory Into Practice*, 10:3, pp.154-162.

그런데 한국의 교육 현실에서 교육이 정치적으로 중립적이어야 한다고 강하게 주장하는 이들은 교육과 정치의 완전한 분리라는 불가능한 전제 위에서, 정치적인 것(교육적이지 않은 것)과 정치적이지 않은 것(교육적인 것)을 '자의적'으로 구분 짓고, 정치적인 것을 철저하게 배제한다. 스스로 재생산할 만하다고 생각하는 것을 자의적인 방식으로 규정짓고 강제한다는 점에서 프랑스 사회학자 피에르 부르디외는 이러한 교육 행위를 "상징 폭력"이라고 부르기까지 하였다.[5] 그런데 한국 사회에서 그것은 단순히 상징적이기를 넘어 (정치적인 것을 교육 현장에 들여온 이들에 대한) 실제적 '처벌'로 이어진다. 특히 교육의 정치적 중립성 원칙은 이현령비현령으로 (사회) 비판적 교육 내용이나 행위를 (좌파 혹은 빨갱이들의) 정치적 행위로 낙인찍고 규제하는 수단으로 적극 활용되고 있다. 보수 언론과 정치인들은 끊임없이 비판적 사고와 행위를 '순수한' 학생들을 '오염'시켜 사회를 '위험'에 빠뜨리는 것으로 주장하며 '엄격한' 처벌을 요구한다. 이런 상황 속에서는 논쟁적인 사회적 이슈가 학교에 들어설 자리가 없다. 하물며 수많은 사회적 논쟁과 민감한 책임의 문제를 촉발하는 참사가 교실에 들어서기란 더더욱 어렵다.

---

5   피에르 부르디외·장 클로드 파세롱, 이상호 옮김, 《재생산 – 교육 체계 이론을 위한 요소들》, 동문선, 2003.

'비중립적' 교육에 대한 낙인과 처벌의 두려움 그리고 '중립적' 교육의 모호함 앞에서 학생과 교사는 "목구멍에 있는 말을 내뱉지 못하는 비참함"과 함께 침묵하게 된다.[6]

참사에 대한 헌신적 개입을 바라며

그럼에도 불구하고 학교는 참사에 대한 헌신적인 개입을 주저해서는 안 된다. 무엇보다 이것은 참사가 현시한 부서진 세계가 단지 피해자들만의 세계가 아니기 때문이다. 부서진 세계의 파편들은 피해자들의 가슴을 우선적으로 그리고 가장 아프게 뚫고 들어온다. 그러나 부서진 세계는 우리 모두의 세계이기도 하다. 참사를 개인적 고통에만 머무르게 할 수 없는 이유이다. 그것은 공동체적인 관점에서 사유되어야 하며 그렇게 해야만 우리는 함께 버텨 온 부서진 세계의 문을 닫고 새로이 살아갈 세계를 향한 문을 열 수 있다. 특히 학교교육은 참사에 대한 공동체적 개입을 수행해야 한다. 학교야말로 부서진 세계를 살아가고 있는 현재의 시민들이 모여 다가올 세계의 모습에 대한 고민과 배움 그리고 변화를 상시적으로 추구하는 '공적' 장소이기 때문이다.

---

6   미나리, 〈중립, 모호하고도 굴욕적인〉, 《오늘의 교육》, 31호, 2016년 3·4월, 48쪽.

구체적으로 학교는 하나의 생활공동체로 구성원이 참사를 통해 직간접적으로 갖게 된 고통에 대한 적절한 돌봄과 위로를 제공해야 한다. 나아가 학교 안과 밖의 애도 활동을 보장함으로써 타인의 고통에 대한 공감과 위로의 능력을 가질 수 있도록 도와야 한다. 여기서 한 가지 유념해야 할 것은 고통을 일반화하는 것의 위험성이다. 참사가 끼치는 영향이라는 것이 너무도 광범위하고 다양하다는 것을 상기해 볼 때 표준화된 위로와 애도는 상처를 아물게 하는 대신에 덧나게 할 수 있다. 다양한 그리고 어쩌면 우리가 영원히 알 수 없을 고통의 결들이 조심스럽게 만나고 나누어질 수 있도록 학교가 어떤 장소와 방법을 제공할 것인지 고민해야 한다. 네모난 교실 공간에서 책상에 앉아 이야기 나누는 것으로 고통에 대한 공감과 돌봄 그리고 애도가 충분히 이루어질 수 없음은 너무도 자명하다.

　한편, 학교는 참사에 대한 외면과 회피, 의도적 망각에 맞서 참사를 촉발한 사회적 모순들과 부정의를 직시할 수 있도록 해야 한다. 무엇보다 참사의 원인이나 상황에 대한 정보들을 단편적으로 알려 주는 것이 아니라 그것들을 민주주의와 정의의 원칙과 연결 지어 생각할 수 있게 하는 노력이 필요하다. 학생들이 살고 있는 그리고 앞으로 학생들이 살아갈 삶과 긴밀하게 연관된 사회적 모순들이 참사를 통해 명백하게 드러났음에도 불구하고 그것을 사유하지 못하게 하는 것은 결코 '중립적'이라고 할 수 없다. 조지 카운츠는, 사회를 뒤흔드는 사건들에 대해 중립을 지킨다는 것은 말로는 가능할지 몰라도 실질적으로는 사회 변화를 원치 않는 보수 세력을 지지하는 것과 다름없다고 단언한다.[7] '지금 여기서' 벌어지고 있는 일들에 대한 적극적인 사유의 노력을 통해 학생과 교사는 사회를 그리고 자신들을 돌아볼 수 있는 성찰적 역량을 키울 수 있다.

하지만 구체적인 행동과 변화가 뒤따르지 않는 성찰은 공허하며 곧잘 냉소로 뒤바뀐다. 따라서 참사에 대한 인지적 개입은 실천적 개입으로 이어져야만 한다. 달리 말하면, 학교는 참사가 폭로한 부서진 세계의 야만성에 대한 학생들의 '자발적인 저항'을 적극적으로 보장해 주어야 한다. 예컨대, 학생들은 참사 속에서 드러난 여러 문제들 가운데 자신들의 삶과 직결된 문제를 직접 선정하고 그것을 개선하기 위해 온라인 서명운동이나 영상 제작과 같은 다양한 노력을 기울일 수 있다. 학교는 이러한 학생들의 자발적인 노력이 특히 '안정적'이면서도 '효과적'으로 이루어질 수 있는 조건들을 만들어 주어야 한다. 김동춘이 "전쟁 정치"라는 개념을 통해 지적했듯이, 저항적 행위가 사회적 (그리고 교육적) 질서를 어지럽히는 위협으로 간주되는 우리 현실을 감안

---

7   Counts G. S.(1932), *Dare the School Build A. New Social Order?*, New York: The John Day Company, p.54.

하면 학생들의 저항권이 안정적으로 보장될 수 있는 조건의 마련이 중요하다.[8] 더하여 학교라는 제한된 공간 속에서 저항이 효과를 발휘하기 어려우므로 학교 밖 지역 사회나 시민단체 등과 긴밀한 관계를 유지하며 도움을 주고받아야 한다. 이러한 과정을 통해 학생들은 자신들의 비판적 인식을 구체적 변화로 이끌기 위해 어떤 자원들을 동원할 수 있고 또 어떤 어려움들을 마주하게 될지 경험하게 되며 동시에 사회적 책임감이나 연대의 가치 등도 익힐 수 있게 된다. 아우슈비츠 이후의 교육이 나아가야 할 방향을 고민했던 테오도르 아도르노의 표현을 빌리면, 학교는 참사를 대면하는 이러한 과정 속에서 "강한 자아"를 갖춘 "저항"하는 "성숙한 시민"을 길러 낼 수 있고 그렇게 함으로써 야만성, 우울, 무력 등으로 점철되는 참사를 극복하고 또 대비할 수 있다.[9]

《오늘의 교육》49호

---

8   김동춘, 《전쟁정치 - 한국정치의 메커니즘과 국가폭력》, 길, 2013.
9   [김누리, 〈아도르노의 교육 담론〉, 《독일언어문학》, 제78집, 2017, 279~307쪽]에서 재인용.

김원석
kimwonseok23@gmail.com

성공회대학교 사회과학연구소. 민주주의와 사회 정의의 관점에서 교육을 보다 정치적인 것으로 재구성하기 위해 노력하고 있습니다.

세월호 참사 '이후' 드러난 교육의 문제

공현

세월호 참사는 과연 교육 문제인가

나는 세월호 참사의 본질은 교육 문제라고 할 수 없다고 생각한다. 가령 세월호 참사의 희생자 대다수가 청소년/고등학생이 아니었다면, 과연 교육에 관한 이야기가 이토록 많이 나왔을까? 희생자 중 다수가 청소년이었고 그들이 교육 활동의 일부인 수학여행을 가던 중이었다는 것이, 세월호 참사의 성격을 규정하지는 않는다. 물론 사건의 특정 국면에서나 희생자들의 사상 경위에 수학여행을 가던 고등학생 325명이 배에 타고 있었다는 것이 영향을 미쳤을 수는 있다. 세월호가 전복된 것이 '참사'로까지 이어진 데는 복합적 원인이 있었고, 청소년들이 그토록 많이 희생된 데는 학교가 학생들을 집단으로 통제하던 것이 일조했을 수 있다. 그러나 세월호 참사 자체는 한국 사회에서 반복되어 온 각종 참사의 계보나 이윤 추구를 위해 안전과 생명을 경시해 온 풍토의 맥락에서 논하는 것이 더 적절할 것이다.

세월호 참사를 교육 문제로 보려는 근거로, 일각에서 '인성 교육 강화'를 추진하면서 거론했듯이, 세월호 참사 발생에 영향을 끼친 사람들을 만들어 낸 게 지금의 학교교육이라는 논리가 제기되기도 한다. 그런데 그런 식의 논리라면 세월호 참사뿐만 아니라 모든 사회 문제의 원인은 교육이라고 해도 말이 될 것이다. 교육 제도가 곧 인간을 만들어 낸다거나 구체적인 행동을 결정한다고 할 수는 없지 않을까. 학교교육이 사회 구성원과 특정한 사건, 나아가서 우리 사회 자체의 원인이 된다는 듯 생각하는 것은, 명백하게 학교교육의 효과와 역할에 대한 과장이다.

우리 사회의 문제들을 교육 제도와 연관지어 고찰하는 것은 물론 의미 있는 일이다. 세월호 참사가 우리 사회를 근본적으로 바꿔야 할 필요성을 드러낸 상징적 사건이었고, 사회를 바꾸면서 교육도 사회의 일부로서 함께 바뀌어야 한다고 지적한다면 이 역시 타당할 것이다. 하지만 교육이 곧 특정한 사건의 원인이며 교육 제도를 고침으로써 그러한 사건을 예방할 수 있다고 주장하는 것은 너무 섣부른 접근이다.

세월호 이후 교육은 "가만히 있지 않겠다"?

세월호 참사 이후, 우리 사회에는 참 많은 말들이 쏟아져 나왔다. 그중에서도 세월호 참사의 대책으로 교육을 바꾸려 하는 논의들은 가히 과잉이었다고 할 만하다. 국회에서 2015년 이른바 '세월호 선장 방지법'이라며 통과된 〈인성교육진흥법〉은 말할 것도 없고, 소위 진보 교육감들 측에서 내세운 '4.16 교육 체제' 역시 그 대표적 예이다.

조희연 서울시 교육감은 2015년, "4.16 교육 체제로의 전환"을 이야기했다. 또한 2016년, 이재정 경기도 교육감은 세월호 참사에 대한 반성에서 출발한 교육 체제라며 '4.16 교육 체제' 연구 보고서를 발표했다. 이때의 4.16 교육 체제 선언문에는 전국 시·도 교육감 14명이 동참했다.

그런데 4.16 교육 체제 혹은 세월호 참사 이후의 교육의 내용으로 제시되는 것들을 살펴보면 다소 의아하다. 예를 들어 조희연 서울시 교육감은 4.16 교육 체제로의 전환을 위한 정책으로, 고교 서열화 극복, 비리 사학 정상화, 학교 민주주의 강화 등을 열거했다. 때로는 다양성이 꽃피는 교육, 1명도 포기하지 않는 교육, 가만히 있지 않겠다는 교육 등의 수사가 따라왔고, 때로는 민주시민교육 또는 민주주의교육에 방점이 찍혔다. 경기도교육청이 연 토론회에서는 4.16 교육 체제의 모델 학교는 혁신학교라고 말하기도 했다. 마치 '세월호'라는 강렬한 상징과 기표記標 속에, 교육 개혁을 위한 여러 과제들을 모아 놓은 듯하다.[1] '세월호 참사를 일으켰다고 여겨지는 기존 체제의 어떤 것들'과 대비되는 온갖 것들이 세월호 참사 이후의 새로운 교육이란 이름으로 제기되고 있는 것이다. 그 선의를 의심하지는 않으나, 이는 자칫 세월호 참사에 대한 잘못된 전용이 될 위험이 있다.

"가만히 있으라"라는 세월호 선내 방송은 세월호 참사의 상징 중 하나였다. 세월호 참사에 대한 진상 규명을 요구하며 "가만히 있으라"를 비판하고 "가만히 있지 않겠다"고 선언하는 운동은 "가만히 있으라"고 명령하는 권력의 부당함을 지적하는 말이기도 했다. 이는 특히나 세월호 참사에 대한 책임을 회피하고 세월호 참사와 이를 애도하는 행동에서 정치적 의미를 제거하려 한 박근혜 정부에 저항하는 구호로서 큰 의미를 가졌다.

그러나 "가만히 있으라"가 세월호 참사와 교육을 연결시키는 고리가 되고, 세월호 참사 이후의 교육이 "가만히 있으라고 가르치지 않는 교육", "가만히 있지 않겠다는 교육"으로 규정되는 것은 고민해 봐야 할 문제이다. 지금 우리 교육의 문제

---

1   기호학에서 기표는 기호를 이루는 소리나 문자 자체를 가리키는데, 기호의 의미인 기
     의와의 관계는 필연성이 없이 자의적이라고 말한다. 세월호라는 기표는 필연성 없이,
     여러 가지 의미들로 짝 지어지고 있는 듯하다.

점이 가만히 있으라며 수동성을 학습시키는 데 있는 양 단순화시킬 위험이 있기 때문이다. 게다가 이런 문제 인식은 개개인이 '가만히 있지 않고' 사회적 불신 속에 각자 행동에 나서는 것이 바람직하다는 것으로, 권력과 사회 구조의 문제보다도 개개인의 수동성에 초점을 맞추는 것으로 둔갑하기 십상이다.

"가만히 있지 않겠다"라는 말에는, 충격과 무력감을 벗어나고 싶은 사람들의 마음이 담겨 있는 듯하다. 이에 더해 희생자 다수가 고등학생이라는 사실은 관습적으로 학교와 교육의 책임을 묻는 것으로 이어졌다. 세월호 참사가 "가만히 있으라"는 교육 때문이라고 해석하거나, 정부가 수영 교육과 인성교육을 하겠다고 했던 것이나, 4.16 교육 체제를 만들자고 하는 것은 모두 청소년 다수가 죽은 사건에 대해 비청소년/교육계가 뭐라도 해 보려는 몸부림 같다. 그렇지만 이러한 해석은 세월호 참사를 '아이들이 죽은 일'로 한정하고, 결국 청소년을 지켜 주는 '어른'의 위치를 회복하려는 것은, '어른들'이 청소년을 어떻게 교육해야 한다는 구도에 안주하려는 것은 아니었을까? 참사가 너무나 커다란 충격이었기에, 사건의 구체성을 뭉그러뜨리고 추상화하며, 교육 문제로 오인하게 만든 것은 아니었는지 돌아봐야 하지 않을까?

우리 교육은 동시대의 참사를 마주할 수 있는가

나는 교육의 문제를 발견할 수 있는 것은 세월호 참사 이후의 일들이라고 생각한다. 세월호 참사가 유독 참담했던 것은 (구조에 실패하고 배가 완전히 침몰하기까지를 '세월호 참사'라고 한다면) 참사 이후 대통령을 비롯한 정부의 무책임한 행태와 우리 사회 일각의 반응 때문이었다. 이러한 점에서는 학교교육도 마찬가지였다.

　세월호 참사 이후, 적지 않은 중·고등학교에서는 학생들에게 관심 끄고 동요하지 말고 아무 일 없었던 것처럼 공부나 열심히 하라고 다그쳤다. 노란 리본을 달거나 추모 집회, 진상 규명 요구 활동에 참여하는 것은 학생답지 않은, 정치적 행동으로 규정되었고 직간접적으로 탄압을 받기도 했다. 예컨대 경남 밀양의 어느 중학교에서는 2015년, 학생들이 세월호 참사 1주기에 "우리는 세월호의 모든 진실을 알고 싶습니다"라는 문구가 적힌 배지와 스티커를 학교 안에서 배포하자, 교사들이 이를 압수하며 '정치적인 문구가 쓰여 있어 학교의 명예가 실추될 수 있다'고 하며 학생들에게 언어 폭력을 가했다. 그리 드문 사례가 아니다. 전교조 등의 교사단체에서 세월호 참사 추모 활동을 하거나 현수막을 거는 것 역시 제재 대상이 되곤 했다. 교육부 또한 학교 현장에 공문을 보내며 세월호 참사 관련 학생·교사들의 학내 활동을 가로막으려 들었다. 다른 한편으로는, 알려진 사례는 훨씬 적지만, 학교에서 학생들에게 세월호 참사에 대한 애도를 의무화하고 세월호 참사 피해자를 위한 성금을 강압적으로 걷으려 한 경우도 있었다. 애도·추모를 강요하고 '교육'하려 한 것이다.

학교에서 세월호 참사에 관한 추모·진상 규명 등의 활동을 금기시한 것은 당시 박근혜 정부가 세월호 참사의 정치적 이슈화를 부담스러워했고 각계 각층을 탄압했던 것과 궤를 같이한다. 그리고 그건 그 이상으로 그동안 학교교육이 정치적 이슈를 회피하고 학생들의 시민적·정치적 자유를 침해해 온 역사의 연장이기도 했다. 이는 '교육의 정치적 중립성'을 내세우며 동시대에 일어난 사건을 다루기를 회피하는 학교교육의 한계, 그리고 학생들을 '예비 시민'으로만 여기고 지금 우리 사회에 같이 살고 있는 시민이 되지 못하게 가로막는 학교교육의 문제점을 보여 준다. 애도·추모를 강요하려 한 사례 역시 참사를 대하는 '올바른 태도'를 교육하려 들었지, 세월호 참사를 제대로 다루려고 했다고 할 수 없다.

요컨대 동시대의 사건, 더구나 수많은 사람들이 죽고 사회 전반에 충격을 안긴 '참사', '재난'에 대해서 학교교육은 외면하고 침묵하기에 급급했던 것이다. 심지어 적극적으로 구성원들의 입을 막고 발을 묶으려 들기까지 했다. 학교는 공공 기관으로서 학생의 인권을 존중해야 했고, 교육 기관으로서 세월호 참사를 단지 애도하는 것을 넘어 학생들이 느낀 충격을 의미화하고 사건의 의미를 이해할 수 있도록 교육적 활동을 전개해야 했다. 그러나 학교교육은 그러한 준비가 전혀 되어 있지 않았다. 결국 세월호 참사에 관한 학교에서의 교육적 실천은 교사단체나 일부 교사들의 계기 수업과 학생들의 자발적 활동들로만 이루어졌다.

세월호 참사가 학교 민주주의 문제와 만나는 지점이 있다면 바로 '정치적 중립성'을 내세우며 참사를 외면하고 학생과 교사들의 정치적 자유를 제한하려 했던 학교의 모습일 것이다. 그렇기 때문에 세월호 참사 이후 학교가 반성하고 가장 먼저 해야 할 조치 중 하나는 학생들의 언론·표현·집회·결사의 자유를 보장하는 것이리라 생각한다. 세월호 참사를 비롯하여 동시대에 벌어진 사건에서, 학생들만이 교육만이 비켜 서 있을 수는 없다. 학생들이 지금 여기의 사회를 살고 있는 시민이라는 것이 교육의 대전제가 되어야 한다. 그러므로 학교교육이 이러한 사건을 어떻게 마주하고 교육적으로 접근할 수 있을지도 진지하게 고민해야 한다.

1부. 4.16을 사유하다

학교교육이 조장한 능력주의

세월호 참사 이후 진상 규명을 요구하며 나선 유가족들은 정부의 무시와 탄압에 더해 유가족을 모욕하고 그 진정성을 의심하는 사람들로부터 각종 비난과 음해에 시달렸다. 유가족 비난의 레퍼토리로 곧잘 등장했던 것이 참사를 겪은 당사자인 단원고 생존 학생들의 '대학 특례 입학' 문제였다. 2015년 1월 제정된 〈4.16세월호참사 피해구제 및 지원 등을 위한 특별법〉에 대학 정원 외로 생존 학생들을 위한 특별 전형을 두는 것이 가능하도록 하는 조항이 포함되어 있으며 실제로 몇몇 대학에서 특별 전형을 실시한 것이 그 배경이었다. 특별 전형이 특혜라느니, 실력에 비해 더 상위권의 대학을 갈 수 있다느니, 심지어 대학에서 단원고 출신 학생들을 색출하자는 말까지 돌았다. 이는 분명 학교교육에 일정 부분 책임이 있는 현상이었다.

특별 전형 문제만이 아니라, 유가족이 사회적 관심을 받고 정부를 상대로 무언가를 요구하고 나서는 것 자체를 부당한 특혜를 바라는 것이라고 보고 조롱하고 공격하는 모습이 끊이지 않고 나타났다. 유가족의 활동이 과도한 배상·보상금을 받으려고 하는 거라거나 국가 유공자 지정 등 과도한 요구를 한다는 루머가 돌았고, 박근혜 정부를 흔들려는 정치적 의도에 따른 거라는 비난이 끊이지 않았다. 박근혜 정부와 새누리당, 언론들에 의해 조장된 측면도 있었지만 그러한 거부감이 자라날 수 있었던 사고방식과 정동이 널리 자리하고 있기도 했다. 안산의 어느 고교 교사는 "세월호 희생자에 대해 보상을 해야 한다고 하면서도 막상 대학 특례 입학에 대해서는 매우 부정적이다"라고 학생들의 인식을 전한 바 있다.[2]

왜 이러한 모습이 나타났는지 이야기하려면 학교교육이 학습시키고 확산시킨 능력주의의 이데올로기를 간과할 수 없다. 능력주의란, 말하자면 능력에 따른 차별이 공정하고 정당한 것이고, 노력과 능력에 따라 사회적 지위나 보상을 주어야 한다는 것이다. 한국의 학교는 시험 성적에 따라 암암리에 또는 대놓고 각종 차별을 하고, 입시 경쟁을 통해 대학 입학 기회를 차등하고 또 출신 학교에 따른 사회적 차별을 정당화하며 능력주의를 학습시키고 실현하는 역할을 한다.

그런데 능력주의는 오직 개인의 입증된 능력에 따른 차별만이 공정하고 정당한 것이라고 보기 때문에, 그 외의 방법으로 사회적 지위나 보상을 받는 경우를 '반칙'이나 '특혜'로 인식한다. 가령 노동조합이 투쟁과 교섭을 통해 정규직 전환을 쟁취하는 것도 불공정하다고 비난하는 식이다. 차별받던 소수자들이 차별 시정을 요구하는 것 역시, '실력/능력을 입증하지 않

---

2   "세월호 진상 규명, 아이들의 국가 신뢰 회복하는 중요 과정", 〈한겨레〉, 2014년 8월 20일.

고 특혜를 받으려는 것'으로 반감을 산다. 예를 들면 장애인 학생이 시험에서 장애를 이유로 보조를 요청하자 '공정성'을 이유로 반대한다든지, 소수자에 대한 쿼터제를 비판한다든지 하는 것이다. 능력주의 이데올로기는 현실에 존재하는 여러 불평등과 격차를 지우고 오직 개인의 능력과 자기 계발의 책임에만 초점을 맞추는 까닭이다. 이런 점에서 능력주의는 반反정치적이다. 게다가 소수자나 피해자에 대한 비난을 정당화하는 논리가 되기 때문에, 사회적 혐오 현상을 지지하고 조장한다.

세월호 참사로 인해 장기간 일상생활이 불가능할 정도의 충격을 받았고 정상적인 학교 수업 진행이 불가능했던 생존 학생들의 상황은 충분히 대학 입학에서 특별 전형을 운영할 만했다. 게다가 이는 정원 외 전형이었기에 이로 인해 다른 수험생들이 떨어질 일도 없었고, 무조건 합격된다는 일부 루머와 달리 대학들은 나름의 기준으로 학생들을 심사해서 선발했다. 그러나 이러한 현실적인 문제들을 고려한 조치를 무슨 특혜처럼 여기고, 오로지 개인의 '능력'에 의해서만 선발해야 한다는 것이 생존 학생들을 비난하는 논리였다. 유가족에 대한 비난도 마땅한 자격이나 노력 없이 참사의 피해자라는 이유로 일종의 '무임승차'를 하려 한다는 인식 위에서 일어났다는 점에서 이와 같은 능력주의와 관련성이 있다.

세월호 참사가 입시 경쟁이나 정치교육·공동체교육 등의

문제와 만나는 지점이 있다면 바로 세월호 참사 이후 유가족이나 생존자들을 공격하는 분위기에 일조한 측면이 있다는 점일 것이다. 소수자들, 피해자들을 가해자나 무임승차자로 인식하게 하는 교육은 소수자에 대한 혐오를 조장하고 있다고 평가해도 과언이 아니다. 교육이 현존하는 차별과 불평등, 사회 구조적 문제 등을 인식하는 데 도움이 되는 것이 아니라, 오히려 이를 외면하고, 차별받은 사람들, 고통받은 사람들의 정치적 활동과 그들을 위한 정치적 조치에 반감을 가지게 만드는 데 기여한다는 점은 진지한 반성이 필요한 일이다.

우리는 아직 제대로 논의하지 않았다

세월호 참사는 교육의 문제가 아니지만, 세월호 참사 이후 나타난 교육의 문제들은 분명히 있다. 이 글에서 지적한 점들 외에도 단원고 기억 교실의 사례, 교육 활동에서 안전의 문제 등 더욱 구체적으로 논의해야 할 이슈들이 있을 것이다. 그러나 그동안 세월호 참사에 연관하여 교육에 대한 다양한 말들이 나왔음에도, 우리는 아직 세월호 참사 이후의 교육에 대해 충분히 논의하지 못했다. 세월호 참사 이후 교육이 그다지 변화하지 않은 것은, 변화를 밀고 나갈 힘의 문제이기도 했겠지만, 우리가 세월호 참사와 그 이후 우리 사회의 모습을 제대로 들여다보고 이야기하지 않았기 때문이기도 할 것이다. 많은 사람들이 "세월호 참사 이후 교육은 달라야 한다"고 말했다. '진보 교육감'들이 선거에서 대거 당선되었다고 해서, 박근혜 대통령을 탄핵했다고 해서, 시간이 지났다고 해서, 그 말을 잊지 말기를 바란다.

《오늘의 교육》 49호

공현
gonghyun@gmail.com

청소년인권운동연대 지음(준) 등에서 활동하며 청소년운동을 하고 있다. 《인물로 만나는 청소년운동사》, 《우리는 현재다》, 《우리는 대학을 거부한다》, 《가장 인권적인, 가장 교육적인》, 《삐딱할 용기》 등을 공저했다.

2부

기록하다,
기억하다

보이는 만큼 함께 걷다 보면 또 길이 보이겠지
세월호 참사 이후, 마을 사람들과 함께한 연대 활동

—

모란

4.16 이후, 우리는 거리에서 모였고 거리에서 외쳤으며 아직도 거리에 있다.

꽃들이 피어나고 따사로운 볕이 대지를 감싸들던 아름답던 봄날 4월 16일부터 무더운 여름을 거쳐 가을도 지나가고 이제 마른 잎마저 다 지고 찬 서리가 대지를 덮는 겨울의 문턱에 섰다. 그러나 지금껏 다 타 버린 가슴으로 허깨비처럼 거리에서 버텨 내는 가족들이 있어 우리 역시 아직 거리에 있다.

'마지막 쥐 한 마리'가 힘을 보탠 것처럼

처음엔 전 국민이 다 그랬듯 우리도 그랬다. 안도와 기쁨으로 첫 소식을 접했다.

'그럼 그렇지, 대한민국이 어떤 나란데, 지금이 어떤 시대인데. 다 구해 내는 게 당연하지. 너무 다행한 일이야. 그 녀석들 평생 잊지 못할 추억의 수학여행이 되겠군.'

그리곤 그게 다였다. 그렇게 전원 다 구해 냈다는 아이들이 단 한 명도 살아서 돌아오지 못했다. 어느 누가 상상이나 했을까? 에어 포켓이 있다니 그 안에 쪼그리고 구조를 기다리고 있을 아이들을 생각하며 앉지도 못하고 서서 방송을 보았다. 혼이 나간 것처럼 온 신경을 텔레비전 화면에 집중한 채 이 모든 시간들이 해피엔딩으로 끝나길 간절히 바라며 숨죽이고 말을 아끼며 기다리고 또 기다렸다. '구해 낼 거야, 구해 내겠지.' 구조에 도움이 되지 않는 그 어떤 한탄, 비관 섞인 말과 생각이 행여 우주에라도 날아가 부정이라도 탈까 봐 극도로 말을 조심하며 그저 빌고 또 빌었다.

'육해공군을 다 동원해서라도 살려 내야지. 할 수만 있다면 전 국민이 다 진도로 내려가 그 배를 들어 올려서라도 구해 내야지. 그럼 그래야지. 이럴 때를 위해 국가가 있는 거잖아. 국가가 그 일을 잘할 수 있도록 국민들은 말도 아끼고 마음을 보내 줘야 해. 그리고 자신의 자리에서 열심히 일하면서 차분히 지켜보고 있는 거야. 국가가 그걸 할 거야. 그러라고 세금도 내는 거잖아. 그러니 우린 자기 자리에서 열심히 일하며 간절히 기도하며 기다리면 돼.'

그러나 상황은 우리가 바랐던 대로 움직이지 않는 것 같았다.

'아! 내가 종교를 갖고 있었더라면…….' 엄청난 믿음과 영험한 힘을 가진 신부님, 목사님, 스님, 그 밖의 모든 훌륭한 종교 지도자들이 나서서 가진 '빽'을 다 써 주길 바랐다. 사람의 힘으로 안 되는 일을 해내는 신들이 힘을 모아 사람들을 구해 주길 바랐다. 일을 하면서, 걸으면서 부를 수 있는 모든 신들을 부르고 애원하며 매달렸다. "제발 도와주세요. 제발 우리 아이들을 살려 주세요."

시간이 갈수록 이제는 기적밖에 바랄 수 있는 것이 없었다. 발만 동동거리고 있을 수 없었기에, 마지막 쥐 한 마리의 힘이 보태져서 구덩이에 빠진 고릴라를 구출해 내는 데 성공했던 동화 속 이야기처럼 마지막 쥐 한 마리의 힘이 아니라 개미만한 힘이라도 보탤 수 있다면 그것이 무엇이든 해야 했다. 그렇게 거리로 나온 사람들이 함께 성미산 마을의 울림두레생협 앞에서 세월호 승객들의 무사 귀환을 위해 매일 저녁 7시에 촛불을 들기 시작했다.

나를 그 위치에 세워 보던 시간들

사건이 나고 마을에선 즉각 "우리의 아이들은 안전한 나라에서 자라나야 합니다"라는 노란 현수막을 제작하여 담벼락, 대문,

가게에 게시하였고, 각자 하고픈 이야기와 실명이 적힌 현수막을 제작해 매일 촛불 집회를 여는 생협 앞부터 서울 망원역, 마포구청역까지 마을 거리거리마다 내걸었다. 이 현수막은 세월호 참사의 아픔에 동참하고 함께 기억해 가자는 우리의 바람을 담고 세상을 향해 오랫동안 물결처럼 일렁이었다.

나는 사고 이후 즉각 진도로 내려가려 하였으나 자원봉사자가 너무 많다 하여 열흘 정도를 더 기다린 뒤 5월 1일에 3박 4일 일정으로 진도로 내려갔다. 내가 있었던 곳은 팽목항 시신 확인소 맞은편 가족 대기실. 게시판에 '몇 번째 희생자'라는 제목 아래로 인상착의와 소지품 등이 적힌 흰색 사절지가 붙고 한 시간가량이 지나면 사색을 한 가족들이 자원봉사자들의 부축을 받으며 들어온다. 자원봉사자들에 의해 최소한의 시신 수습이 끝나고 나면 확인소로 가족들이 안내되는데 가족들이 확인소에 들어가자마자 안에선 절규와 통곡이 터져 나온다. 그러면 밖에 있던 우리도 마치 그것이 신호라도 되는 양 그때부터 함께 운다. 살아서 보낸 자식을 싸늘한 시신이 된 모습으로 대면한, 금쪽같은 새끼를 품에 안지도 못하고 허연 나무관 속에 넣고 안산으로 데려가는 그 어미의 비통함, 고통을 어찌 헤아릴 수 있을까. 3박 4일 진도에 있는 동안 수도 없이 나를 그 위치에 세워 보았다. 당해 보지 않고는 그 비통함, 참혹함은 절대로 이해할 수 없다. 희생자의 가족이 팽목항을 떠날 때까지 두어 시간 동안은 팽목 전체가 흐느낀다. 행정 처리를 위해 나와 있는 안산시청 직원들, 경찰들, 수녀님, 스님, 온갖 단체에서 나온 자원봉사자들, 보초를 서는 나이 어린 해경까지 눌러쓴 모자 밑으로 눈물을 훔치기 바쁘다. 우는 것 말고는 아무것도 할 수 있는 게 없다.

그 모습을 지켜보면서 거듭 생각했다. 어떻게 이런 일이 있을 수 있나? 이보다 더 잔인한 일은 없다. 어떻게 한두 명도 아니고 300명이 넘는 생목숨을 먼 바다도 아닌 바로 우리 앞바다에서 단 한 명도 구해 내지 못하고 수장시켜 버릴 수 있는가. 고꾸라지며 절규하는 엄마들을 보면서 이렇게 많은 엄마들에게 이 끔찍한 고통을 안겨 주고도 이 정부가 무사할 수 있을까 싶었다. 하늘이 무섭지도 않을까? 국가가 무엇인가? 도대체 국가가 있기나 한 건가?

그러나 나라가 이렇게 엉망이 된 것에서 나는 떳떳한가? 어른으로서, 엄마로서 세상이 온통 이렇게 구석구석 썩어 빠지게 된 데 나 역시 절대 떳떳하지 못하다. 그동안 세상일에 너무 무심했었다. 나만, 내 가족만 성실하게 살고 세금 잘 내고 법을 어기지 않으면 그것으로 책임을 다한 것이라 생각했다. 그런데 아니다. 내 가족 이외의 세상에 대한 무관심, 무지가 우리 사회를 이렇게 만들었고 아까운 생명들을 희생하게 만들었다. 무관심과 무지는 단순히 개인의 '이기적인 삶'에서 그치지 않는다.

자본이 마치 걸신들린 아귀처럼 탐욕스러운 자기 증식과 이윤 추구를 위해서 어떤 비인간적, 비생명적 행위도 서슴지 않고 행할 수 있도록 만들었다. 천박하고 사악한 자본, 그리고 그 자본의 앞잡이, 파수꾼 노릇이나 하며 오로지 일신의 안위와 권력욕에 눈이 먼 비열하고 파렴치한 정부가 우리 공동체를 사람이 살아가기 힘든 침몰해 가는 배로 만들게 됐다. 우리의 아이들과 후손들이 살아가야 할 세상을 훼손하게 만들었다. 이제 더는 나와 우리 가족만 챙기는 삶을 살아서는 안 된다. 더는 4.16 이전처럼 살 수는 없다.

우리가 할 수 있는 일을 하자

생협 앞에서 하던 촛불 집회는 성미산 마을의 여러 단위들이 조직적으로 참여하면서 더 많은 사람들의 참여를 이끌어 내고 알려 나가기 위해 유동 인구가 더 많은 망원우체국 사거리로 공간을 옮겼다. 이런 중에 2014년 지방 선거가 있었고 더는 세상일에 무심하지 않기로 한 내면의 약속을 지키기 위해 선거 운동에도 할 수 있는 만큼 참가하여 힘을 보탰다. 선거에 이어 치러진 월드컵으로 인해 행여 세월호 참사가 잊히고 진실이 묻혀버리진 않을까 우려했으나 유가족들의 살신성인에 가까운 투쟁으로 이 위기 또한 넘을 수 있었다. 시간이 흐를수록 싸움을 밀고 나가는 힘이 떨어져 가 촛불을 일주일에 한 번씩만 들자는 의견도 있었으나, 세월호 가족들의 '세월호 참사 진상 규명과 재발 방지를 위한 특별법 제정을 촉구하는 천만인 서명운동'이 우리의 몸과 마음을 다시 다잡았다. 마을 사람들이 매일 쉬지 않고 서명을 받았다. 활동 영역도 망원우체국 사거리에서 유동 인구가 더 많은 인근의 망원역 앞으로 옮겼다.

이즈음엔 마을에 있는 다른 시민단체들에도 제안하여 함께 서명을 받기 시작했다. 매일매일 받은 서명 용지를 세어 보며 성과가 좋은 날은 마치 벌이를 많이 한 가족들처럼 기뻐했다. 지나가는 시민들이 챙겨 준 음료수도 마셔 가며 그렇게 서명을 받았다. 간혹 몇몇 어르신들의 비난이나 불쾌한 눈빛도 있었지만 참고 견딜 수 있었다.

7월이 되자 가족들은 국회 현관 앞에서 농성을 시작했다. 그러나 생각해 보면 이런 일들은 살아남은 우리의 일이었다. 5월 중순에 안산을 방문해서 유가족 몇 분을 만나고 돌아오는 길에 생각했었다. '이제 세월호와 관련하여 저분들이 하실 역할은 여기서 끝났다. 저분들은 이제 남은 생을 위해 몸과 마음을 추스르고 치유하는 데 집중하셔야 한다. 남은 과제는 우리 몫이다.'

돌이켜 보면 가족들은 한 몸 추스르기조차 힘들 만큼 하얗게 다 타 버린 가슴을 안고, 바스러져 버릴 것만 같은 그 몸으로 위기의 순간마다 극적으로 새로운 국면을 먼저 열고 나아가 주었다. 가족들은 우리가 몰라라 내버려 뒀던, 하여 썩어 가던 세상의 아픔을 온몸으로 받아 내고 있었다. 우리가 짊어질 십자가를 대신 지고 가고 있었다. 그런데 그분들이 이번엔 단식을 하신다고 하였다. 마을에서도 단식에 조용히 함께하기로 하고 총 60여 명이 함께 릴레이로 100일 동안 단식을 진행했다. 7월에 국회에서 농성 중인 부모들을 응원하고자 생존 학생들이 단원고에서부터 국회까지 행진을 했을 때도 참회하는 마음으로 신길동에서부터 그들의 뒤를 받치며 함께 걸었다.

한 달에 딱 두 시간만, 이라도

이렇게 세월호 참사 이후 마을에서 함께 활동하는 사람들이 좀 더 원활하게 소통을 하기 위해 네이버 밴드(모바일 커뮤니티 서비스)를 열었고 단식에 참여한 이들을 중심으로 모여 세월호 참사를 기억하기 위한 공론의 장을 넓혀 나갔다. 그러면서 좀 더 조직적이고 체계적으로 활동을 전개해 나가기 위해, 망원역의 촛불을 꺼트리지 않고 계속 밝혀 나가기 위해, 더 많은 사람들의 참여를 조직해 가기 위해 부담 없이 한 달에 '딱 두 시간만' 세월호 관련 활동에 동참하자는 의미를 담아 '딱 두시간 세월공감(세월공감)'으로 우리 모임의 이름을 정하고 마을 여러 단위들에 적극 홍보해 나갔다.

이후 세월공감은 더 나은 사회, 더 행복한 사회를 만들 수 있을지 이야기를 나누기 위해 우리의 고민과 닿아 있는 오마이뉴스 오연호 대표를 9월에 마을에 초대해 "우리도 행복할 수 있을까?"란 제목으로 강연을 열었다. 우리 모두가 더할 수 없는 고통 중에 있으면서도 새로운 세상에 대한 희망을 찾고자 하는 바람이 간절한 때문인지 강연은 성공적으로 마쳤다.

서울 청와대 근처 청운동 주민센터 앞에서 8월 말부터 천막 농성을 하고 있는 가족들에게 따뜻한 집밥을 드시게 하고 싶어 함께 도시락을 싸 가기도 했다. 도시락은 단식 때처럼 희망하는 이들을 중심으로 가능한 한 많은 이들이 마음을 보탤 수 있도록 1인당 1개씩만 싸기로 하였는데 모두 얼마나 정성과 공을 들였는지 보는 우리도 놀랐다. 게다가 '동네 부엌', '문턱 없는 밥집' 등 마을의 기업들이 밥과 국, 비품 등을 지원했고, 차량과 운전 지원부터 가족들과 함께 식사를 하며 얘기를 나누는 방문 지원까지 얼마나 조직적으로 움직였던지 마치 원래부터 어떤 체계가 존재했던 것 같았다. 마을의 위력, 함께 한 곳을 바라보는 마음들의 연대가 갖는 힘을 새삼 느꼈다. 마을의 일원이라는 것이 자랑스럽고 뿌듯하기까지 하였다. 오랜 한뎃잠과 한데 밥에 지쳐 있던 가족들이 너무나 반겨 주고 맛있게 드셨다는 소식을 듣고는 얼마나 고맙고 기뻤는지 모른다. 우리는 그로부터 한 달 뒤에 다시 한 번 더 도시락을 싸서 청운동을 방문

2부. 기록하다, 기억하다

하였다.

이 밖에도 세월공감의 이름으로 한 일들은 많다. 아직 진도에 남은 가족들에게 지급되는 보급 물자가 부족하다는 연락을 받고는 내 가족 장을 보면서 진도에 있는 가족 몫도 하나 더 보는 식으로 물품을 모아 꾸러미를 세 번에 걸쳐 보내기도 했다. 마을에 사는 한뼘동화 작가가 동료들과 함께 작업한 걸개를 사들여 계단마실(마을에서 오일장처럼 열리는 문화가 있는 장), 마을 운동회 등의 행사에서 게시하고 노란 리본 함께 만들기를 하며 세월호 기억하기가 우리 생활 속으로 들어와 놀이가 되기를 시도해 보았다.

11월 20일에 개최한 유가족 간담회는 기획 단계부터 마을의 여러 시민단체들과 함께하였다. 세월호와 관련하여 주춤했던 생각과 행보를 다시 가다듬을 수 있는 기회이자 앞으로 더 많은 연대 활동을 열어 가는 좋은 시작이 되었다고 본다.

유가족들 역시 여러 많은 간담회와는 또 다른 따뜻한 감동이 있었다 하니 다행이고 감사하다. 생협에서 유가족들에게 김장을 담가 전해 드렸는데 이 김치에도 훈훈한 마음이 함께 전달되었으리라. 그리고 지금은 따뜻한 겨울나기를 위해 마을의 카페에 모여 한 땀 한 땀 정성을 들여 '4.16 리멤버 노란 목도리'를 뜨고 있다.

거리에서 맞은 겨울, 비록 추울지라도

4월 16일 저녁, 거리로 나와 부둥켜안고 울면서부터 시작된 우리의 활동도 어느새 8개월여 시간이 지나고 있다. 처음엔 앞이 보이지 않았다. 어디로 가야 할지, 어떻게 해야 할지 몰랐다. 그러나 서로 손을 잡고 보이는 만큼 한 발 한 발 함께 걸었다.

우리가 살고 있는 사회가 세월호처럼 불안한 항해를 하고 있다는 것을 안다. 우리 사회는 시시각각 침몰을 향해 빠른 속도로 나아가고 있다(어쩌면 벌써 침몰했고 골든타임이 얼마 남지 않은 더욱 급박한 상황일지도 모른다). 그것을 아는 이상 우리는 배가 침몰하도록 내버려 둘 수 없다. 어떻게 되겠지, 누군가 하겠지 했다가 여기까지 왔다는 것을 알기에 이제 정신을 차리고 일어나 각자의 자리에 바로 서야 하고 지금 당장 주변의 구석구석을 살펴보아야 한다. 썩고 있는 곳은 없는지, 대충 임시방편으로 때워 둔 곳은 없는지. 평형수를 채우고 직분에 맞는 교육을 다시 해 나가야 한다. 나부터 타협하고 있진 않은지, 사람보다 돈을 우선에 놓고 살고 있는 건 아닌지, 공동체에 대한 무관심을 '이번에만' 하고 또 넘어가고 있는 건 아닌지. 뿌린 만큼 거두는 것이 세상 이치이다. 지금 이 순간 우리는 무엇을 뿌리고 심고 있는지 늘 깨어서 보아야 한다.

여름날 피켓을 들고 있으면서 진상 규명에 진전이 없어 손도 볼도 발도 얼어 버릴 겨울까지 이렇게 거리에 있어야 하면 어쩌나 했는데 어느새 걱정하던 겨울이 되었다. 아마도 이렇게 거리에서 새봄을 맞을 것이다. 그러나 이제는 암담하지 않다. 보이는 만큼 가고, 가다 보면 새 길이 보인다. 그 길의 선두에 횃불을 든 가족들이 있고 함께 가는 벗들이 있다.

세월공감과 함께 걸어가는 이 길이 마을을 넘고 안산을 넘어 우리가 함께 탄 이 배가 균형을 잡고 오래도록 기쁜 항해를 할 수 있는 데 아주 작은 보탬이라도 되길 바란다.

아직도 팽목엔 찾지 못한 가족을 기다리는 여덟 가족이 있고, 아홉 명의 희생자가 깊은 바닷속에 잠긴 채 가족의 품으로 돌아오지 못하고 있다.

《오늘의 교육》 23호

모란

biondisupsok@naver.com

첫아이 두 살 때 공동육아로 시작한 마을살이, 그 아이가 이제 청년이 되었다. 마을 언저리에서 약국을 열고 약보다는 마음을 짓는 약사이고자 한다. 아이 둘 키운다고 내 앞가림만 하고 살다 4.16으로 떠나간 아이들로 인해 잠에서 깨어 그 아이들을 가슴에 묻기로 하고 서툰 걸음 내딛고 있다.

"부끄럽지 않을 수 있었으면, 미안하지 않을 수 있었으면"

김한률

후쿠시마 핵 발전소 사고가 일어났을 때 나는 중학교 2학년이 었다. 당시 나는 이 사고에 큰 관심을 두지 않았다. 우리나라에 서 일어난 사고도 아닐뿐더러 (지금 생각하면) '무분별한 반일 감정'을 갖고 있었기 때문이다. 내심 통쾌하다는 생각까지도 했 던 것 같다. 학교도 상당히 냉소적이었던 것으로 기억한다. 전 세계의 매스컴과 시민사회가 시끌벅적했던 데 비해 학교는 조 용했다. 그 어떤 언급도, 간단한 방사능 안전교육도 없었다. 그 러니 후쿠시마 핵 발전소 사고가 내게 큰 의미를 가질 리가 없 었다. 나는 그렇게 후쿠시마를 외면하게 되었던 것 같다. 중요한 건 성적이나 교우 관계였다.

내가 후쿠시마 핵 발전소 사고를 되돌아볼 수 있게 된 계 기는, 그로부터 3년이 지나서였다. 4월 16일, 절대 잊을 수 없는 세월호 참사.

잃어버린 봄날, 4월 16일

그날은 아침부터 분주했다. 전국 16개 시·도교육청이 주관하는 고등학교 2학년 영어 듣기 능력 평가가 있던 날이었다. 나는 학교에 도착하자마자 휴대전화를 제출해야만 했다. 온 매스컴이 세월호를 집중 보도하는 상황에서도, 학교는 우리에게 아무 것도 알려 주지 않았다. 외부 정보와 완전히 차단된 채로 시험을 치렀던 나는, 방과 후 집에서 TV를 켜고 나서야 비로소 세월호와 마주할 수 있었다. 믿을 수가 없었다. 한밤중도 아니고 환한 대낮에 가라앉기 시작한 배인데, 어떻게 300명이 넘는 사람이 아직까지도 배 안에 갇혀 있을 수 있단 말인가? 국가는 무엇을 하고 있었단 말인가? 시간이 지날수록 상황은 계속해서 악화되었다. 언론에서는 온종일 에어 포켓에 대한 이야기만 했다. 그래도 희망을 가졌다. 아직 살아 있을 가능성이 있다니까, 살아 나와 주기를 간절히 기도했다. 바다 앞에서 울부짖는 실종자 가족들의 모습이 뇌리에 박혀 떠나지 않았다. 선내에 갇힌 승객들의 생존 가능성은 점점 희박해져만 갔다. 대통령이 진도에 다녀갔다는데도 구조에는 진전이 없었다. 하루, 이틀 시간은 하염없이 흘러가고 매스컴이 그렇게 떠들어 대던 에어 포켓의 희망마저 사그라들었다. 선내에 더 이상 생존자가 없겠다고 생각될 즈음, 해경은 본격적인 선내 진입에 착수했다. 시신이 하나둘 인양되기 시작했다. 생존자를 찾는 것은 기대할 수 없었다. 시신을 찾은 유가족들의 오열이 팽목항을 가득 메웠다. 가족을 잃은 그 거대한 슬픔 앞에서, 나는 아무 말도 할 수 없었다. 화가 났다. 충분히 살릴 수 있는 목숨들이었다. 해경의 대처도, 대통령의 행보도 이해할 수 없었다. 상식적이지 않았다. 배를 침몰시킨 것은 선장이었을지 모르나, 승객들을 죽인 것은 국가였다. 단 한 명도, 살아 나오지 못했다. 무엇이라도 해야 한다고 생각했다. 이 참사를 보고도 침묵하는 것은 나 역시도 비상식의 일부임을 증명하는 것이라고 생각했다.

무엇을 해야 할지 머리를 싸매고 고민하다가, 청와대 게시판에 글을 쓰기로 했다. 청와대 게시판에 글을 쓴다면, 정부 관계자가 읽을 수도 있을 것이라는 생각에서였다. 청와대 게시판은 실명 인증을 해야만 글을 쓸 수 있는 것이 마음에 걸렸으나, 해야만 하는 일이라고 생각했기에 글을 썼다. 한 문장 한 문장을 쓸 때마다 화가 치밀었다. 도대체 왜 구하지 않은 것이냐고 따져 묻고 싶었지만, 일단 감정을 억누르고 최대한 이성적으로 글을 썼다.

대통령님 읽어 주세요, 저는 고2 학생입니다

대통령님 안녕하세요? 저는 현재 인문계 고등학교에 재학 중인 2학년 김한률입니다. 세월호 참사에 대해, 제 친구 같은 아이들의 죽음에 대해 참 드릴 말씀이 많습니다.

저는 세월호가 점점 기울어가고 있을 그 당시, 전국 시·도 교육청이 주관하는 영어 듣기 평가 준비에 몰두하고 있었습니다. 세월호가 완전히 침몰되어, 제 친구들이 저 어두운 바닷속으로 사라졌을 땐 듣기 평가를 본 후 친구들과 장난을 치고 있었죠. 오후 2시가 되어, 다른 친구에게 세월호 소식을 듣기 전까지 저는 대한민국에서 그런 일이 터졌을 거란 짐작도 하지 못하고 있었습니다.

처음엔 세월호가 아직 완전히 침몰되지 않은 걸로 착각하고, 다 구할 수 있으리라 생각했습니다. 여기저기서 오보가 터져 나왔습니다. 한 친구는 학생 300여 명이 모두 구조가 되었다고 했습니다. 곧 오보라는 기사가 다시 터져 나오면서, 저는 이 상황이 현실이라는 걸 믿을 수가 없었습니다.

지금은 21세기, 그리고 이곳은 선진국을 자칭하는 대한민국이었습니다. 저는 당연히 모든 승객들이 구조될 줄 알았습니다. 모두 무사히 가족의 품에 안길 거라고 생각했습니다. 하지만 오후 5시가 되어 집에 돌아올 때까지, 구조자 숫자는 늘지 않았습니다.

그래도, 그래도 믿었습니다. 언론에서 떠드는 에어 포켓을 믿었고, 직접 진도에 내려가신 대통령님을 믿었습니다.

네, 저는 그래도 대한민국을 믿었습니다. 절대 참사로 이어질 거라고 생각하지 않았습니다. 하지만 사고 후 지금까지 12일이란 시간이 지났습니다. 구조자의 숫자는 더 이상 변하지 않습니다. 엉뚱하게도 탑승 인원과 실종자의 숫자만 오락가락합니다. 이제 저는 더 이상 언론을 믿지 못합니다. 대통령님도 믿지 못합니다. 이 나라를 믿지 못하겠습니다.

지금 이 상황에도, 애국 보수를 자칭하는 사람들은 대통령님을 보호해 줍니다. 북한의 소행이랍니다. 2시간도 채 되지 않는 짧은 시간에 300명이 넘는 생명이 가라앉았는데요. 정부 전복의 음모랍니다, 앞길이 구만리 같은 아이들을 죽여 놓고서요. 대통령님에 대한 문책성 글을 올리기만 해도, 좌파에 종북 빨갱이랍니다. 대체 이 나라에 자유는 어디에 있으며 책임은 또 어디에 있습니까? 이 나라에는 좌파 종북 빨갱이밖에 없습니까? 실종자 가족의 눈물을 보고 미개하다고 합니다. 정부를 비판하면 국민성이 미개해서 이런 사건이 일어난 거랍니다.

저는 온갖 욕설이 섞인 원색적인 비난을 옹호하려는 게 아닙니다. 곧고 옳은 비판에도 그런 말을 하는 게 너무 서럽습니다. 아직도 지역감정을 조장하는 대한민국이, 이 안타까운 상황을 정치적으로 이용해 먹으려는 어른들이, 저는

2부. 기록하다, 기억하다

너무 원망스럽습니다.

솔직하게 말씀드리겠습니다. 저는 대통령님이 싫습니다. 좌파 종북 빨갱이어서도 아니고, 음모론을 추종하는 사람이어서도 아닙니다. 사건을 참사로까지 몰고 간 것은 정부였고, 정부의 책임자는 대통령님이시기 때문입니다. 정부는 초기 대응 실패는 물론이거니와 그 후에도 체계적으로 대응하지 못하고 우왕좌왕 발만 동동 굴렀습니다. 12일 동안, 실종자 가족, 희생자 유족들의 마음을 갈기갈기 찢어 놓았고, 언론을 조작/통제해 국민들을 우롱했습니다. 300명이 넘는 승객들을 가라앉힌 건 선장이었습니다. 그러나 그들이 겨우 붙들고 있던 얇은 숨통마저 끊어 버린 건 정부였습니다.

사건은 터졌는데 아무도 책임지려 하지 않습니다. 국무총리 사퇴? 국무총리 한 명으로 끝이 나서는 절대 안 됩니다. 세월호 사건과 관련된 책임자들을 모두 엄벌에 처하셔야 합니다. 그게 정의입니다. 대통령님께서 진도에 내려가셔서 하셨던 말씀, 그냥 민심 수습용이 아니었을 거라 믿습니다.

마지막으로 대통령님을 믿어 보려 합니다. 꼭 부탁드립니다. 대통령님. 이만 줄이겠습니다.

- 청와대 자유게시판

글을 다 쓰고 나서야, 나와 같은 생각을 한 사람들이 매우 많다는 것을 깨달았다. 끊임없이 올라오는 새 글들에 의해 내 글은 빠르게 묻혀 갔다. 그렇게 멍하니 내 글이 뒤로 밀리는 것을 보고 있는데, 어떤 글이 유독 눈에 띄었다. 〈전국의 청소년들에게 "우리는 왜 가만히 있어야 하는가?"〉 청소년 '가만히 있으라' 제안자 양지혜 씨의 글이었다.

전국의 청소년들에게 "우리는 왜 가만히 있어야 하는가?"

- 가만히 있을 수 없었습니다

광화문에 있는 세월호 합동 분향소에 다녀왔습니다. 분향소 한쪽에 이번 참사의 희생자들에게 하고 싶은 말을 남기는 공간이 있었습니다. 저는 할 수 있는 말이 없었습니다. 죽은 자에게 도대체 어떤 말이 위로가 될 수 있을까 싶어, 한참 그곳에 서 있었습니다.

세월호 참사는 사고가 아닙니다. 생명보다 이윤을 중시했던 우리 사회의 예정된 비극입니다. 안전 대신 경제적 효율을 선택했고, 죽은 사람들은 그 선택의 기회비용이었습니다.

세월호 이전에도 우리는 많은 참사를 겪었습니다. 삼풍백화점은 무너져 내렸고, 대구 지하철 참사로 190여 명이 숨졌습니다. 그럼에도 우리 사회는 달라진 것이 없습니다. 우리 모두 가만히 있었기 때문입니다.

지금 이 순간에도 사람들은 죽어 나갑니다. 장애등급제 때문에 송국현 씨가 희생됐고, 밀양 송전탑 건설에 반대하며 두 분의 어르신이 목숨을 끊으셨습니다. 수능 때마다 이어지는 성적 비관 자살은 이제 놀라운 일도 못 됩니다. 이윤을 중요시하는 이 사회는, 자꾸만 사람을 죽입니다. 사람의 가치는 돈으로 환산됩니다.

자꾸 사람이 죽는 이 사회에서, 저는 안전할 수 없었습니다. 제2의, 제3의 세월호가 언제 어디서 터질지 모르겠다는 생각이 들었습니다. 어쩌면 다음 차례는 저일지도 모르지요. 그래서 나왔습니다. 4월 30일, 5월 3일 "가만히 있으라"고 쓰인 피켓을 들고 추모 행진에 동참했습니다. 가만히 있을 수 없었습니다.

- 청소년은 언제까지 '우리 아이들'이어야 하나
청소년은 '가만히 있으라'는 명령을 가장 많이 듣는 대상입니다. 사회는 우리에게 가만히 공부나 하라고 합니다. 대학 가면 뭐든 다 할 수 있다고 잠깐 참으라고 합니다. 우리는 그렇게 행복을 유예당합니다.

단원고 학생들도 다르지 않았을 거라 생각합니다. 평범한 인문계 고등학생답게 입시 스트레스에 시달리며 행복을 유예당했을 거라고 생각합니다. 그들의 유예된 행복은 결국 실현되지 못했습니다.

추모 행진에 나온 저를 보며 어른들은 기특하다고 했습니다. 어린 나이에 이런 일에 참여한다니, 기특하다고요. 미안하다는 말도 참 많이 들었습니다. 우리 아이들 지켜 주지 못해 미안하다고요. 어른들의 책임이라고요? 아직 꽃피지 못한 너희들을 죽게 해서 미안하다고요?

그렇습니다. 우리 사회에서 청소년은 꽃피지 못하는 존재입니다. 가만히 있어야 하는 존재이고, 주체성을 발현할 수 없는 존재입니다. 묻고 싶습니다. 청소년을 꽃피지 못하게 하는, 청소년으로 하여금 스스로를 지키지 못하게 하는 사회, 청소년은 가만히 있고 어른들이 청소년을 보호해야 한다는 생각도 잘못된 것 아닌가요? 청소년은 언제까지 가만히 있어야 할까요. 가만히 있다가, 이렇게 많은 사람들이 희생되었는데요.

저는 제안합니다. 우리에게 가만히 있고 침묵하라고 하는 모든 것들에 저항했으면 좋겠습니다. 그리하여 청소년을 정치의 주체에서 배제하고, 지킴받아야 하는 존재로 전락시키는 '우리 아이들을 지켜 주지 못해 미안하다'라는 말을 거부합니다. 그리고 청소년들에게 가만히 있지 말자고 제안합니다.

결국, 우리의 행복을 유예시키는 것도 경제적 가치가 전부인 이윤 중심적 사회 때문이라고 생각합니다. 5월 10일, 함께 행진하며 '가만히 있으라'는 말에 희생된 모든 사람들을 추모하고, 우리의 유예된 삶을 되찾았으면 좋겠습니다.

일시 :   5월 10일 토요일

오후 3시 명동성당 앞

이후 "가만히 있으라" 행진에 동참

드레스코드 : 검정 혹은 경건한 복장

준비물 : 노란 리본을 묶은 국화와 마스크

제안자 : 강원희(서울 용화여고 3),

박소현(서울 청원여고 3),

양지혜(경기 고양 중산고 2)

- 청와대 자유게시판

"가만히 있으라"

"가만히 있으라" 그 말을 듣고 떠오른 것은 세월호 선내에 울려 퍼지던 방송음이었다. 양지혜 씨의 글을 읽기 전까지 나는

"가만히 있으라"가 그저 세월호에만 국한된 이야기라고 생각하고 있었다. 그러나 전혀 그렇지 않았다. "가만히 있으라"는 우리 사회에 뼛속 깊이 새겨져 있는 하나의 명령이었다. 여태까지 살면서 들어 왔던 "모난 돌이 정 맞는다"거나, "나대지 마라"는 말들이 우리의 일상 속에 자리 잡고 있는 또 다른 모습의 "가만히 있으라"였다는 사실을, 양지혜 씨의 글을 읽고 나서야 깨달을 수 있었다. 모르고 있을 때는 '가만히 있는 것'이 미덕이라고 생각하며 따랐지만, 그게 아니라는 것을 알게 된 이상 더는 가만히 있을 수 없었다. 얼굴도 모르는 사람의 "거리로 나가자"는 제안을 선뜻 받아들이게 된 것은 그 때문이었다. 작은 동네에서 작은 것들만 보고 자란 나에게, 거리로 나가는 것은 큰 모험이었다. 제일 먼저 '서울'이라는 큰 벽에 부딪히게 됐는데, 나는 서울에 혼자 가 본 적이 없었다. 집결지인 명동성당이 어디인지 알고 있을 리가 없었다. 다행히 서울을 자주 가 본 친구들과 인터넷의 도움으로 길을 찾는 문제는 수월하게 해결됐다. 가는 방법을 알아내고 나니, 문득 '거리'에 대한 부담감, 두려움이 찾아왔다. 세상을 학교에서 배운 나에게 '거리로 나서는 일'은 매우 폭력적이고 위험한 일로 인식되었다. 그러나 기우일 뿐이었다. '가만히 있으라'는 더없이 고요하고 평화로운 행진이었다. 명동성당에 도착하니, 이미 많은 사람들이 피켓과 국화를 들고 서 있었다. 어떻게 해야 할지 몰라 근처에서 우물쭈물하고 있으

2부. 기록하다, 기억하다

니, 피켓과 국화 다발을 든 분이 오셔서 피켓과 마스크, 국화를 나눠 주셨다. 덕분에 자연스럽게 행렬에 함께할 수 있게 됐다. '가만히 있으라'는 기본적으로 침묵 행진이었지만, 중간중간 참가자들의 자유 발언을 듣는 시간을 가졌다. 많은 사람들이 발언을 했고, 그때마다 주위는 눈물바다가 되었다. 참가자들의 발언을 듣고 있자니, 울컥울컥 가슴을 때리는 무언가가 느껴졌다. 내성적인 성격 탓에, 발언을 할까 말까 마음속으로 수십 번 고민하다가 기어코 손을 들고 말았다.

"나는 세월호 참사 이후의 "아이들아, 지켜 주지 못해 미안해"라든가, "어른들이 미안해"라는 구호를 극도로 싫어했다. 피해자들이 '아이들'에 국한되어 있지도 않을뿐더러, 결과적으로 이 기괴한 참사를 만들어 낸 사람들이 바로 그들이기 때문이었다. 기형적인 사회 구조를 만들어 놓고, 그 구조를 유지하기 위해 청소년들을 입시의 구렁텅이로 밀어 넣은 것이 그들이었다. 입시 지옥 속에서 "가만히 있으라"고 명령한 것도, 마치 그것이 엄청난 미덕인 양 가르친 것도 그들이었다. 그리고 그들이 만들어 낸 기형적 사회 구조가 세월호 참사로 이어졌다. 처음부터 끝까지 그들은 한결같이 가해자였다. "어른들이 미안해"라는 말은 결국, 일반인 희생자들을 배척하는 말일 뿐만 아니라, 죽음을 방관한 자들의 어쭙잖은 자기 면죄였다."

극도로 긴장해 다리를 부들부들 떨면서도, 나는 할 말을
다 하고 있었다. 손에 메가폰을 꽉 쥔 채로, 마음속에 있던 울
분을 토해 내듯이 말이다. 속이 시원했다. 정신을 차리고 보니,
다리를 덜덜 떨고 있는 내 모습이 보여 서둘러 자리로 돌아왔
다. 긴장한 몸을 진정시키고 있자니, 홍대 입구에서 출발한 용
혜인 씨의 '가만히 있으라' 대오가 행진해 왔다. 청소년 '가만히
있으라'는 용혜인 씨의 '가만히 있으라'에 합류해 함께 서울역
광장으로 걷기 시작했다. 처음 보는 서울 시청을 지나, 구 서울
역 역사로 향하고 있을 때였다. 문득 뒤를 돌아봤는데, 행진 대
오보다 긴 대열의 경찰들이 방패를 든 채 행렬의 뒤를 따르고
있었다. 방패. 내 눈을 의심했다. 아무리 주변을 둘러봐도, 눈에
보이는 거라곤 국화와 피켓, 더 있다면 마스크. 그뿐이었다. 경
찰이 방패를 들고 뒤따를 이유는 그 어디에도 없었다. 우리가
구 서울역사 앞에 다다를 때까지 경찰은 행렬의 뒤를 따라왔
다. 첫 행진은 별 탈 없이 구 서울역사 앞에서 끝이 났다. 피켓
과 국화를 든 사람들이 다 같이 모여 "잊지 않겠습니다"라고 외
칠 땐 가슴이 뭉클했다. 그래도 아직 희망이 있구나, 생각이 들
었다. 행진이 끝나고 나서 뒤를 돌아보자 경찰들이 장비를 챙겨
해산하고 있었다. 국화와 피켓을 든 침묵 행진 대오에 방패를

대동한 경찰들을 보면서, 나는 조용히 다음 행진을 기약했다. 거리로 나가는 것은 아무것도 아니었다. 지레 겁먹을 필요가 전혀 없었다. 한번 거리에 나서 보니, 두 번째부터는 별 부담 없이 사람들과 함께할 수 있었다.

첫 행진 이후, 나는 다시 일상으로 돌아와 학교생활을 해야 했다. 그때까지 나에게 입시는 중요한 문제였으므로, 절대 소홀히 할 수 없었다. 1차 지필 평가가 끝나고 한창 수행 평가를 준비할 시기였다. 그 때문에 나는 다음번 행진인 5.18 '가만히 있으라'에 참여하지 못했다. 모둠에서 내가 맡은 역할을 수행하고 페이스북을 켜니, '가만히 있으라'가 실시간 중계되고 있었다. 분명 평화로운 행진일진데, '가만히 있으라'는 경찰과 뒤엉켜 싸우고 있었다. 경찰들은 시민들을 마구잡이로 연행해 가기 시작했다. 침묵 행진 참가자뿐만 아니라 길을 가던 시민들까지 무자비하게 연행해 갔다. 연행자 중에는 고등학생들도 더러 있었다. 도무지 이해할 수 없었다. 어떻게 대처해야 할지 갈피를 잡지 못했다. 사람의 죽음을 추모하는 것이 죄라니. 아무런 이유도 없이 무고하게 가라앉은 300여 명의 사람들을, 국가는 기억하지 못하게 했다. 한 차례 경찰이 휩쓸고 간 자리에는 짓밟힌 국화와 너덜너덜해진 피켓만이 나뒹굴고 있었다.

청소년 세미나 모임 세모

'가만히 있으라'를 하면서, 많은 사람들을 만날 수 있었다. 청소년 '가만히 있으라' 제안자 양지혜 씨와, 청소년 세미나 모임 세모(약칭 세모)에서 간사로 활동 중이었던 박하루 씨 역시 '가만히 있으라'가 맺어 준 인연이었다. 함께 침묵 행진을 하던 박하루 씨와 양지혜 씨의 제안으로, 나는 세모와 함께하게 되었다. 세모는 학교에서 가르쳐 주지 않는 여러 사회 문제들을 공부하는 모임이었다. 쌍용자동차, 제주 강정 마을 해군기지, 후쿠시마, 세월호까지. 세모는 사회 전반에 걸쳐 많은 것을 공부하고 있었다. 당장 세모가 눈앞에 두고 있었던 문제는 세월호였다. 세모의 많은 회원들이 '가만히 있으라'와 같은 세월호 관련 활동에 집중해서 참여했다. 세모의 슬로건은 "이윤보다 인간을"이었다. 기업, 혹은 개인의 이윤이 사람의 생명보다 우선시되는 이 사회에 가장 잘 맞는 슬로건이라고 생각했다.

세모는 '가만히 있으라' 외에도 다양한 활동들을 했다. 거리에 나가 세월호를 기억해 달라고 외치고, 세월호를 알리는 전단을 제작해 시민들에게 나누어 주었다. 청소년들을 만나고, 세월호를 이야기했다. 그렇게 세월호를 알리기 위해 이리저리 뛰어다니고 있을 즈음, 세월호 유가족분들이 '세월호 특별법 제정을 위한 무기한 단식'을 시작하였다. 유난히 더웠던 그해의 여름은 그렇게 시작됐다. 유가족들은 굳건했다. 믿을 수 없을 정도로 강인했다. 아무런 준비도 없이 곡기를 끊고도, 물과 소금만으로 수일, 수십 일을 버티셨다. 그렇지만 역시 단식은 호락호락한 일이 아니었다. 유가족들이 한 분, 두 분 쓰러져 가기 시작했다. 그리고 얼마 지나지 않아 '유민 아빠' 김영오 씨만이 홀로 남게 되었다. 8월 12일, 광화문에서 '고등학생도 알 건 안다' 집회를 마치고 돌아가는 길에 김영오 씨를 만나 뵐 기회가 있었다. 김영오 씨는 수십 일간의 단식으로 무척이나 초췌해진 상태였다. 내가 인사를 드리자, 김영오 씨는 내 손을 꼭 붙들더니 "그래도 아직 희망이 있구나" 하며 웃어 보이셨다. 야윌 대로 야윈 김영오 씨의 모습에 가슴이 저려 왔다.

그 후, 광화문을 비롯한 다양한 곳에서, 각계각층의 동조 단식이 줄을 이었다. 모두가 세월호를 위해 한마음으로 곡기를 끊었다. 그러나, 계속되는 국정 조사 파행, 국회의원들의 무능과 조직적인 유언비어 유포 등으로 세월호 특별법은 제정될 기미가 보이지 않았다. 늦여름의 습하고 탁한 광화문 광장에서, 국민들과 유가족은 죽어 가고 있었다.

이틀간의 단식, 그 후

세모에서도 '세월호 특별법 제정을 위한 청소년 단식'에 대한 이야기가 나왔다. 간사인 박하루 씨의 제안이었는데, 세모 내에서도 반응이 좋아 빠르게 가결되었다. 단식은 양지혜 씨를 중심으로 하고, 내가 지지 단식을 하는 것으로 합의가 됐다. 그리고 단식과 함께 청소년들을 끌어모으기 위한 '방과 후 농성장'도 기획을 끝마쳤다. 나 말고도 많은 사람들이 함께 단식에 참여했다. 그럼에도 상황은 바뀌지 않았다. 내가 단식을 한다고 해서 무엇이 바뀔까 회의감도 들었다. 그러나 팽목항에서 오열하던 실종자 가족과 유가족들의 모습, 광화문에서 내 손을 꼭 붙들던 김영오 씨의 야윈 손목은 마음 한구석을 무겁게 짓누르고 있었다. 단식에 돌입하기 전, 청소년들을 광화문 광장으로 불러 모으기 위한 단식 선언 대자보를 썼다. 대자보는 교내에 붙이려 했으나, "정치적인 글이다"라는 이해하기 힘든 이유로 학년 부장 선생님으로부터 거절당했다. 어떻게 할까 고민하다가 학생들이 가장 많이 지나다니는 교문 앞 버스 정류장에 대자보를 붙였다. "잊을 수 없는 그날을 기억하며, 학우 여러분께 제안합니다"라는 말로 시작하는 대자보는, 그날 하교 후에 확인해 보니 찢긴 채 버려져 있었다.

단식은 생각보다 쉽지 않았다. 처음엔 단순히 '다이어트 한다고 생각해야지'라는 마음으로 시작했다. (한계를 늘리기 위해 가볍게 마음을 다잡았다.) 그러나 곡기를 끊는다는 일은, 밥을 굶는다는 일은 고통스러우면서도 외로웠다. 아침에도 가족과 함께 밥상에 앉을 수 없었고, 학교에서 점심시간 역시 홀로 외롭게 보내야만 했다. 배고픔과 함께 찾아오는 외로움은 걷잡을 수 없이 고통스러운 것이었다. 나는 단식 시작 하루 만에 녹초가 되어 버렸다.

단식의 고통은 배고픔과 외로움으로 끝나지 않았다. 몸에 필요한 필수적 영양소들의 공급이 급작스럽게 중단되니 온몸이 민감하게 반응하기 시작했다. 기운이 쭉 빠지고, 별것 아닌 일에도 신경질이 나기 시작했다. 몸에 들어온 것이 없으니 기운이 날 리가 없었고, 수업을 듣는 것조차 힘이 들어 결국은 종일 엎드려 잠만 자게 됐다. 생각도 멈췄고, 그야말로 '좀비'와 다름없는 상태로 하루를 보내야만 했다. 장이 헛운동을 하는 공허한 기분 속에서, 문득 김영오 씨의 마른 팔뚝이 생각났다. 이틀의 단식도 이렇게 힘이 드는데, 수십 일간의 단식은 얼마나 고통스러웠을까. 쌩쌩 지나다니는 자동차들이 날리는 먼지를 들이마시면서 어떤 기분이었을까. 짐작조차 하지 못할 정도였다.

단식은 이틀 후 건강상의 문제가 생길 것을 우려하여(9월 초에 수술이 예정되어 있었다) 중단했다. 3일을 기약한 단식이었기에 약속한 시일을 다 채우지 못한 것이 너무 안타까웠다. 고통스럽고 외로웠던 이틀간의 짧은 단식은 그렇게 끝이 났다. 단식 이후에도 세모는 계속해서 세월호 유가족과 함께했다. 청소년들을 방과 후에 광화문 농성장으로 불러 모아 유가족들을 돕기도 했고, 교육부의 노란 리본 금지 명령에 맞서, 교내에서 노란 리본을 나눠주는 '노란 리본 달기 운동'을 전개하기도 했다. 이런 활동들을 통해, 나는 세월호뿐만이 아니라 사회 전반을 돌아볼 수 있게 되었다. "이윤보다 인간을"이라는 맥락에는 상당히 많은 사회적 문제들이 존재하고 있음을 깨닫게 됐다. 후쿠시마 핵 발전소 사고 역시 '극단적 이윤 추구'의 맥락에 있음을, 인간의 탐욕은 끝이 없어 언젠가는 참사를 일으키고야 만다는 사실을 알 수 있게 되었다.

보이지 않는 탐욕들이 몰고 온 참사들을, 이제 하나씩 가슴에 새겨 보려 한다. 잊지 않기 위해서. 잊는다면 참사는 당연하다는 듯이 반복될 것이다. 인간의 욕심은 끝이 없기에. 곧 있으면 그때의 '볕 좋은 봄날'이 다시 돌아온다. 부서지는 햇살 아래서 스러져 간 영혼들이 돌아오는 날. 그때는, 그들에게 부끄럽지 않을 수 있었으면, 미안하지 않을 수 있었으면 좋겠다. 그들이 웃으면서 떠나갈 수 있도록 말이다.

《오늘의 교육》25호

김한률

hr_4cb@naver.com

청소년 세미나 모임 세모에서 여러 사회 참여 활동을 하고 있는 입시거부자.

안산 가는 길
세월호 참사 희생자들의 짧은 삶을 기록하며

—

임정은

1.

무엇이든 하고 싶었다. 아무것도 할 수 없다고 생각할 때 우리는 더 두렵고 절망적이 되니까.

어린이책을 쓰는 선배 작가가 4.16참사희생자약전(이하 약전) 작업에 동참할 작가를 구한다고 했을 때 끝까지 설명을 듣기도 전에 "할래! 나 할래!" 하고 외쳤다. 분향소에서 헌화를 하거나 지역에서 1인 시위를 하거나 노란 리본을 다는 것 이상을 하고 싶었다. 참사 1주기가 다가오는 시점에서 페이스북에 매달리고 '좋아요'를 누르고 대통령과 정부에 분노하여 포스팅에 열을 올려도 허무감은 나아지지 않았다. 온라인상의 공감과 소통은 시원한 사이다처럼 잠깐 입속에서 청량감을 줄 뿐, 온몸에 끓어오르는 화를 내려 주지는 못했다. 이제 와서 생각하니 감정은 북받치지만 그 감정을 제대로 처리하거나 들여다보지 못한 채 1년을 보낸 것 같았다. 안산 합동 분향소나 팽목항에 아직 한 번도 가 보지 못했다는 것도 마음의 빚으로 남아 있었다. 그래서 약전 사업에 힘을 보탤 수 있다는 사실이 너무나 기뻤다. 유가족들을 만나고 그들의 이야기를 들을 수 있을 거라 생각했다. 부족하지만 작가라는 이름으로 내가 할 수 있는 일이 있다는 생각에 설레기도 했다.

2.

약전約傳이란, 약술한 전기 정도로 이해할 수 있다. 어떤 작가 한 분이 제안하고 경기도교육청이 주관하여 세월호 참사에 희생된 안산 단원고 2학년 학생과 교사들, 그리고 일반인 희생자들의 생애를 짧은 전기로 기록하고 책으로 출간하는 작업이다. 아마도 사업을 추진하면서 약전이라는 말을 새롭게 만들어 낸 듯한데 전기나 생애사라는 말 대신 약전, 요약된 전기라고 표현한 것은 일단 전기의 분량이 원고지 40매로 제한되어 있기 때문이다. 그러나 약전이라는 말의 뜻을 듣는 순간, 대부분이 1997년생인 단원고 학생들이 떠오를 수밖에 없다. 짧은 인생, 열일곱 살. 17년은 짧다. 짧아도 너무나 짧다. 교복과 교실에 갇힌 채 제대로 꿈도 피워 보지 못한 나이. 꿈을 유보하며 아침 8시에 등교

해 밤 10시까지 야간 자율 학습을 견뎠을 청춘들······.

2016년 2월 단원고 학생들의 명예 졸업식에 책을 출간하여 유가족들에게 전달하는 것이 목표였고, 그래서 7월 말까지 최종 원고를 제출해야 했다. 내가 작가단에 참여한 것이 3월. 나는 2학년 8반 조에 배정받았다. 남학생 ─ 8반은 전원 남학생 ─ 두 명, K와 P의 약전을 쓰기로 했다. 교육청과 유가족, 그리고 작가 사이의 중재자, 소통자 역할을 맡은 퍼실리테이터 역시 안면이 있는 동화 작가였다. 그에게 K와 P의 어머니 전화번호를 건네받았다. 두 분 중 특히 K 어머니가 3월이 가기 전에 인터뷰를 하고 싶어 하신다는 말도 전해 들었다. 바짝 긴장이 되었다. 만족스러운 글을 쓰는 것은 두 번째 문제였다. 자청한 일이지만, 세월호 참사의 희생자 유가족을 개인적으로 대면하고 인터뷰를 막상 하려니 엄청난 과제로 다가왔다. 무겁고 두려웠다. 꼭 세월호 관련이 아니라도 인터뷰를 위해서 누군가를 만나는 것은 언제나 긴장되는 판에······.

3.

2011년인가? 교육공동체 벗의 연수에서 김순천 선생님의 르포 강의를 들은 게. 아무튼 그때 작가로서 인터뷰의 중요성과 방법에 대해 처음이자 마지막으로 배운 나. 낯선 사람을 만나 그들의 입으로 글의 목적에 맞는 이야기와 정보를 들어야 한다.

재앙을 겪은 이를 어떻게 대해야 하나? 나는 어떤 태도로 이야기를 들어야 할까? 아니, 그보다 먼저 인터뷰를 하면서 내가 내 마음을 추스를 수 있을까? 그 슬픔과 절망이 내게 전이되어서 무너지지는 않을까?

처음으로 안산에 취재 가기 전날, 잠을 설쳤다. 열 살이 넘었는데 아직도 나와 한 침대에서 잠을 자는 둘째를 꼭 끌어안았다. 자식을 잃은 부모란, 내가 상상한 가장 큰 고통이었기에 K와 P의 부모님을 볼 자신이 없었다. 어느 순간 이 아이가 내 곁에서 사라진다면?

아이의 볼을 만지고 또 만져 보았다. 문득 K와 P가 '희생자'가 아니라 '실종자'일지도 모른다는 생각을 하기도 했다. 터무니없지만 K와 P가 살아 있을지도 모른다는 가능성을 붙잡고 매달리고 싶었던 것 같다. 시신을 수습하고 장례식까지 치렀을 터인데 이런 헛소리를 하고 있는 것에 스스로 소스라치게 놀라기도 했다. 이런 뒤숭숭한 생각을 선잠이 든 상태에서 한 것인지 깨어 있는 상태에서 한 것인지 분간이 안 되었다.

한편, 작가라는 이름으로 내가 한 그 어떤 일, 내가 쓴 그어떤 책보다 더 중요하고 의미 있는 작업이 되리라는 것도 알고 있었다. 《금요일엔 돌아오렴》이 사고 이후 유가족들의 고통을 생생하게 담았다면, 약전은 희생자 당사자를 위한 기록이면서

2부. 기록하다, 기억하다

동시에 그 과정이 유가족을 치유하고 지지하여야 한다. 전기라고 하면 본래 논픽션이어야 하지만 작업의 성격상 르포보다는 픽션에 가까운 글이 될 가능성이 컸다. 유가족들의 목소리와 증언을 통해 희생자들의 삶을 진솔하게 기록하면서 동시에 유가족들에게 마음의 상처를 남기지 않고 그들이 읽기에 흡족한 글을 쓴다는 건 애당초 모순되는 목표일지도 모른다. 그러나 나는 후자에 무게를 실으며 글을 쓸 작정이었다. 유가족들의 손을 잡고 싶어서 시작한 일이므로.

4.

서울 방화동 우리 집에서 합동 분향소가 있는 안산 화랑유원지까지 차를 운전해서 가면서도 울었다. 담배라도 챙겨 왔으면 싶을 만큼 가슴이 답답했다. 그렇지만 40여㎞의 길을 달리며 통쾌하기도 했다. 드디어 안산에, 안산 분향소에 가는구나. 기다리세요, 제가 달려가요.

오전에 P 어머니를 먼저 만나기로 했다. 약속 시간보다 여유 있게 도착해서 분향소에 먼저 들렀다. 분향소의 위용에 먼저 놀랐다. 하얗고 거대하게 서 있는 분향소와 광활하고 황량한 앞의 공터가 대조되어 더 적적하고 황망했다. 진영을 이루듯 나란히 놓여 있는 컨테이너식 사무실 중에는 약전 작가 방도 있었다. 분향소에 들어가자 상조회사에서 나왔을 법한 유니폼을 입은 여성 안내 요원들이 "누구 찾으시는 분 있습니까?"라고 정중하게 물었다. K와 P의 이름을 대니 배치도에서 둘의 영정 사진이 있는 곳을 찾아 주었다. 안내원이 들려 준 하얀 국화 두 송이를 들고 쭈뼛쭈뼛 영정 사진 단 쪽으로 걸어갔다. 이렇게 많은 사람이 죽었구나……. 수도 잘 못 헤아리는 정권에서 세월호 참사 초기에 희생자 집계조차 되지 않아 지금도 희생자 수를 자꾸 확인하는 습관이 생겼는데, 어쨌든 확인된 희생자가 295명, 실종자가 9명이었다. 304라는 아라비아 숫자가, 삼백사 명이나 되는 사람이었다는 당연한 사실이 확 다가왔다. 그들이 만일 이 공간에 살아 있다면 분향소가 얼마나 북적이고 와글거렸을까?

K와 P는 한 반이라 엇비슷한 구역 위아래 줄에 있었다. 둘 다 안경을 썼고 피부가 우윳빛이었다. K는 가느다랗고 긴 눈이 웃음을 머금은 듯했다. 여학생들한테 인기가 있을 법한 외모라는 생각이 들었다. 상대가 누구든 별로 주눅 들거나 개의치 않고 쿨하고 시크하게 이야기할 것 같았다. P는 상대적으로 더 어리고 유순해 보였다. 말수도 적을 것 같았다. 부모들이 아무리 상세하게 자녀들의 이야기를 들려준다고 해도 내가 받은 인상이 K와 P의 약전에 크게 영향을 미칠 것이라는 점을 인정한다. 그리고 그 인상의 90%는 분향소에서 영정 사진을 처음 보았을

때의 느낌일 것이다. 두 학생 다 일기나 메모도 볼 수 없었고, 어머니들이 보여 준 아주 짧은 동영상, 세월호 내부 CCTV 화면 일부가 전부라 어쩔 수 없는 점도 있었다. K 어머니는 다른 고등학교에 다니는 중학교 동창들이 보내 준 카톡 캡처 이미지를 보여 주었다. 그 또래 친구들의 대화법, SNS 상의 어투를 확인할 수는 있었지만 K와 P의 목소리가 간절하게 듣고 싶었다. 어떻게 말하고, 억양은 어떤지, 목소리는 어땠는지 참으로 궁금했다. 사진이 있어서 얼굴은 알지만 목소리까지 안다면 그 사람을 더 잘 그리고 묘사하고 재현할 수 있을 것 같은데…….

영정 사진 단 아래에는 추모객들이 놓고 간 편지, 카드, 과자, 사탕, 꽃바구니, 노란 리본, 학, 친구들이 K와 P를 추도하며 찍은 단체 사진(희생자 친구들의 사진 액자를 놓고 함께 찍은 사진) 등이 잔뜩 있었다. 기념품과 편지 양도 많아 그것을 정기적으로 관리하고 보관하는 듯했다.

친구를 잃은 아이들, 친구를 그리워하는 아이들은 이곳에 와 포스트-잇에라도 급하게 메모를 남기는 모양이었다.

"오랜만에 왔어. 뜸하게 와서 미안해. 민석이랑 종종 올게."
"P야, 그곳에서 잘 지내지? 내 꿈에도 나와 줘. 고민도 들어 주고……."

12월이 생일인 P 어머니가 쓴 카드를 발견했다. 5분 뒤에 내가 만날 그분이 쓴 것이었다. 글씨도 내용도 간결했다. 섣부르게 상상한 것처럼 와르르 무너지거나 실성의 단계까지 간 사람이 아니라, 침착하게 슬픔을 자제하고 있는 목소리가 들렸다.

5.

실제로도 그랬다. 유가족 휴게소에서 만난 P의 어머니는, P가 태어나던 날부터 침착하게 이야기를 들려주었다. 한 살 위인 누나와 P 남매는 중학생, 고등학생이 다 되도록 팔베개를 하고 무릎을 베고 누울 만큼 살갑게 지냈다. 정이 많은 아버지는 자신보다 키가 커진 P를 물고 빨고 입을 대고 뽀뽀하는 사이였다. 사고 1년 전 가족 여행을 간 검룡소에서 찍었다는 사진 속에서 아빠와 아들은 부둥켜안고 볼을 비비고 있었다.

4월 16일 사고 당시 TV 뉴스를 보고 휴대전화로 전화를 했을 때 통화가 되지 않았다고 한다. 5월 5일 어린이날 가족들 곁으로 돌아온 P의 주머니 속에는 휴대전화가 들어 있었고, 이것을 복원할 수 있었다. 사진 한 장, 문자 메시지 하나하나가 어머니에게는 소중하다.

어머니는 사고 이후 다니던 직장도 그만두었고, 가족 모임에도 전혀 나가지 못하고 있다. 합동 분향소에도 선뜻 들어가지 못한다고 했다. P를 아끼고 예뻐했던 외할머니에게는 아직 사고 사실조차 알리지 못했다. 연로해서 몸이 몹시 안 좋은 상태라 차마 말을 할 수 없었다. P는 주일 학교에서 동생들에게 가장 인기 있는 형이었고, 아기와 강아지들을 보면 어쩔 줄 모르고 예뻐하는 정이 많은 아이였다. 어머니는 P를 아는 사람 중에 어른이고 아이고 P를 싫어하는 사람은 한 명도 없었다고 한다.

"한마디로 천사였지요."

어머니 입에서 나온 이 말이 어쩌면 P의 일생을 기록하는 데 가장 중요하고 핵심적인 문장이리라.

K 어머니는 같은 날 저녁에 만나기로 했다. 중간에 남는 시간은 약전방 컨테이너에서 보냈다. 책이라도 읽거나 인터뷰한 것을 정리하고 싶어 노트북도 가져갔지만 머리가 '뽀개질' 것 같아서 그냥 누워 있었다. 교육청 담당자를 통해 이 방은 지방에서 올라온 작가들이 임시로 묵기도 하고 유가족과 인터뷰를 할 때, 또는 집필 공간으로도 쓰일 수 있는 공간이라는 설명을 들었다. 그래서 패드, 얇은 이불, 베개 따위도 있었다. 전기장판을 꽂고 그 위에 누웠지만 잠은 오지 않았다. 창이 없는 밀폐된 공간에 방향제의 인공 향이 가득 차 있었다. 여닫을 수 없는 커다란 유리창 밖으로는 경찰이 2인 1조로 끊임없이 순찰을 도는

것이 보였다. 그것도 3조가 동시에. 사복 경찰로 보이는 양복쟁이들도 유가족 컨테이너 주위에 언제나 서 있었다. 이 꼴 저 꼴 다 보기 싫어 블라인드를 내리고 눈을 감았지만 머리만 아팠다. 양쪽에 조계종과 어떤 보수 단체의 컨테이너가 있었는데, 그들이 문을 여닫거나 의자를 끄는 소리가 한 공간처럼 울렸다. 손목시계로 계속 약속 시간만 확인했다.

K의 집인 아파트로 찾아갔을 때 주차장에 세워진 차에 노란 리본 스티커가 붙어 있었다. 나는 부디 그 차가 K네 차가 아니기를 바랐다. 물론 K네 식구들은 차량 스티커를 붙였겠지만, 이 아파트의 다른 이웃들도 노란 리본을 달아 연대해 주기를 내심 바랐다. 그리고 그 차가 하필 K네 차가 아니라 수많은 다른 이웃 차 가운데 하나이기를, 그렇게 생각했다(나중에 보니 그 차는 K 아버지 차였다). 현관에 들어서자마자 보이는 K의 방은 문이 활짝 열려 있었다. K 어머니는 부산하게 차를 끓이고 과일을 내고, K 아버지더러 내게 방석을 갖다 주고 장판을 켜라고 심부름을 시켰다. 미리 준비해 둔 듯 두꺼운 앨범 세 권을 옆에 두고 앉자마자 K 이야기를 꺼내었다. 나는 차분하게 내 소개도 하고 약전의 방향에 대해 설명드리고 싶었지만 그럴 수 없었다. 역시 침착하고 자분자분 말씀하지만 자식에 대해 알려 주고 싶고 말하고 싶은 어머니의 열정이 강하게 느껴졌다. 나도 침착을 가장하고, 때로는 웃으며 반응을 보였지만 이야기가 세월호

당일로 다가갈수록 점점 가슴이 답답해졌다. 허위 보도인 줄
모르고 학교에서 전원이 구조됐다고 해 가슴을 쓸어내린 일,
망연자실 차를 몰고 팽목항까지 내려간 일, 거기서 또 며칠을,
진도체육관에서 또 며칠을 보낸 이야기를 하는데 앞서 들은 P
부모님의 이야기와 하나로 뒤섞이는 느낌이 들었다(지금도 나
는 내가 들은 K와 P의 진도 상황이 자주 헷갈린다. 그 뒤 취재
때도 "K가 언제 이렇다고 말씀하셨죠?" 했다가 그 내용이 실은
P 부모님에게 들은 경우이거나 혹은 다른 희생자 가족들의 이
야기나 기사인 것이 드러나서 당황하고 창피한 적이 많다. 나는
이 부분에서 기억력이 망그러졌거나 나침반을 잃어버린 느낌이
든다). K 어머니는 약간 훌쩍일 뿐 많이 울지도 않았다. 그런데
나는 어쩔 줄 모르고 어머니를 끌어안고 울어 버렸다.

"어머니, 죄송해요. 이제야 찾아와서 죄송해요."

어머니가 등을 쓸어 주며 다독여 주었다.

"아유, 작가님…… 앞으로도 계속 이런 일 하실 텐데 이렇
게 우시면 어떻게 해요."

그 순간 깨달았다. 어법에 안 맞는 말이지만 '알아 버렸다'.

나는 마음껏 울고 싶어서 약전 작업을 하겠다고 했던 거구나.
미안하다는 고백을 하고 싶어서, 두려워서 오지 못했다는 고백
을 하고 싶어서, 그래서.

6.

그날 이후로도 취재는 여러 번 이어졌다. 취재를 핑계로 P의 집
에 가 보기도 하고 P의 누나를 만나기도 했다. 연년생인 누나는
사고 당시 고3이었다. P의 시신을 찾기까지 가족들이 모두 팽목
항에 내려가 있었기에 집에 혼자 남겨졌다. 어머니를 닮은 총명
하고 속 깊은 눈의 누나는 활달하고 사교적이라 다행히 친구들
이 많았고, 혼자 집에 있는 동안 친구들이 돌아가며 곁을 지켜
주었다고 한다. 현재는 의료 정보 관련 대학에 진학했는데, 이
따금 P 생각이 울컥울컥 나면 도저히 수업을 받을 수 없어 교실
을 나온다고 했다. 비행기 조종사가 되고 싶었던 P가 "나 수학
여행에서 올 때 비행기 탄다. 누나는 비행기 못 타 봤지?" 하고
놀린 기억이 남아 있다. 인양된 시신을 안산 고려대학교병원 장
례식장으로 이송할 때 헬기를 탔다. 비행기를 타고 싶다던 P의
소원이 이렇게라도 풀리는 건가 싶었다. 아빠는 도착할 때까지
관에서 손을 떼지 않았다. 아빠는 관에다 대고 "괜찮아, P야,
괜찮아"라고 계속 중얼거렸다. P의 부모님 두 분은 아직도 광화

문이나 팽목항, 때로는 청와대 앞, 해수부가 있는 세종시로 유가족 대책위 일정에 따라 바쁘게 다니고 누나도 대학생이므로 온 가족이 한 밥상에서 밥을 먹는 일은 드물 것 같았다. 가족들이 오는 대로 강아지처럼 달려 나가 끌어안고 뽀뽀해 주던 P가 없는 집은 얼마나 다를 것인가. 얼마 전에 찾아간 P 집 탁상 달력에는 매일매일 칸에 숫자가 적혀 있었다. 433, 434, 435, 436 ……. 2014년 4월 16일로부터 며칠이 흘렀는지를 보여 주는 숫자들이었다. P의 아버지는 허탈한 듯 이야기했다.

"우리는 436일째 4월 16일을 사는 거죠."

K는 같은 아파트 단지에 사는 또래 중 혼자만 단원고에 진학했다. K의 어머니는 이 점을 몹시 속상해했는데 어머니와 아버지가 진로에 대해 강력하게 훈수를 두는 것이 못마땅해 어깃장을 놓느라 부모가 반대하는 단원고에 원서를 넣은 것이라 생각하고 있었다. 아파트 바로 옆 동에 살며 사고 직전 주말에 도서관에 같이 가 중간고사 시험공부를 했던 J를 소개받았다. J는 현재 고3이고 입시생이므로 길게 시간을 내기 어려운 듯했다. 아파트 단지에서 300m 정도 떨어진 롯데리아에서 햄버거를 나누어 먹었다. J는 부끄러워하는 것인지 사고의 무게 때문인지 모르겠지만 내가 묻는 말에 거의 단답형으로만 대답했다. 평택

으로 이사 갔다는 또 다른 친구 H는, K 어머니가 보여 준 사진을 보니 이국적이고 훤칠한 얼굴이 탤런트 같았다. H는 목소리도 시원시원했다. 거리와 시간 관계상 서면 인터뷰를 부탁했다. 두세 번 연락이 이어지기는 했지만 H는 답장을 주지 않았다. 그사이 J와 H를 포함한 중학교 동창들은 K의 유골함이 있는 납골공원에 함께 조문을 다녀왔다고 한다. 친구들끼리 조문을 가면 내게도 알려 달라 했건만 내키지 않았던 듯하다. 생면부지의 사람이 나타나서 인터뷰를 한다고 하니 부정적으로 생각하는 친구도 있다고 J는 넌지시 말했다.

"이제 와서…… 그런 거 해서 뭣 하냐고요……."

나는 K와 P 부모님과 카톡도 주고받고 페이스북 친구도 맺었다. 시내에 나갈 일이 있으면 광화문에 들르거나 안 계신 것을 알면서도 전화를 해서 목소리를 들었다. 1주기 즈음의 처절한 집회와 시위 현장에도 되도록 참여하려 했다. 어머니들의 단체 삭발 소식을 페이스북으로 접하고 깜짝 놀라 달려가기도 했다. 그날 마침 대전에 교육받으러 내려가 있어서 KTX로 올라오자마자 서울역에서 광화문으로 바로 내달렸다. 비통하고 가슴이 아린데 그날은 부슬비까지 내렸다. 천막으로 달려가니 완전히 삭발한 K 어머니가 민머리를 보여 주며 수줍게 웃었다.

"바쁜데 뭐 하러 왔어요. 나 예전부터 나이 한 오십 먹으면 한번 빡빡 밀어 볼까 했어요. 짧게 자른 머리를 앞에만 세우고…… 그런 스타일로……."

나는 또 웃으면서 울다가, 어머니가 나눠 주는 도시락을 잘 얻어먹고 그날 열린 예배까지 남아 있었다. 종교도 없고, 평소에 대한민국 '개독교'에 대한 반감이 컸는데, 광화문에서만큼은 사람의 슬픔을 어루만지고 위안을 주는 데 종교라는 형식만 한 게 없다는 생각을 했다.

7.

이 글을 쓰는 오늘, 나는 아직 P와 K의 약전을 마무리 짓지 못했다. P는 수정 원고를 부모님께 보내 드렸고 두 분이 OK를 해 주실지 기다리는 중이다. K는 첫 번째 원고에서 K가 느껴지지 않는다는 의견을 주셔서, 전면적으로 다시 쓰는 중이다. 마감이 얼마 남지 않아서 마음이 급하다.

8.

지난 4월 이후 나의 카톡 프로필 사진에는 내가 없다. 대신 두 명의 남자가 주인공이다. 경찰 복장의 마스크를 쓴 남자가 다른 남자의 목을 조르고 있다. POLICE라고 쓰인 모자를 쓰고 있다. 그의 얼굴에는 희미한 미소가 떠돈다. 오래 노린 사냥감을 포획한 사냥꾼처럼 자랑스러움과 승리감에 취해 있는 듯하다. 목을 졸린 남자는 빡빡머리다. 두 사람이 엉켜 있는 곳은 노란 에어백이다. 경찰은 4월 18일 경찰차벽 위에서 피켓 시위를 하는 유가족을 이 위로 끌어내렸다. 목을 졸린 남자는 자신의 본명보다 '유민이 아빠'라는 이름으로 더 많이 알려져 있다. 그 자신도 유민이 아빠라고 불리는 것을 더 원했다. 까무잡잡하게 얼굴이 탄 유민이 아빠는 생사가 오갈 정도로 극심한 단식을 했던 터라 많이 야위었다.

참사로 가족을 잃은 자의 슬픔은 가히 상상할 수도 없다. 가라앉는 배에서 구명조끼를 입고 차분하게 통화하던 아들, 딸이 저 망망한 바닷속에 있다는 사실을 어떻게 받아들일 수 있을까. 전원 구조라는 뉴스에 가슴을 쓸어내리며 어느 병원 응급실에 이송되었으리라 생각한 아이가 10일, 20일, 30일…… 아무리 기다려도 돌아오지 않음을 받아들여야 한다면, 전원 구조라는 오보를 낸 방송과 언론들이 벌떼처럼 달려들어 카메라를 얼굴에 디밀며 재해 난민처럼 처절하게 비참하게 체육관에서 기거하는 모습을 저희들 마음대로 내보낸다면, 앞다투어 내려온 각급 공무원들이 '높은 분' 방문에 맞추어 의전을 연습하

2부. 기록하다, 기억하다

고 소위 '그림'이 잘 나오도록 사람을 사고 짜인 대로 연출하는 모습을 옆에서 지켜보아야 한다면, 간이라도 빼 줄 듯이 두 손을 잡아 주고 실종자 구조에 최선을 다하겠다고 약속한 대통령이 청와대 앞에서 유가족을 경찰 방망이와 몽둥이로 막고 국회 앞에서 차단하고 사고 1주기에 해외 순방이라는 명분으로 비행기 타고 날아가 버린다면!

그저 어른들 말만 잘 듣고 선내 방송에서 시키는 대로 하면 괜찮을 거라고 달랜 아이가 알아보기도 힘든 주검으로 떠올랐는데도, "OO가 돌아왔지요? 정말 잘되었어요" 시신을 찾은 것에 대해 축하를 받고 축하를 해야 하는 아이러니는 어떻게 받아들여야 하나.

그들이 감내해야 할 고통은 그뿐이 아니다. 사회는 계속해서 그들에게 칼을 찌른다. 사랑하는 가족이 왜 이처럼 어이없이 죽어야 했는지, 왜 국가는 이들을 구하지 못했는지, 이 비극에 책임이 있는 사람을 밝혀서 처벌하자고 말하는데 종북 빨갱이로 몰아붙이고, 보상금을 타 내려는 돈 욕심으로 매도하고 ……

아니, 그런 거시적인 것뿐이 아니다. 유가족들은 지나가는 행인들에게 진상 규명 유인물과 선체 인양과 실종자 구조 유인물을 나누어 주며 허리를 굽혀 인사했다.

"도와주세요."

"고맙습니다."

우리가 해야 할 일을 왜 그들이 해야 하는지? 유가족은 이미 잃을 것을 다 잃은 사람들이다. 그런 참사가 다시는 일어나지 않도록 살아남은 자들이 나서고 정비하고 요구하고 싸워야 맞다. 그런데 유가족들이 미안하단다. 고맙단다. 도와 달란다. 그들이 허리를 구부리고 무심한 행인들에게 사정한다. 땅에 버려진 전단지를 그들이 주워서 먼지를 턴다. 그 모습을 보는 것이 너무 화가 난다. 어쩌면 세월호 참사에서 내가 가장 참기 힘든 아이러니가 여기에 있는 것 같다.

9.

4월 16일의 비극은, 죽음의 고통과 비극의 층위도 이렇게 복잡다단할 수 있다는 것을 알려 주었다. 사건은 단선적이 아니라 과거의 원인에서부터 지금 이 순간까지도 끊이지 않고 계속해서 망령처럼 우리를 괴롭히고 있다.

진정한 애도는 참사의 진실을 밝히고, 책임자를 처벌하여 희생자와 유가족들의 한을 푼 다음에야 할 수 있다. 유가족뿐 아니라 TV만 망연하게 쳐다보며 '저 안에 사람이 있는데, 아이들이 있는데······' 되뇌이는 것밖에는 할 수 없었던 모든 사람의 트라우마를 인정하자.

"우리는 세월호라는 한배를 탔다." 내 카톡 프로필이다. P 어머니의 카톡은 "넘 보고픈 우리 아들", K 어머니 것은 "아들 아들아들"이다.

《오늘의 교육》 27호

임정은
paperworker@daum.net

어린이·청소년책 작가. 아이를 키우고, 책을 만들면서 끊임없이 깨닫고 배우는 기쁨을 톡톡히 누린다. 몇 권의 그림책을 우리말로 옮겼고, 몇 권의 지식책을 썼으며 앞으로 몇 권의 재미있는 소설을 더 쓰고 싶다. 이왕이면 오래도록 잊히지 않는 강렬하면서도 묵직한 이야기를.

세상이 달라지지 않으면 우리가 변할 것이다

416기억과행동청소년실천단 이야기

—

이혜진

꿈을 꿨다. 내 친구들과 교복을 입은 학생들이 바다에 빠지는 꿈이었다. 그대로 일어나서 TV를 켜니 세월호가 침몰하고 있다는 뉴스가 나왔다. 처음에는 마냥 안타까웠다. 곧 전원 구조가 됐다고 해서 큰 사건이 아니라고 생각하고 그냥 내 할 일을 했다. 담배도 피우고 게임도 하고 밥도 먹고 친구들이랑 놀고 왔다. 저녁에 다시 뉴스를 보니 전원 구조가 아니라 구조 중이었다. 화도 났고 왜 구조를 빨리 안 했는지 의문이 들었지만, 그때는 그냥 그게 끝이었다.

왜냐하면 내 일이 아니라고 생각했기 때문이다. 아니, 지금 내 상황도 힘든데 이렇게 크고 힘든 상황을 받아들이는 것이 무서웠던 것일지도 모른다. 당시에 나는 학교도 그만두고 그래서 집에서도 쫓겨나고 쉼터에서도 쫓겨나고 돈도 없는, 너무나 막막한 상황이었다. 구조는커녕 이제 시신을 찾기만을 기다리는 가족들의 힘든 상황은 안타까웠지만, 내 힘듦이 더 크게 느껴졌다. 가끔 인터넷 뉴스로 소식을 보기는 했지만, 세월호 참사에 크게 관심을 두지는 않았다.

그 무렵 나는 어디서 지낼지, 어떻게 돈을 벌지 고민하며 답답하기도 했고 스트레스도 많이 받고 있었다. 그러다가 '움직이는청소년센터 EXIT'(EXIT)의 도움을 받았다. EXIT는 나의 가출을 도와준 고마운 곳으로, 금요일 밤마다 청소년들이 많은 부천역에서 자리를 지키고 있는 버스였다. 처음에 봤을 때는, 비상구가 커다랗게 그려져 있는 버스가 신기했지만 동시에 거부감도 들었다. 그래서 처음에는 안 들어가다가, 친구가 먼저 들어가는 것을 보고 따라서 들어갔다. 처음 보는 사이였는데도 활동가들이 너무 반갑게 인사해 줘서 당황스러우면서도 웃음이 났다. 나와 친구들은 매주 금요일마다 EXIT에 가서 놀았다. 밥과 간식도 먹을 수 있고, 활동가들이랑 웃고 떠들기도 하고 고민을 나눌 수 있었다. EXIT 활동가들은 어려운 일이 있을 때는 같이 고민해 주고 해결책들을 함께 찾아 주기도 했다.

EXIT는 가출한 청소년들을 도와주고 지낼 수 있는 쉼터나 자립팸을 소개해 주기도 한다. 내가 처음 EXIT를 만난 건 열네 살이었는데, 4년째 알고 지내다가 자립팸에 들어오게 되었다. 자립팸의 이름은 '청소년자립팸 이상한나라'(이상한나라)이다. 이상한나라는 나 같은 여자 청소년들이 사는 자립팸이고,

청소년 다섯 명과 활동가 두 명이 살고 있다. 활동가들과는 다른 데서 만나던 선생님들과는 좀 다른 관계를 맺으려고 한다. 평등하고 친밀하며 서로 의지할 수 있는 관계가 되었으면 좋겠어서 우리는 서로 존댓말을 하지 않는다. 이상한나라에서는 자립을 할 수 있도록 다양한 활동도 하고 공부도 하고 일도 하는데, 그런 모든 것은 우리가 알아서 결정하고 알아서 한다. 사소한 일부터 여행을 가는 것까지 우리가 알아보고 계획서도 쓰고 그러다 보니 좀 더 깊은 관계를 만들 수도 있었고 책임감도 생겼다.

교복을 입지 않은 청소년들이 모인 실천단

자립팸에서 산 지 반년이 지났을 무렵, EXIT와 이상한나라 활동가들이 '416기억과행동청소년실천단'(실천단)이라는 이름으로 일주일 동안 세월호 참사와 관련된 사람들도 만나 보고 장소들도 직접 가는 활동을 함께해 보자고 제안했다. 처음에는 뭔지도 잘 모르겠고 귀찮아서 안 한다고 했다. 그런데 친구들이 '너는 어떻게 이게 남의 일이라고 생각하느냐, 무슨 일이 일어났는지 알아야 하지 않겠느냐'면서 나를 혼냈다. 그래서 결국 실천단 활동을 같이 하기로 했다. 활동을 하면서 내 생각은 많이 바뀌었다. "내 주위 사람들이 겪은 일이라면 내가 과연 이렇게 무심할까?"라는 의문이 들면서 나 자신에게 굉장히 소름이 돋았다. 이런 참사가 일어난 과정과 윗분들이 내린 잘못된 명령, 구조를 하지 않았던 이유 등 모든 게 궁금해졌고 진실을 알려면 한 사람 한 사람이 모여서 도움을 줘야겠다는 생각이 들었다.

실천단은 EXIT와 이상한나라에서 만들었기 때문에 학교를 다니지 않는 청소년들이나 가족과 같이 살고 있지 않은 청소년들이 많았다. 사람들은 학교를 다니지 않거나 가족과 살지 않는 청소년들은 나쁜 짓을 하고 다니고 문제가 있다고 생각하곤 한다. 그래서 낮에 돌아다니면 학교 안 다니냐고 물어보는 어른들도 많았고 낮에 버스를 탔다고 해서 청소년 요금이 안 된다고 하는 경우도 있었다. 또한 가출을 하면 그게 다 내 탓일 거라 생각하고는 잘 알지도 못하면서 나를 나무라는 사람도 많았다. 하지만 나는 학교에서 배운 것보다 거리에서 배운 것이 더 많았다. 나는 오히려 학교를 그만두고 쉼터에 들어가고 나서 더 규칙적으로 살게 되고 배우는 것도 하고 싶은 것도 더 많아졌다. 그런데 단지 학교에 다니지 않는다는 이유만으로 왜 열심히 살지 않느냐고 나무라는 것에 화가 나곤 했다.

실천단 활동을 하면서도 학교를 다니지 않는다는 이유만으로도 차별을 받는 사건이 있었다. 2016년 4월 15일, 안산에서 청소년들이 직접 계획한 촛불 문화제에 참가한 적이 있다. 안산 합동 분향소에서 광장까지 행진하는 행사였다. 모두가 다 교복을 입은 청소년들이었고, 우리 실천단 사람들만 사복을 입고 있었다. 행진할 때 진행을 맡은 학생들이 교복을 입은 청소년들과 우리를 떨어져서 걷도록 했다. 우리가 촛불 문화제가 열리는 광장에 들어가려고 할 때는 제지를 받았다. 교복을 입지 않았다는 이유였다. 당혹스럽기도 하고 화도 났다. 교복을 입지 않았다고 해서 나는 청소년이 아닌가? 학생증이 없어서 청소년이 아닌가? 마치 초대받지 않은 손님이 된 것 같았다. 학교를 그만두었어도 나는 청소년이다.

그래서 우리는 그날 밤 숙소에 모여 분노를 토하면서 토론을 했다. 그리고 난생처음으로 성명서라는 것을 써서 주최 측에 보냈다. 결국 주최 측 청소년들에게 사과를 받았다. 하지만 이게 그 청소년들만의 문제일까. 사회 전체가 청소년은 모두 교복을 입고 학교에 다녀야 한다고 생각하지 않는가.

왜 우리는 경찰을 무서워해야 하는가

실천단은 세월호의 진실을 알고 기억하고 다양한 활동을 통해서 더 나은 사회를 만들도록 함께 노력을 하는 모임이다. 나처럼 친구 덕분에 실천단 활동을 하게 된 경우도 있었고 유가족들에게 힘이 되고 싶거나 추모식 및 집회 현장에 함께하고 싶어서 활동을 하는 친구도 있었다. 그렇지만 처음에는 다들 활동에 집중하지 못했다. 너무 알아야 할 게 많아서 압도당하는 기분이었고 무엇부터 시작해야 하는지 감을 잡지 못했다. 처음 보는 사람들끼리는 어색했고 이런 실천단을 만들어 나가는 것도 처음이었기에 다들 낯설고 서툴렀다. 하지만 시간이 지나면서 스스로 일정을 만들고 자기 생각을 나누는 시간이 많아지면서 조금씩 단단해져 갔다.

뉴스를 통해서도 세월호 참사에 관한 소식을 볼 수는 있었다. 하지만 세월호 참사 이후 언론에 대한 신뢰가 떨어졌다. 정부나 언론이 구조에 최선을 다하기는커녕 오히려 구조를 하려는 사람들을 방해했다는 진실을 알고 충격을 받았다. 그래서 사건과 관련된 분들의 이야기를 직접 듣는 것이 진실을 알기 위해 좋을 것이라고 생각했다. 우리는 세월호와 관련된 곳들을 찾아가 직접 이야기를 듣는 것으로 활동을 시작했다. 모든 활동이 인상적이었지만, 가장 기억에 남는 몇 가지를 소개하겠다.

우리가 실천단의 이름으로 처음 활동을 시작한 날은 2015년 4월 12일이었다. 그날 실천단 청소년들은 다 같이 안산 와동에 있는 들꽃피는학교에 모였다. 우리는 일주일 동안 그곳에서 머물면서 세월호와 관련된 영화나 다큐멘터리도 보고 다양한 활동들을 했다.

4월 13일에 분향소를 처음 갔을 때는 충격을 받았다. 많은 사람들이 희생되었다는 사실은 알고 있었지만 수많은 영정 사진을 봤을 때 비로소 세월호가 얼마나 크고 안타까운 사건인지 정확히 알게 됐다. 내가 이렇게 많은 사람들의 억울함을 무시하고 외면하고 있었다는 사실에 자책감이 들었다. 분향소에 들어가 사진을 하나하나 다 보고 그 앞에 있는 편지나 메모들도 다 읽었다. 유가족들의 힘든 마음이 편지들만으로도 이해가 되는 듯했다.

4월 14일에 진도에 갔을 때도 떠오른다. 팽목항에 있는 작은 분향소에 갔는데 아직 찾지 못한 희생자분들의 사진 속에 작은 편지들이 붙어 있었다. 제일 공감이 간 편지는 "내가 너와 몸이 바뀌었으면 좋겠어"라고 쓰인 것이었다. 내 친구가 희생자였다면 나도 저런 마음이 들 것 같았다. 진도에는 미수습자를 찾아 달라고 1인 시위를 하는 유가족분이 계셨다. 나도 유가족분도 기자들도 아무 말도 하지 않았다. 그저 사진 찍는 소리만 들렸다. 나는 그 모습을 한참 보다가 걸음을 옮겼다.

유가족들이 안산에서 진도까지 도보 행진을 했다는 이야기를 들었을 때는 엄청 대단하다고 느꼈다. 2015년 4월 16일, 우리는 서울 신림에서부터 광화문까지 거의 안 쉬고 걸었는데도 8시간이나 걸렸기 때문이다. 광화문 세월호 참사 1주기 집회에 참여하기 위해서 행진을 하면서, 유가족들은 걸으면서 어떤 생각을 했을지 궁금했다.

2부. 기록하다, 기억하다

행진을 하기 전, 우리는 우리가 전하고 싶은 메시지를 적은 노란 리본을 준비했다. 그리고 걸으면서 나무나 전봇대에 리본도 달고 구호도 외쳤다. 분필로 바닥에 글을 쓰기도 했다. 잊지 않고 행동하고 있다는 것을 보여 주기 위해서였다. 큰 사건이 일어났을 때 혼자 해결하려고 하면 힘들지만 다 같이 모이고 또 모이면 세상을 바꿀 수 있지 않을까. 유가족분들도 우리를 보면서 혼자라는 생각을 하지 말고 옆에서 함께하고 있다는 것을 기억했으면 좋겠다는 생각을 했다. 사람들은 우리가 지나갈 때 힘내라고 환호를 보내기도 했다. 리본도 열심히 달고 구호도 다 같이 외치며, 웃으면서 행진을 했다. 어느 누구도 중간에 포기하고 싶다는 말도, 쉬자는 말도 하지 않았다. 몸은 너무 지쳤지만 내 곁의 실천단 청소년들과 함께였고 세월호 참사를 생각하며 걸었기에 힘들다는 생각도 나지 않았다.

그렇게 걷고 걸어서 광화문 집회에 참여했다. 집회에 처음 가 봐서 초반에는 혼란스러웠지만 나중에는 노래도 같이 불렀고 같이 울면서 행진도 했다. 많은 사람들이 나와 똑같은 생각과 고민을 했음을, 어떤 마음으로 여기에 왔는지를 알 것 같아서 가슴이 벅찼다. 우리가 만든 깃발을 들고 앞으로 나갔다. 하지만 얼마 가지 못하고 경찰에 막혀 걸음을 멈출 수밖에 없었다. 만약 나 혼자였으면 아무 말도 하지 못했을 것 같은데 많은 사람들과 함께하니 용기가 났다. 행진을 막는 경찰에게 비키라고 소리도 지르고 설득도 하고 오열하는 사람들도 있었다. 나도 그랬다. 화도 났고 억울하기도 했고 속상하고 답답했다.

그런데 가면 갈수록 너무 힘들었다. 점점 많아지는 캡사이신과 최루액 물줄기가 너무 아팠기 때문이었다. 초반에는 버틸 만했다. 몇몇 활동가들은 앞쪽은 위험하니까 뒤에서 기다리자고 했지만, 나도 사람들을 도와주고 싶었다. 그래서 그냥 버티면서 유가족들과 함께 물대포를 맞았다. 내가 앞에서 힘들어하고 있으면 모르는 사람이 옆에서 얼굴에 물을 부어 주고 괜찮은지 물어봐 주기도 했다. 그래서 그 따뜻함에 위로를 받고 더 버틸 수 있었다. 그래도 결국 참을 수가 없어서 뒤로 가 구토를 했다. 너무 어지럽고 따가웠다.

잠시 뒤, 화장실에 가려고 친구랑 햄버거 가게에 갔다. 그런데 그 앞에 경찰들이 깔려 있는 것을 보니 조금 무서웠다. 국민이 경찰을 무서워하는 게 당연한 건가? 이런 관계는 경찰이 만든 것도 아니고 내가 만든 것도 아니다. 정부가 만든 것이다. 원래는 밤을 새고 아침까지 있으려고 했는데 너무 힘이 들어서 오후 5시쯤에 집에 갔다. 친구와 나는 끝까지 함께하지 못하고 집에 간 게 너무 죄송스러웠다. 나는 몇 시간만 거기에 있어도 육체적으로도 심적으로도 너무 힘들었는데, 계속 계시는 유가족분들이 얼마나 대단한지 다시 한 번 알게 되었다.

우리가 모두 연결되어 있음을 느낀 시간

그 이후에도 실천단은 다양한 사회 활동에 참여해서 사람들의 이야기를 듣기도 하고 우리의 목소리를 내기도 했다. 그러다가 세월호 2주기 무렵, 우리는 다시 '실천단 2기'로 만났다. 1기 때는 EXIT와 이상한나라의 활동가들이 먼저 일정을 짜고 우리에게 제안을 했지만, 2기 때는 청소년들이 직접 참여해서 일정을 만들었다. 그래서 더 성숙하게 활동할 수 있었고 집중이 됐는지도 모르겠다. 다시 만났을 때, 나도 다른 사람들도 많이 반성했다. 1년 전 우리는 잊지 않겠다고 다짐하고 내 삶에서 어떻게 매일매일 실천할지를 고민하기로 했는데, 다들 바쁜 일정을 보내면서 세월호를 잊어 가고 있었다. 너나 할 것 없이 부끄러워졌다. 다시 만났을 때, 우리는 다시 진실을 알려고 노력하자고 다짐을 했다.

실천단 2기는 2016년 4월 10일, 영화 〈나쁜 나라〉 관람으로 시작했다. 나는 그 전에 앨리스[1]들이랑 영화관에 가서 봤지만 아직 안 본 친구들도 있었기에 다시 봤다. 영화를 볼 때 여기저기서 우는 소리와 욕하는 소리도 들렸다. 다음 날에는 단원고

---

1   청소년자립팸 이상한나라에서 생활하는 청소년들을 《이상한 나라의 앨리스》에서 따와서 '앨리스'라고 부른다.

교실에 다녀왔다. 뉴스에서만 봤던 교실을 실제로 보는 것이라 마음이 조심스럽기도 했다. 교실에는 설명해 주시는 유가족분이 계셨다. 많이 지쳐 보였다. 교실을 하나하나 설명해 주시는 말 속에서 억울함이 느껴졌다. 혼자 교실들을 돌아봐도 된다고 해서 1반부터 돌아봤다. 여기저기 붙어 있는 편지나 사진도 보고 숨겨져 있는 낙서들, 책상과 칠판까지 다 보고 왔다. 희생된 청소년들이 여기서 친구들이랑 재밌게 놀기도 하고 수업도 받았던 흔적을 느낄 수 있었다. 이 넓은 곳이 너무 조용한 게 답답하고 울적했다. 유가족분들이 그러셨다. 교실을 존치하고 싶은 이유는 단지 위안이 되어서가 아니라고. 교실에는 추억할 수 있는 게 많아서 교실에서 희생자들을 가장 잘 떠올릴 수 있고, 많은 책상과 의자에 국화 한 송이씩 있는 것을 보면 그래도 친구들이랑 같이 있구나 하는 마음이 든다고.

1기 활동에서는 유가족 중 부모님들을 만났는데, 2기 활동에서는 세월호 희생자들의 형제자매분들을 만났다. 형제자매들의 이야기를 담은 책 《다시 봄이 올 거예요》도 함께 읽고 형제자매 두 분을 모셔서 간담회를 했다. 형제자매 모임은, 동생이 언니가 오빠가 형이 누나가 없다는 사실이 힘들고 갑자기 눈물이 날 때, 희생자의 형재자매들은 말하지 않아도 알고 모두 똑같은 마음이기에 위안이 돼서 자주 만나는 그런 모임이라고 했다. 나도 너무 힘들 때는 그 힘듦을 설명하기 싫을 때가 있다.

처음 본 사람에게는 내 힘듦의 이유를 구구절절 말해야 하는데, 내 사정을 잘 알고 있거나 친한 친구에게는 말을 하지 않고 그냥 "나 힘들어"라고만 말해도 다 알고 있으니까 큰 위안이 되곤 했다. 말하지 않아도 내가 힘들다는 것을 알아 줄 때에 감동과 위로가 두 배로 온다. 그래서 그런 모임이 얼마나 소중한지 알 것 같았다.

사실 처음에는 유가족분들을 만나기가 망설여졌다. 귀찮거나 싫었던 것이 아니라, 내가 너무 슬퍼질 것 같았고 혹시 내가 잘못 말하거나 행동할까 봐 걱정스러웠다. 그렇지만 너무 만나고 싶은 마음이 컸기에 결국 그분들의 얘기를 듣게 되었다. 이야기를 나눌수록 편해졌고 내 또래였기에 말 한마디 한마디가 더 마음에 와 닿았다. 만남을 통해 좀 더 정확한 진실을 알게 되었고 형제자매들의 깊은 마음속 상처도 알게 되었다. 사람들이 형제자매들에게 "부모님 잘 챙겨 드려라, 옆에서 울지 마라"라는 말을 많이 했다고 했다. 처음에는 잘 챙겨 드려야겠다고 생각했지만, 형제자매들의 마음은 몰라주고 위로가 아닌 조언과 훈계를 하는 것처럼 느껴져서 힘들었다고 했다. 참사 이후에 사실을 잘 모르고 하는 말, 특례 입학에 대한 헛소문 등 주변 시선들 때문에 화도 많이 났다고 했다.

마지막으로 소감을 나누는 시간이 있었다. 다들 감정이 벅차올라서 제대로 소감을 나누지 못했지만 실천단 중 한 명이 이렇게 말했다. "세월호 유가족들 하면 보통 어머니 아버지들을 만나는데 오늘 형제자매분들을 만나니까 새로운 것을 알게 되었다. 자식을 잃은 부모의 아픔에 대해서 이야기를 할 때 나는 자식을 낳아 본 적이 없는데 어떻게 저 마음을 이해할 수 있을지 고민을 했다. 하지만 형제자매분들을 만나고 나와 비슷한 세대인 분들이 겪는 슬픔과 친구 관계에서의 부담들을 이해할 수 있었다. 세월호 유가족의 슬픔도 어떤 위치에 있느냐에 따라 또 다를 수 있다는 걸 알게 되었다." 나도 그런 마음이었다. 하지만 나는 너무 울어서 말을 못 했다.

　　그날 밤에 실천단 사람들끼리도 소감을 나눴다. 이런 이야기들이 나왔다. "아파 본 사람이 아픔을 안다고 하잖아. 내 경험에 비춰서 상대방을 바라보고 말을 걸고 이야기를 들으려고 했으니까 더 서로 배려하고 공감할 수 있었다고 생각해.""그들도 그들만의 아픔이 있었을 텐데 슬픔을 슬픔으로 인정받지 못하고 아무렇지 않은 척해야 했던 거 같아.""나를 생각해도 딱 어떤 순간을 말하기도 힘들 정도로 내 감정이나 생각을 존중받지 못한다는 생각은 항상 했던 거 같아. 오히려 내 생각이나 감정을 인정받고 존중받는 게 더 어색했어. 사회적으로 인식이 바뀌어야지. 아무리 법을 개정하고 아무리 떠들어도 사람들이 계속 그렇게 생각하면 바뀔 수 없어." 우리는 그날 오히려 위로를 받고 왔다. 그분들을 만나고 이야기하면서, 나도 혼자가 아니라는 느낌을 많이 받았다. 형제자매분들이 오히려 우리에게 용기를 주었고 걱정을 덜어 주었다.

2016년 4월 16일에는 기억식에 다녀왔다. 정부 사람들과 경기도 교육감도 와서 세월호에 대한 발언을 했지만, 그리 의미 있는 말이 아니었는지 내용은 기억이 안 난다. 고 박예슬 님의 동생 예진 님은 언니에게 쓰는 편지를 읽었고, 진상 규명을 하라고 말했다. 예진 님은 "눈을 가린 정부를 향해 말한다. 우리는 그동안 진상 규명과 단원고 교실 존치를 위해 싸웠다. 앞으로도 싸울 것"이라며 "참사의 진실을 감추고 있는 정부를 향해 가고 있다"라고 말했다. 이어 "가족들의 죽음에 물음표가 달려 있는데, 무엇 때문에 숨겨 왔나. 이번 일을 겪으며 정치인들의 무능함을 알았다. 앞으로 우리는 어른들과는 다른 세상을 만들 것"이라며 "우리는 세월호 안에서 언니, 오빠들이 고통에 허우적댈 때 분향소를 찾아 진실을 밝히겠다고 했던 박근혜 대통령을 기억한다. (……) 어찌 우리에게 등을 돌린 적이 됐을까. 언니, 오빠를 만나는 날 진실을 밝히지 못해 죄스러운 말을 남기지 않도록 해 달라"라고 발언했다. 그날의 발언 중 제일 진실된 말이 아니었을까 생각한다.

기억식이 끝나고 우리는 이태원에서 광화문까지 걸었다. 외국인에게도 세월호 참사의 진실을 알리고 싶은 마음에 이태원에서부터 시작했다. 걸어가면서 리본을 나눠 주고 설명을 했다. 우리의 서툰 영어에도 외국인들이 관심을 많이 가져 주고 리본도 많이 받아 가서 너무 고마웠다. 어떤 아주머니가 왜 아직도 이런 걸 하냐고 시비를 건 일도 있었다. 나는 용기가 없어 아무 말도 하지 못했지만 다른 실천단 사람들이 대신 상대했다. 그 순간에는 우리 실천단이 너무 멋있었다. 다들 많이 성장했다는 것을 느꼈다. 비도 와서 더 힘들었지만 우리는 포기하지 않고 끝까지 걸었고 광화문에 도착해 2주기 추모 행사에 참석했다. 비가 너무 많이 와서 무대도 잘 안 보이고 말소리도 잘 안 들렸지만 그 마음만은 잘 전해졌다.

그렇게 활동을 하고 평가 회의를 하러 다시 모였다. 발전한 점도 있지만 아직 부족한 점도 많았다. 세상에 완벽한 것은 없다고 하지만 완벽에 가까운 실천단을 만들고 싶다. 다들 지치기도 힘들기도 했지만 뜻 깊은 시간이었고 다른 사회 문제에도 참여하고 싶다고 했다. 가장 기억에 남은 소감은 이것이었다. "세월호 참사가 단순한 배 사고가 아니라 우리 사회의 문제점이 복잡하게 얽힌 참사라는 점에서 뼈아픈 시간이었다. 이 사건이 나의 삶과 직접적으로 연결되어 있다는 것을 깨달았다. 세월호의 진실을 알리는 행동이 유가족을 위한 것뿐만 아니라 나를 위한 행동이라는 것을 다시 알게 된 시간이었고 우리의 슬픔이나 기쁨이 모두 연결되어 있다는 생각을 했다. 옆 사람이 슬프면 나도 슬프고, 옆 사람이 기쁘면 나도 기쁘다는 걸 느끼는 시간이었다. '가만히 있으라'는 교육 문제나 권위적인 문화 등이 얽혀 있는 문제라는 걸 확인했다. 다양한 사회 문제에 함께 참여하면 좋지 않을까 생각했다. 또 작년에 참여했던 실천단원이 기획단원이 되어 함께 프로그램을 기획할 수 있어서 좋았고, 다 같이 모여 청소하는 모습을 보면서 마음이 든든했다. 함께 처음과 끝을 만들어 간다는 생각이 들어서 믿음직스러웠다." 실천단 활동이 끝나기는 했지만 세월호 참사가 해결된 것은 아니다. 그래서 우리는 이후에도 릴레이 1인 시위에 참여했다.

관심을 가지는 게 중요한 출발

2015년의 실천단 활동부터 지금까지 많은 일을 했다. 지난 6월에 열린 퀴어 문화 축제에 참여해 부스를 열기도 했다. 비누를 판매한 수익금은 416유가족모임, 청소년성소수자위기지원센터 띵동 그리고 퀴어 문화 축제에 후원했다. 최근에는 위안부 할머니들의 수요 집회에도 다녀왔고, 페이스북이나 인터넷의 뉴스들에도 더 관심을 가지게 됐다. 예전에는 나와 상관없는 일이라고 생각하고 읽어 보지도 않았는데, 이제는 잘 모르면 친구들이나 선생님께 물어보면서 사회에 대해 더 관심을 가지게 되었다. 알면 알수록 화가 나는 일들도 많지만 그래도 관심을 가지는 게 중요한 출발이라고 생각한다.

어떻게 보면 나와 세월호 유가족들 그리고 성소수자, 또 사회적 약자들은 관련이 없을 수도 있다. 하지만 활동을 통해 서로의 이야기에 귀 기울이게 되면서 우리가 남이 아니라는 생각을 하게 됐다. 그래서 그들이 힘들 때 외면하지 않을 것이다. 왜냐하면 나도 나의 어려움을 외면당했을 때의 힘듦과 외로움을 알기 때문이다. 혼자 사는 세상이 아닌 다 같이 사는 세상으로 만들어 가고 싶다. 세상이 달라지지 않으면 우리가 변할 것이다.

《오늘의 교육》 35호

이혜진
wahahabus@hanmail.net

청소년자립팸 이상한나라, 움직이는청소년센터 EXIT. 청소년자립팸 이상한나라에서 출국(자립)을 앞두고 있다. 출국을 앞둔 지금 넘어야 할 산이 아직도!! 많아서 걱정이다. 그래도 나는 그 산을 넘는 게 재미있다.

2부. 기록하다, 기억하다

다시 봄 마주하기
세월호 형제자매들과 함께한 여행 이야기

—

어쓰

매년 이맘때쯤 늘 하게 되는 말이지만 지난겨울은 유난히도 추웠던 것 같습니다. 그래서일까요, 다가오는 봄은 또 유난히도 반갑고 설렙니다. 정말이지 끝이 보이지 않던 겨울을 보내고 다시 봄을 기다리는 마음으로, 작년에 다녀왔던 몇 번의 여행에 대한 얘기를 해 보려고 합니다.

다시 봄이 올 거예요

세월호 참사 이후 2년이 지난 2016년 4월, 세월호 생존 학생들과 희생자의 형제자매들의 육성 기록집인 《다시 봄이 올 거예요 - 세월호 생존 학생과 형제자매 이야기》(416세월호참사 작가기록단, 창비)가 발간되었습니다. 작가기록단의 전작인 《금요일엔 돌아오렴》이 세월호 참사의 유가족 중에서도 주로 부모들의 이야기를 담았다면, 《다시 봄이 올 거예요》는 소위 '세월호 세대'라고 칭해지는 10대와 20대들의 목소리를 담은 책이었습니다.

《금요일엔 돌아오렴》 출간 이후 작가기록단에서는 '누구'의 '어떤' 이야기를 들을 것인지 많은 고민을 했습니다. 자신의 얘기를 하지 못하고 있는 사람들은 누구인지, 말하고 있지만 들리지 않는 목소리는 무엇인지, 시간이 지나면 더욱더 듣기 힘들어질 이야기는 어떤 것인지. 쉽지 않은 일이었지만, 세월호에서 생존한 11명과 형제자매를 잃은 유가족 15명이 참사 이후 지내온 시간에 대한 이야기를 들려주었습니다.

책을 집필한 작가기록단과 출판사에서는 이 책의 수익금을 생존 학생과 형제자매가 쓸 수 있도록 전달했고, 형제자매들은 긴 논의 끝에 이 수익금을 책 작업에 참여한 형제자매들뿐만 아니라 모든 형제자매들에게 도움이 되는 방향으로 사용하는 것이 좋겠다는 결론을 내렸다고 합니다. 그렇게 '다시 봄 마주하기 - 세상을 향해 묻다' 프로젝트가 시작됐습니다.

'다시 봄 마주하기 - 세상을 향해 묻다'는 세월호 형제자매들이 국가 폭력과 참사의 현장을 방문하고 피해자 혹은 유가족과 만나 이야기하고, 마음을 나누며, 연대하는 여행 프로젝트입니다. 이 프로젝트의 초기 논의 과정에서 작가기록단도 함께하게 되었습니다. 작가기록단의 활동가들이 여행 과정에 동행하고, 가능하다면 그 과정을 기록으로 남길 수 있으면 좋겠다는 형제자매와 '우리함께'[1]의 요청이 있었습니다. 저는 작가기록단의 이전 집필 활동을 함께하지는 않았지만, 제가 작가기록단 활동에 관심을 가지고 있다는 것을 아는 다른 활동가의 소개로 프로젝트에 함께하게 되었습니다. 2017년 6월부터 자세한 기획을 위한 만남이 시작되었고, 이후 하반기 6개월 동안 총 다섯 번의 여행을 다녀왔습니다.

첫 번째 여행은 2017년 대선 직후 여름, 민주주의와 리더십을 주제로 삼아 고 노무현 대통령의 생가가 있는 봉하 마을로 다녀왔습니다. 두 번째 여행은 노동과 안전을 주제로 '반도체 노동자의 건강과 인권지킴이'(반올림)에 대해서 사전에 모여 이야기를 나눈 후, 속초에 계시는 고 황유미 님의 아버지 황상기 님을 만났고, 세 번째로는 여성과 전쟁, '위안부'를 주제로 서울시 마포구에 위치한 '전쟁과여성인권박물관'에 다녀온 후 관련된 활동을 하고 있는 대학생 평화나비 활동가와 간담회를 진

---

1   2014년 7월에 출범한 〈안산 지역공동체 회복을 위한 복지관 네트워크 '우리함께'〉는 세월호 참사 이후 안산 지역이 서로 보듬고 치유하는 공동체가 될 수 있도록 안산의 10개 복지관이 구성한 네트워크입니다. 세월호 형제자매들이 자유롭게 이용할 수 있는 동명의 공간 '우리함께'를 안산시 고잔동에서 운영하였으며 '다시 봄 마주하기 - 세상을 향해 묻다' 여행 프로젝트를 세월호 형제자매와 함께 기획하고 진행했습니다. 2018년 8월 31일, 총회 및 운영위원회를 거쳐 네트워크와 공간 운영이 종료되었습니다. ('우리함께' 페이스북 페이지 www.facebook.com/socialtogether)

행했습니다. 네 번째 여행은 노동, 여성, 안전과 청년 세대를 주제로 구의역 참사와 강남역 살인 사건에 대해서 공부한 후 지하철 노조와 여성주의 모임에서 활동하는 활동가들과 간담회를 진행했습니다. 마지막 다섯 번째 여행은 국가 폭력과 역사를 주제로 제주 4.3, 강정 마을, 남영호 참사에 대해 공부한 후에 제주도로 다녀왔습니다. 각각의 여행지와 주제는 세월호 형제자매들과 '우리함께', 작가기록단이 함께 논의해서 결정하고 기획했습니다.

어떤 긴장과 부끄러움과 궁금함

첫 번째 여행을 떠나기 위해 집결지인 안산으로 가던 길, 사실 저는 꽤나 떨리는 마음이었습니다. 함께한 작가기록단의 다른 활동가들은 《금요일엔 돌아오렴》이나 《다시 봄이 올 거예요》를 집필하면서, 혹은 그 이전과 그 이후의 다른 시간 다른 장소에서 세월호 유가족들과 만나고 대화해 온 과정이 있었지만 저는 그렇지 않았습니다. 같은 집회에 참여하거나 스쳐 지나간 적은 있어도 직접 얼굴을 마주 보고 만난 경험이 없었습니다. 첫 만남은 언제나 누구에게나 떨리고 긴장되는 일이겠지만, 단순히 그 때문만이 아니었습니다. 그러니까 말하자면, 저는 '세월호 유가족'과의 첫 만남에 대해 긴장하고 있었습니다.

그렇게나 걱정했던 첫 만남의 순간에 대한 기억은 사실 별로 남아 있지 않습니다. '우리함께' 공간의 문을 열고 들어가기 전까지도 뭐라고 인사를 해야 할지, 어떻게 소개를 해야 할지 걱정했던 것은 생생하게 기억나지만, 정작 처음 건넨 인사가 어땠는지는 잘 기억나지 않습니다. 대부분 첫 만남이란 게 다 그렇듯이.

이후 함께 떠난 첫 번째 봉하 마을 여행에서 다 같이 둘러앉아 소감을 나누던 시간, 누군가는 말했습니다. 지금까지는 유가족으로서의 자신을 받아들이지 않으려 회피하며 지내 왔지만, 이 여행을 계기로 자신의 상처를 마주 보려 한다고. 다른 누군가는 또 말했습니다. 세월호 유가족으로서의 자신을 숨기지 않고, 유가족으로서 목소리를 내는 게 중요하지만 동시에 20대로서의 자신도 포기하지 않으려 한다고. 이야길 들으면서 지금 내가 마주 보고 있는 사람들에 대해 생각했습니다. 그리고 첫 만남 직전 나의 긴장과 걱정을 떠올렸습니다. 나는 어떤 마음으로, 누구를 만나기 위해 이 자리에 왔는지 돌아보기 시작했습니다. 그리고 저는 조금 부끄러워졌습니다.

우리는 세월호 참사에서 '피해자의 권리'를 이야기합니다. 피해자로서 진실에 접근할 권리, 피해자로서 모욕받지 않을 권리, 피해자로서 존중받을 권리 등. 여전히 참사 유가족에 대한 유언비어와 비하가 난무하는 지금의 한국 사회에서 피해자의 권리를 말하는 일은 중요합니다. 그런데 사람이라는 게 너무나 당연하게도 단 한 가지 정체성으로만 구성되지는 않는 법입니다. 내 눈앞에 앉아 있는 '사람들'은 세월호 참사의 피해자이자 동시에 직장인이기도, 대학생이기도, 군 입대를 앞둔 휴학생이기도, 대학을 자퇴하고 진로를 고민하고 있는 20대 초반이기도, 이제 고등학교 3학년이 된 수험생이기도 하다는 당연한 사실을 새삼스럽게 그 자리에서 되새겼습니다.

다시 한 번 이 여행에 대해 제가 가졌던 긴장과 걱정을 떠올렸습니다. 저는 '세월호 유가족'을 만난다는 생각만 가지고 왔고, 그 마음만 가지고 온 제가 만날 수 있는 사람은 '세월호 유가족'인 그/녀들뿐이었습니다. 그러니 20대로서의 자신을 포기하지 않으려는 사람과 처음으로 유가족으로서의 자신을 받아들이려는 사람을 마주했을 때 제가 부끄러워진 것은, 제 자신의 게으름과 편협함을 적나라하게 보게 되었기 때문이겠죠. 이 부끄러움 속에서, 저는 이 '사람들'이 더 많이 궁금해졌습니다.

당신이 궁금해요

6개월 동안 다섯 번의 여행을 다녀오기란 꽤나 빽빽한 일정이었습니다. 거의 한 달에 한 번 꼴로 여행을 떠나는데, 여행 전에는 1~2회의 사전 모임을 가지며 여행 주제에 대해 공부를 하고,

여행 후에 사후 모임을 통해 고민을 이어 가기도 했습니다. 거의 한 주 걸러 한 번씩 만나서 함께 책을 읽고, 영화를 보고, 이야기를 나눴습니다.

두 번째 여행지인 속초에서 황상기 님과의 간담회는 조금 어색했지만 그 이상으로 감동적이었습니다. 그날 새벽에는 유성우가 떨어진다는 예보가 있었습니다. 꾸역꾸역 기다린 새벽 3시 반의 하늘은 구름이 잔뜩 껴서 유성우는커녕 달도 보이지 않았지만, 그 사실이 그렇게 섭섭하지는 않았습니다. 세 번째 여행지였던 전쟁과여성인권박물관에 갔다 온 뒤에는 어느 공원 잔디밭에서 치킨과 맥주를 먹었습니다. 사후 모임으로 일본군 '위안부' 문제 수요 집회에 다녀오기도 했습니다. 구의역 참사와 강남역 살인 사건에 대해 이야기하는 네 번째 여행에서의 간담회는 시간이 부족해서 아쉬웠지만, 앞선 두 번의 여행의 주제였던 '노동'과 '여성', '안전'에 대해 각자의 언어로 각자의 생각을 나눌 수 있는 자리였습니다. 이날은, 도무지 왜 그랬는지 기억이 전혀 나지 않지만, 마치 1980년대의 소풍처럼 수건돌리기와 숨바꼭질을 했습니다. 그런 놀이가 다 그렇듯 시큰둥하던 사람도 어느새 정신없이 뛰어다니고 있었습니다.

처음에는 여행의 참여자로만 참가했다가 나중에는 기획단까지 함께하게 된 분도 계셨고, 여러 번의 여행과 그 사전·사후 모임을 한 번도 빠지지 않고 참가하신 분도 계셨습니다. 군 입대 즈음해서 마음이 싱숭생숭했을 그분은, 그래도 꾸준히 얼굴을 보여 줬습니다. 항상 투덜대면서도 다음 여행 날 씩 웃으며 약속 장소에 나타났던 그분은 사실 꽤나 이 여행 프로젝트를 좋아하는 것 아닐까, 저 혼자 생각했습니다.

마지막 여행지는 제주도였습니다. 마음이 무거워지는 곳이고, 실제로 그 이유로 여행 참가 여부를 망설인 분도 계셨다고 들었습니다. 그럼에도 불구하고 지금까지 여행 중 가장 많은 사람이 참가했고, 뒤풀이는 가장 늦게까지 이어졌습니다. 숲길을 같이 걷고, 카페에 앉아서 빵을 먹고, 숙소 베란다에서 제주도 바람에 덜덜 떨면서 오랫동안 연애 상담을 나누기도 했습니다.

그런 시간들을 통해 저는 함께 여행하는 '사람들'에 대해 알아 갔습니다. 어떤 표정으로 웃고 어떤 손짓으로 누군가를 부르는지. 술은 뭘 좋아하고 안주 취향은 어떤지. 무언가에 집중할 때는 눈을 크게 뜨고, 말을 시작하기 전에 한 번 크게 숨을 들이쉬고, 재미있는 얘기를 꺼내 놓기 전에 미리 입꼬리가 올라가는 그런 사람들과 함께 여행을 다녔습니다.

다시 봄 마주하기

6개월간의 여행을 끝낸 후, 각 여행의 내용과 여행에 참여했던 형제자매의 소감을 모아서 자료집으로 묶어 내기 위해 준비하고 있습니다. 자료집이 완성되면 여행을 통해 만났던 분들을 초대하는 자리도 만들어 보려고 합니다. 함께했던 사람들과 다 같이 여행을 마무리하지도 못했는데 먼저 혼자서만 정리하는 글을 쓰게 되었습니다. 무슨 말을 써야 할까, 나는 어떤 생각을 했고 어떤 얘기를 하고 싶은 걸까 고민하면서 다시 지난 6개월을 돌아봤습니다.

여행의 이름은 '다시 봄 마주하기'였습니다. 처음에는 '봄을 마주한다'는 문장이 조금 어색하게 느껴졌습니다. 일상에서 자주 쓰게 되는 표현은 아니라서 그랬는지도 모르겠습니다. 봄은 시간이 흐르면서 오고 가는 계절 중 하나일 뿐이고, 우리는 다가오는 계절을 맞이할 때 군이 '마주한다'고 말하지는 않습니다.

'마주한다'는 그저 앉아서 다가오는 무언가를 '맞이하는' 것과는 다르다는 것을 함께 여행한 형제자매들을 통해서 배웠습니다. 마주하기 위해서는 고개를 들어야 하고, 눈을 피하지 않아야 하며, 그렇게 마주한 것을 받아들여야 합니다. 그것은 능동적인 움직임이고 적극적인 행동이기도 합니다. 그/녀들이 '마주한' 것은 세월호 참사 그 자체이기도 하고, 참사 이후의 사회이기도 하고, 그 사회에서 살아가고 있는 자신들의 현실이기도 하고, 그 현실을 함께 살아가고 있는 다른 사람들이기도 했습니다. 그리고 그 마주함은 주변의, 적어도 저에게는 감응을 불러일으키는 행동이었습니다.

"세월호 이후는 달라야 한다." 많은 사람들이 그렇게 외쳤습니다. 무언가 굉장히 크게 잘못됐다는, 인식이라기보다는 차라리 감각을 가지고, 우리는 각자의 머릿속에 지금과는 다른 세상을 그렸습니다. 그런데 무엇이 어떻게 달라져야 할까요? 그 세상을 어떻게 만들어 가야 할까요? 대답이 정해진 질문이 아닌, 질문을 통해 서로를 마주하는 과정에서 봄이 만들어질 것이라고 믿습니다. 서로에게 감응하고 서로에게 영향을 주는 그 마주 봄으로 인해서.

《오늘의 교육》43호

어쓰
stupidkitty99@gmail.com

인권운동을 하고 있습니다. 세상은 바뀌어야 한다고 생각합니다. 세상이 어떻게 바뀌어야 하는지 함께 고민하고 대화하고 토론하고 행동하는 삶을 살고 싶습니다. 그렇게 사는 삶이 곧 인권운동이라고 믿습니다.

세월호 참사, 그리고 움직이는 교사들

—

권혁이

2018년 7·8월호

세월호 참사가 일어난 지 4년이 흘렀다. 사람은 망각의 동물이라 했던가. 기억이라는 것은 믿을 것이 못 되고 오래가지 못한다. 그렇기 때문에 바닥을 치는 슬픔 속에서 빠져나와 살아갈 수 있으니 어쩌면 축복이라고 해야 할지 모르겠다. 사람들의 가슴에서 세월호는 점점 지워지고 있다. 당연하다. 하지만 '움직이는 사람들'은 있다. 그 움직임이 운동이 되고 운동이 사회와 역사를 바꾼다.

2017년 11월 22일. 국회 앞에서 기이한 풍경이 벌어졌다. 국회 앞인 만큼 기자 회견이야 늘상 있는 일인데 이 기자 회견에는 현수막이 10개 정도 늘어져 있었고, 현수막은 자세히 보지 않으면 무엇인지 알아보기 어려운 그림과 글씨들로 가득 채워졌다. '사회적 참사 특별법'이 제대로 통과되기를 바라는 마음으로 전국의 학생들이 엽서와 10행시를 지어 쓴 활동지들을 일일이 사진으로 찍어 만든 것이었다.

　세월호 참사의 진상 규명과 책임자 처벌을 위한 '사회적 참사 특별법'이 국회에 계류 중이던 2017년 7월부터 교사들은 특별법 입법을 촉구하는 행동에 나섰다. 7월 24일부터 시작된 국회 앞 피케팅에는 서울, 경기, 인천, 강원, 충북, 전남에서 연인원 220명의 교사들이 78일간 참여하였다. 그러는 사이 오래 서 있으면 견디기 어려운 뙤약볕은, 장갑이 없으면 피케팅하기 어려운 칼바람으로 변했다. 여전히 박근혜 탄핵을 받아들이지 못하여 국회 앞에서 항의 중인 사람들과 말로, 때로는 몸으로 부딪쳐 가며 자리를 지켜 온 시간들이었다.

　10월과 11월에는 '생명 존중 안전 사회'를 염원하는 계기 수업을 하고 사회적 참사 특별법 제정을 촉구하는 엽서와 10행시 인증 샷을 모았고, 11월 22일에 기자 회견을 한 후 국회에 전달하였다. 저마다 기발하고 재미있는 아이디어와 간절한 마음을 담아 쓴 학생들의 엽서와 10행시를 보며 그저 아름답다는 말밖에 나오지 않았다. 그중 경기 부천남중학교 학생들이 만든 10행시 하나를 소개한다.

　사랑하는 사람을 잃었습니다. 하지만,
　회상에 빠져 지낼 수만은 없습니다.
　적확한 진상 규명이 없었기 때문입니다.

참으로 비통한 일이 아닐 수 없습니다.

사실을 사실대로 알고 싶다고 목소리를 낼 뿐인데,

특이한 사람 취급을 받는 일도 있습니다.

별로 개의치는 않습니다. 잘못한 사람들은 반드시

법의 처벌을 받을 거라 믿기 때문입니다.

제발 우리를 잊지 말아 주세요.

정의로운 대한민국을 기대합니다.

참교육 실천으로 전개된 활동

2018년 1월 8일부터 10일까지 전북 원광대학교에서 2박 3일간 전교조 전국참교육실천대회가 열렸고 '416분과'도 개설되었다. 첫째 날 교사들은 세월호 참사와 관련한 감정들을 나누었고 그 나눔을 통해 단단해질 수 있었다. 강연으로 '416가족협의회' 유경근 집행위원장의 이야기를 들으며 한국 사회에서 피해자의 위상과 진상 규명에서 피해자의 역할의 중요성을 깨달았다. 분과 참여 교사들은 유가족분들이 그랬던 것처럼 무대에 서서 노래 〈네버 엔딩 스토리〉를 합창으로 불렀다. 참여자들도 청중들도 함께 울었다.

둘째 날 본격적으로 교사들의 세월호 실천 활동 발표가 시작되었다. 대구라는, 정치적으로 척박한 땅에서도 교사들은

세월호 수업을 실천했고 당연하다는 듯 그들에 대한 교육청 조사와 징계 절차가 시작되었다. 하지만 학생들과 시민들이 나서 저항하였고 결국 징계를 막아 냈다. 대구의 한 교사는 문학 시간에 세월호 참사를 주제로 한 연극 대본 쓰기 활동을 한 것을 소개하였는데, 연극에는 세월호 참사 희생자인 고 최덕하, 허다윤, 조은화 학생이 주인공으로 등장한다. 다윤이 자신의 콘서트에 친구들을 초대하는 카톡 장면이 압권이었다고 했다. 그림 〈메두사 호의 뗏목〉 감상과 스크래치 기법 배우기 활동을 한 미술 수업 사례 발표는 그 자체가 멋진 수업이었다. 1816년 여름에 실제로 일어났던 선박 침몰 사건을 배경으로 인물들을 처절하고 사실적으로 묘사한 이 작품을 보며 학생들은 분명 세월호 참사 희생자들의 마음을 조금이나마 느꼈을 것이다.

참교육 실천은 교사들만의 전유물이 아니다. 전북 전주 솔내고등학교 학생회는 세월호 참사 3주기를 맞아 추모 행사를 진행하였다. 추모와 진상 규명의 내용을 담아 영상을 직접 제작하여 등교 시간 중앙 현관에서 방영하였다. 매주 월요일 1교시에 있는 HR 시간에 학생회 임원들이 직접 학급에 들어가 세월호 배를 접는 방법을 가르쳐 주고 학급마다 배를 만들어 중앙 현관에 전시하였다. 또 세월호 참사를 주제로 포스터와 시화를 제출받아 역시 중앙 현관에 전시하였는데, 현관에는 "잊지 않겠다"는 현수막도 걸어 두었다. 학생회는 4월 14일 교문 앞에서 등교하는 학생들과 교사들에게 세월호 종이 팔찌를 채워 주었다. 고맙게도 이 사례를 발표하러 온 학생회 임원들이 참교육실천대회 416분과에 참석한 교사들의 손목에도 종이 팔찌를 채워 주어 교사들이 직접 그 마음을 느낄 수 있었다.

그 밖에 사회적 참사 특별법 제정 촉구 수업 활동을 한 서울 마곡중 사례, 기억과 약속의 길을 떠난 경기 부천의 사례, 한문 교과와 연계하여 세월호 참사에 대한 수업을 한 경기 의정부 신곡중 사례, 참사 이후 매일 실천 활동을 하고 있는 전남 진도 사례 발표가 이어졌다. 세월호 참사 이후 전국의 수많은 교사들이 수업 실천과 학교에서의 실천, 지역에서의 실천 활동을 진행해 왔고, 이 내용을 모아 담으려면 책 한 권으로는 모자랄 것이다. 2017년 전교조 416특별위원회는 수업 등의 세월호 실천 활동을 모아 자료집으로 발간한 바도 있다.

416분과는 주제 토론 활동(타 분과 참가자들도 함께하는 활동)으로 유가족 연극과 진상 규명 강연을 개최하였다. 유가족 연극인 〈이웃에 살고 이웃에 죽고〉는 코믹한 내용이 많아 입에서는 연신 웃음이 나오는데도 눈에서는 자꾸 눈물이 나왔다. 특히 세월호 유가족 역을 맡은 동혁 어머니가 등장할 때면 그랬다. 연극에는 생존자인 장애진 학생의 어머니, 랩이 특기인 영만이의 꿈대로 멋진 랩을 선보인 영만 어머니, "매너가 말이여, 동네를 말이여, 만드는 것이여" 하며 구수한 동네 할아버지

역을 멋지게 소화하신 예진 어머니, 전남대 앞에서 지옥과 같은 5.18을 경험하고 젊은 시절 내내 아팠다는 수인 어머니, 교실을 옮기던 날 단원고 본관 앞에서 목 놓아 울던 순범 어머니 등이 등장했다. 연극을 마치고 어머니들의 발언을 직접 듣고 대화하는 시간을 가질 수 있어 더욱 감동적인 시간이었다. 연극으로 세월호 참사를 알리는 의미 있는 활동을 하며 유가족들도 끔찍한 상처에서 조금씩 치유되기를 조심스럽게 바라 본다.

셋째 날, 마지막 활동으로 세월호 참사 진상 규명을 가로막고 있는 벽과 교사 실천 과제에 대하여 토론하였다. 참가자들은 진상 규명을 가로막고 있는 벽으로 '무방향과 혼란', '무관심', '막연한 기대', '거대 권력과 자본', '내 안의 피로감과 망각', '조급함', '타성', '시간', '의지', '두려움', '활동가들의 인식' 등을 꼽았다. 교사들은 자본이나 권력 등 외부적 요인도 언급하였지만, 대체로 우리 자신들의 감정과 인식이 진상 규명과 책임자 처벌을 가로막는 벽이라고 지적하였다. 교사 실천 과제로 참가자들은 '노란 리본 달기'와 같이 세월호 참사를 잊지 않기 위한 일상 활동들과 함께 진상 규명 서명, 4.16 공동 수업 활동 등을 제시하였다.

참교육실천대회가 열리는 3일 내내 원광대학교에는 눈이 많이 내렸다. 원광대에서의 3일은 전국에서 세월호로 모인 보석 같은 교사들이 만든 감동의 연속으로 채워졌다. 그리고 우

2부. 기록하다, 기억하다

리는 그렇게 다시 4주기를 맞을 준비를 하고 있었다.

청소년과 교사들이 함께한 도보 행진

2018년 4월 14일. 작년에 이어 두 번째로 진행된 교사 도보 행진. 그러나 이번에는 청소년들과 함께라는 것이 달라진 점이었다. 선거 연령 하향을 요구하며 농성 중인 촛불청소년인권법제정연대 활동가들과 교사들이 도보 행진을 함께 기획하고 준비했다. 세월호 참사 희생자 중 청소년이 대다수였다는 점에서 세월호와 청소년이 만날 지점은 충분했다. 그러나 그것만으로 세월호와 청소년을 연결시켜 도보 행진을 하는 것은 무언가 부족해 보였다. 교사들과 청소년들은 두 차례 간담회를 통해 우리 사회의 교육과 청소년, 그리고 세월호 참사에 대한 이야기를 진지하게 나누면서 도보 행진에 의미를 부여할 수 있었다. 도보 행진 당일. 여의도 국회 앞에서 집회와 퍼포먼스를 한 후 참가자들은 희생자들의 이름과 구호가 적힌 몸 벽보를 착용하고 광화문 광장까지 걸었다. "청소년 참정권으로 세월호 진상 규명 앞당기자", "세월호 참사 전면 재수사하라", "세월호 참사 진상 규명, 책임자를 처벌하라" 등의 구호를 외치면서 교사들과 청소년들은 세월호로 하나가 되었다.

　4월 16일을 그냥 지나칠 수 있는 교사는 많지 않을 것이다. 나는 광화문 세월호 광장 리본 공작소에 가서 노란 리본 200여 개를 얻어 와서 4월 16일, 교실에서 학생들에게 나누어 주고, 〈이름을 불러 주세요〉 영상을 본 후 세월호 참사 이야기를 나누었다. 4년이 지났는데 여전히 노란 리본을 다는 이유가 무엇인지 학생들에게 물었다. "희생자들을 추모하려고요", "잊으면 안 되니까요" 등 저마다 세월호를 잊지 않는 이유를 이야기하였다. 그중 가장 기억에 남는 답변은 "아직 오지 않은 안전하고 민주적인 사회를 염원하는 마음으로 리본을 단다"였다. 그렇다. 우리가 세월호 참사를 기억하는 것은 단지 희생자를 추모하고 참사의 진실을 밝히자는 것 외에도 우리 사회가 생명이 존중되는 안전한 사회가 되기를 바라는 마음도 있다. 그런 의미에서 세월호 수업은 계기 수업을 뛰어넘는 교육과정상의 위상을 가져야 한다고 생각한다.

나는 3년 전 몇몇 교사들과 함께 《기억과 진실을 향한 416 교과서》(《416 교과서》)집필 작업에 참여하였다. 교과서 집필에 참여한 것은 나에게 단지 보람이 되는 것을 넘어서는 의미가 있었다. 책이 나온 후 전교조에서 《416 교과서》를 가족협의회와 분향소에 헌정하기도 했지만, 참사가 일어나고 이 사회의 시민으로서 그리고 교사로서 가졌던 죄책감을 아주 조금이나마 덜 수 있는 계기가 되었다. 그런데 사실 교과서 제작을 시작하기 전에 들었던 가장 큰 고민은 과연 학생들에게 수업에서 세월호 참사를 이야기할 수 있냐는 것이었다. 그렇게 많은 아이들이 희생된 것도 그렇고, '자랑스러운' 대한민국의 구조 당국이 승객들을 모두 구할 수 있던 상황에서 사실상 구조를 방기한 것에 대해 이야기하는 것 말이다. 차마 그렇게 하기 어려울 것 같았다.

하지만 교과서 집필진들과 토론을 하면서 얻은 깨달음이 있다. 독일이 오늘날 민주주의·인권 국가로 거듭난 것은 2차 세계 대전에서 저지른 감추고 싶은 역사와 자신들의 범죄를 낱낱이 드러내고 처절하게 반성했기 때문에 가능했다고 생각한다. 독일은 자신들의 수도 한복판에 홀로코스트 메모리얼을 세우고 아우슈비츠 수용소에서 있었던 자신들의 끔찍한 범죄 행위와 유대인 희생자들을 늘 기억하고 교육과정의 일환으로 체험학습으로 가기도 한다. 학생들에게 교육 활동으로 아우슈비츠를 이야기하는 독일을 보면서 우리도 다시는 끔찍한 참사가 일어나지 않기 위해 세월호를 가르치고 이를 통해 인권교육을 강화해야 한다는 결론에 이르렀다.

얼마 전 2018년 지방 선거가 있었다. 선거철이 되자 늘 그랬듯 세월호를 들먹이는 자들이 있었다. 특히 안산에서 '4.16생명안전공원'을 비방하고 음해한 후보들이 있었던 것은 무척이나 가슴 아픈 일이었다. 선거 결과 이들이 대부분 낙선해서 다행스럽기도 했지만 교육을 담당하는 우리의 어깨가 무거워지는 것은 어쩔 수 없다.

유가족도 아니고 희생자와 직접적인 관련도 없지만 세월호 참사는 나의 인생에서 특별한 무엇이 되고 있다. 꽤 많은 국민들에게 그럴 것이다. 사실상 구조의 희망이 사라지고 있었던 4월 17일 출근길 차 안에서, 촛불 문화제가 수도 없이 열렸던 안산 중앙공원에서, 그리고 절망과 분노로 그 헤아릴 수 없는 감정을 이야기하는 유가족들을 보며 눈물을 흘렸다. 그리고 많은 사람들이 그랬던 것처럼 '잊지 않겠다'고 '끝까지 행동하겠다'고 다짐했다.

원고를 쓰고 있는 지금 나는 54일째 점심 단식을 하며 수업을 하고 있다. 4월 23일부터 '세월호 참사 전면 재수사, 이동곤·황전원 사퇴'를 요구하면서 당시 무기한 단식 중이던 세월호 유가족을 응원하며 시작한 점심 단식이다. 지금까지 전국의 27개 학교에서 57명의 교사들이 1회 이상 단식에 참여했다. 모든 일이 마찬가지겠지만 사람을 가르친다는 일 역시 에너지가 많이 필요한 일이다. 9시부터 5시까지 음식을 먹지 않으면서 수업 등의 교육 활동을 한다는 것이 어떤 마음가짐이 필요한 일인지 교사라면 다 알 것이다. 무엇이 세월호 유가족과 교사들이 이러한 결의를 하도록 한 것인가.

선체조사위원회의 이동곤과 사회적참사특별조사위원회의 황전원의 사퇴, 그리고 사회적 참사 특별법에 따라 준비하고 있는 2기 특별조사위원회의 활동이 예정된 상황에서 참사의 전면 재수사를 요구하는 자세한 이유를 이 지면에서 다 이야기할 수는 없다. 다만 우리는 제대로 된 진상 규명과 책임자 처벌을 절실하게 바라고 있고, 이러한 유가족들과 교사들의 간절한 외침에 관심을 가져 달라고 호소하는 것이다. 분명한 것은 4.3, 5.18과 마찬가지로 4.16에 대한 진상 규명 역시 우리 사회의 민주와 진보의 발걸음만큼 이루어질 것이며, 지금껏 그래 왔듯 세월호의 진실은 깨어 있는 시민들의 관심과 노력의 결과에 따라 우리에게 다르게 다가올 것이라는 것이다. 그리고 우리 교사들은 진실을 향한 움직임을 멈추지 않을 것이다.

《오늘의 교육》 45호

권혁이
hyug2@hanmail.net

고등학교 때부터 철학과 종교에 관심이 많았으나, 취업에 자신이 없어 사범대에 진학. 미련을 버리지 못하고 대학에서 철학을 부전공하며 주로 동양철학의 일원론적 세계관을 공부함. 교직에 나와 전교조 활동을 하면서 맑스를 접하고 이원론적 세계관 속에서 투쟁을 하고 있으나, 궁극적으로는 갈등이 사라지고 화해가 이루어지는 평화 세상을 만들기 위해 '나름 삶을 걸고' 활동 중임.

3부

세월호라는
기표

교육을 포위한 '안전 책임의 사유화'와
'발달장애인 공포증'

—

하금철

"우리도 장애우를 혐오하지 않습니다. 다만 학교 내 장애
인 건물 설립을 반대합니다!"

"주거 밀집 지역에 장애인 직업 센터가 웬 말이냐?"

"차라리 쓰레기 소각장, 원전 폐기물 매립지가 들어선다면
허락하겠다. 장애인 직업 센터는 안 된다."

"남녀공학 중학교에 발달장애인 직업 센터는 공존할 수
없다."

이것은 2015년 10월 초부터 현재까지, 서울시 동대문구
제기동의 한 중학교 인근에서 터져 나온 목소리들이다. 발달장
애인 직업능력개발센터, 일명 '커리어월드' 설립에 반대하는 주
민들의 아우성이다. 커리어월드는 서울시교육청과 한국장애인
고용공단이 공동으로 설립하는 발달장애인을 위한 맞춤 직업

교육 기관으로, 그동안 성인기를 대비한 직업 교육의 부족을 절실히 느껴 왔던 장애인 부모 단체들이 줄기차게 요구해 온 사항이다. 이에 교육청은 지난 7월 센터 설립 부지로 제기동의 성일중학교를 선정하고, 학교 내 사용하지 않는 낡은 건물을 리모델링해 고등학교 졸업을 앞둔 실인원 90여 명의 발달장애인을 교육할 수 있는 시설을 만들기로 했다.

그러나 커리어월드 설치를 위한 공사는 시작하자마자 주민들의 거센 반발에 부딪혔고, 두 달 가까이 공사를 저지하려는 일부 주민들과 공사를 강행하려는 교육청 간의 극심한 갈등을 불러왔다. 해당 중학교 앞에서는 반대 주민과 장애인 부모 단체들이 번갈아 가며 집회 신고를 내고 각각 센터 설립 반대와 찬성 시위를 벌이는 상황이 반복됐다. 결국 11월 말에 교육청은 공사 강행에 들어갔지만, 반대 주민들은 끝내 행정 소송을 제기해 공사를 막겠다는 의지를 굽히지 않고 있다.

이 사안은 장애인 혐오, 님비 현상의 대표적인 사례로 언급되면서 2015년 하반기 장애계 이슈 중 가장 뜨거운 현안으로 떠올랐다. 특히 지난 11월 2일 교육청이 직접 주민들을 설득하기 위해 연 6차 주민 설명회 자리가 주민들의 대규모 시위로 무산된 일은 이번 사태에서 갈등의 정점을 찍은 것이었다. 게다가 이날은 센터 설립을 요구하는 장애인 부모들과 반대 주민들이 서로 무릎을 꿇고 각각 찬성과 반대를 호소하는, 매우 씁쓸

한 광경이 연출되기도 했다. 이날 상황을 직접 취재해 전달했던 〈비마이너〉의 기사는 페이스북을 통해 수백여 건 공유되기도 했고, 이후 주요 일간지들도 이 사안을 보도해 더욱 여론의 주목을 받았다.

님비라는 상투적인 규정 이전에

커리어월드 사태를 보도했던 언론들의 태도는 대부분 주민들의 장애인 '혐오' 정서와 '님비' 현상에 초점이 맞춰져 있었다. 필자가 일하고 있는 〈비마이너〉 또한 그 점에서는 다르지 않았다. 실제로 주민들의 발언과 행동은 지나치게 공격적이었고, 발달장애인에 대한 편견을 남김없이 보여 주는 것이었다. 주민들의 눈에 발달장애인은 비장애인 중학생과 같은 공간에 있어서는 안 되는 존재였고, 언제든 돌변해서 주변 사람들을 공격할 수 있는 예비 범죄자로 비쳤다. 그래서 그들의 행동을 '혐오'와 '님비'라고 부르는 것은 많은 사람들에게 별다른 이견 없이 받아들여질 수 있는 것이었다.

그러나 이번 사태를 '혐오'나 '님비'라는 상투적인 용어로 규정짓고 끝내기에는 뭔가 부족한 듯한 느낌을 지울 수 없다. 정확히 말하자면, 나는 제기동 주민들의 태도가 일반적인 의미에서 '님비'일 수는 있겠으나, 좀 더 구체적인 개념으로 '지역 이기주의'라고 규정지을 수 있을지에 대해서는 다소 망설여진다.
보통 특정 시설이 동네에 들어서는 것을 반대하는 행동에 '지
역 이기주의'라는 딱지를 붙이는 것은 주민들이 '우리 집값이
떨어질 것'이라는 속물적인 걱정을 할 때이다. 지역 이기주의라
는 말을 이렇게 다소 좁은 의미로 규정해 본다면, 사실 이번 제
기동 주민들의 반대 정서와 지역 이기주의는 무관하다고 볼 수
있다. 실제 주민들의 집회에서 나오는 구호나 유인물, 교육청과
의 대화 자리에서 나오는 이야기 속에 집값 걱정 같은 것은 거
의 찾아볼 수 없었다. 그보다는 (통제 불능인 데다가 폭력성이
다분하다고 여겨지는) 발달장애인에 대한 '두려움'이 핵심이다.
물론 그 두려움이 매우 근거가 없고 다분히 편견에 기초한 것이
긴 하나, 두려움이란 감정이 애초부터 합리나 이성과는 다소 거
리가 있는 것이란 점을 생각하면, 두려움에 대한 논리적 반박은
그다지 쓸모가 없다. 그래서인지 주민들은 자신들을 '님비'나
일삼는 이기적인 사람으로 규정하는 언론에 대해 강한 불쾌감
을 드러내곤 했다. 실제로 〈비마이너〉에서 이 사안을 담당했던
기자는 주민들에게 다가가 인터뷰를 청하려고 할 때마다 "왜곡
보도 일삼는 비마이너 물러가라"라는 말을 들어야 했다고 한
다. 주민들은 자신들이 느끼고 있는 두려움을 매우 보편타당한
정서로 이해했고, 그런 진심이 온전히 전달되지 못하는 상황에
답답해하고 있는 것처럼 보였다.

그래서 이 글은 주민들을 향한 도덕적 비난에서 잠시 물러서서 보고자 한다. 어쩌면 주민들이 보여 준 '혐오'와 '님비' 행동은 이 사태의 본질이라기보다는 결과에 불과할지도 모른다. 결과만 가지고 생각하면, 주민들의 '잘못된 인식'을 문제 삼으며 '인식 개선 교육'을 해야 한다는 공허한 주장만 반복하는 우를 범하게 된다.[1] 그보다 더 중요하고 시급한 것은 이들이 왜 발달장애인을 중학생과 공존할 수 없는 위험한 존재로 여기게 되었는지, 그리고 그 작은 생각이 어쩌다 이런 혐오 행동으로까지 번지게 되었는지를 차분히 따져 보는 것이 아닐까? 물론 이런 물음은 매우 추상적이기 때문에 답이 없는 것처럼 느껴지고, 결국은 비관적인 결론 주변만 맴돌게 될 수도 있다. 하지만, 설령 그렇게 되더라도 우리가 지금까지와는 다른 질문을 던져 봄으로써 장애인 혐오를 둘러싼 사회적 조건을 새롭게 인식하고 그래서 조금은 다른 방식으로 대화할 여지를 찾게 된다면

---

1   월간 《함께걸음》 2015년 12월호 기사, 〈님비, 두려움. 무엇이 시설 건립을 막고 있나〉 중 이미정 한신대 외래 교수의 발언이 전형적이다. 이 교수는 "발달장애에 대한 인식 개선이 최우선 과제"라고 말하면서 발달장애인을 자주 마주치는 사람들, 이를테면 근처 문방구나 슈퍼마켓 등 상점을 대상으로 "발달장애에 대해 설명하고 어떻게 대하면 될지 알려 설립 이후 상생할 수 있는 환경을 만들어 나가야 한다"라고 말한다. 이는 정서적으로 대립하고 있는 주민들을 단지 '계몽'의 대상으로 보는 것이다. 하지만, 혐오나 정서적 반발은 교육과 계몽으로 깨지지 않는다. 오히려 주민들의 즉각적인 정서적 반발을 불러올 것이 뻔하고 그로 인해 이후의 합리적인 대화와 토론을 차단할 가능성이 더 크다.

이 또한 소중한 결실이 아닐까? 그래서 이 글에서는 몇 가지 다른 키워드를 가지고 커리어월드 사태를 새롭게 인식하기 위한 질문들을 던져 보고자 한다. 다소 두서없이 이런저런 이야기를 쏟아 내게 될지도 모른다. 그 두서없는 이야기를 위한 첫 번째 키워드는 바로 '세월호'이다.

의미가 전도된 메시지, "가만히 있지 않겠습니다"

커리어월드 사태를 세월호 문제와 연결시키는 것이 좀 억지스럽게 느껴질 수도 있다. 그럼에도 필자가 이 문제를 '세월호'라는 키워드를 붙잡고 고민을 하게 된 것은, 지난 10월 6일 교육청 관계자와 반대 주민들 간의 간담회 속기록을 살펴보면서 다소 충격적인 문장을 발견했기 때문이다. 아래는 한 반대 측 주민의 발언이다.

> 이 사업이 첫 사업이라고 해서 무조건 사업을 시작하면 끝인가요? 그리고 도로와 인도를 넓히고 제반 시설이 갖추어지지 않은 상태에서…… 갖추어진 상태에서 진행을 하셔야지, **가만 있어라, 안전하다, 걱정하지 마라,** 우리 아이들 순진하다, 착하다, 그렇게 말들만 너무 하시는데요, 저는 이거를 어디서 많이 들어 본 말인가 하고 제가 한참 생

각을 했어요. **다들 아시죠, 세월호? 똑같아요, 이 아이들. 그 아이들에 문제가 생기면 우리 아이들 어떻게 책임져 주실 거예요?** 세우고 나면 끝입니까, 건물 하나? 이런 의문들만 저는 자꾸 이렇게 질문만 드리는데 그거에 대한 답변을 제가 꼭 듣고 싶네요.[2]

물론 A4 용지 32페이지 분량의 속기록에서 세월호라는 단어는 위 인용된 문장에 딱 한 번 나올 뿐이다. 그럼에도 나는 저 문장을 보는 순간, 이것이 주민들의 반대 움직임의 기저에 흐르는 핵심적인 정서를 매우 상징적으로 보여 주고 있다고 확신하게 되었다.

2014년 세월호 참사 당시 선내 방송에서 아이들에게 전해진 거의 유일한 메시지가 "가만히 있으라"였다는 사실이 알려진 후 우리 사회는 엄청난 충격을 받았다. 그것은 위험에 대처하는 우리 사회의 공적 시스템의 신뢰성에 강한 의문을 던지게 만드는 것이었는데, 이는 많은 사람들에게 즉각적으로 "가만히 있지 않겠습니다"라는 말을 가슴속에 품게 만들었다. 그런데, "가만히 있지 않겠습니다"라는 반응은 크게 두 가지 방향의 사

---

2   대화를 그대로 기록한 것이기 때문에 비문처럼 보이는 문장이라도 따로 수정하지 않았다. 강조는 인용자.

회적 에토스를 형성케 했다. 이를 풀어 써 보면 다음과 같을 것
이다.

① 무책임하고 이윤만을 추구하는 사회 시스템의 명령에
따르기만 하고 저항하지 않으면 힘없는 다수에게 주어지
는 것은 공멸뿐이다. 이 시스템에 순응하지 말고 과감한
개혁에 나서야 한다. 이를 위해서는 세월호 참사에 대한
진상 규명이 우선이고, 이를 바탕으로 안전 공공성을 확보
하기 위한 제도를 마련해야 한다.

② 언제 닥쳐올지 모를 위험 상황에 가만히 있으면 생존할
수 없다. 생존을 원한다면 '가만히 있지' 말고 미리미리 위
험에 대비해야 한다. 그렇지 않으면 안전 불감증이 우리를
집어삼킬 것이다. 가능하면 위험 요소는 아무리 사소한 것
일지라도 사전에 제거해야 한다. 이런 일은 국가나 공적 시
스템이 대신해 주지 않는다. 오직 자기 자신만이 할 수 있
고, 해야만 한다.

①의 경우 세월호 참사로 위협받은 것이 공동체의 안전이
라고 보고, 이를 지키기 위해 공적 대응의 강화를 요구한다. 반
면 ②의 경우 시스템상의 책임을 묻는 것 자체를 차단하며 사

태에 따르는 짐을 온전히 개인이 짊어질 것을 요구한다. 두 가지 경우 모두 "가만히 있지 않겠습니다"라는 다짐으로부터 나왔지만, 전혀 다른 사회상을 추구한다. 세월호 참사 직후 약 한 달여간 벌어진 사회적 논쟁에서 ①과 ②는 격렬하게 충돌했다. 그러나 2014년 지방 선거에서 여당이 신승을 거둔 이후로는 급격하게 ②가 사회 전반을 압도해 버렸다. 세월호 참사는 매일같이 일어나는 우발적인 교통사고와 같은 수준으로 의미가 격하되었고, 책임 논쟁도 청해진해운, 언딘, 해경, 청와대, 해수부 등을 오가다가 결국 온전히 피해자 개인의 몫으로 '평등하게' 분배되었다. 온 나라를 분주하게 만들었던 온갖 '안전 대책'이라는 것들 또한 다르지 않았다. 국회에서는 참사 직후 야당 의원들이 주최한 '수영 교육 활성화를 위한 토론회'가 열렸고, 각급 학교에서도 안전 교과가 신설되고 각종 안전 매뉴얼 등이 쏟아졌다. 나아가서는 수학여행 또는 현장 학습 등이 전면 취소되거나 대폭 축소되었다. 그런데 이런 조치들은 안전에 대한 책임을 전적으로 사유화하는 방식이거나 아예 처음부터 누군가가 책임져야 할 일 자체를 만들지 않으려는 노력이었다. 이것이 낳은 학교의 풍경을 김환희는 다음과 같이 설명한다.

예를 들자면, 학교에서 안전사고의 사후 처리 과정에서 가장 중요한 것이 책임 소재를 가리는 것이다. 관리자들은 이런 일을 위해 자기 자리가 있는 것이라 말하면서도, 정작 사건이 터지면 뒤로 빠지기 일쑤다. 따라서 교사들은 아무리 교육적으로 의미가 있어도, 조금이라도 위험해 보이는 활동들은 쉽게 포기하게 된다. 학생들은 항상 담임이 관찰 가능한 곳에서, 관리 가능한 형태로 운집하고 통제되어야 한다. 그것이 안전이란 문제가 학교에서 다뤄지는 방식이다. 그리고 세월호 이후 이러한 경향성이 되레 강화되고 있다. 교육을 위한 안전(교육)이 아니라, 안전을 위해 도리어 교육 활동을 포기하는 전도적 양상 말이다.[3]

그런데 만약, 이렇게 노력했는데도 불구하고 예기치 못한 사고가 발생한다면 어떻게 해야 하는가? 이런 상황에서 공적인 시스템, 그러니까 학교나 경찰, 국가가 알아서 움직여 줄 것이라고 믿고 '가만히 있는' 것은 가장 최악의 수를 두는 것이다. 위험에 대한 책임이 사유화된 시대에 피해 당사자는 모든 일에 민감하게 반응하고 사건의 해결책도 직접 찾아 나서야 한다. 이런 세태의 변화를 일찌감치 예견한 것은 다름 아닌 우리가 '막장 드라마'라 부르는 것들이다. 이제는 막장 드라마의 전설이 되어

---

3   김환희, 〈세월호 이후의 교육, '가만히 있으라' 외치는 자 누구인가?〉, 《오늘의 교육》, 25호, 2015년 3·4월, 50쪽.

버린 SBS 〈아내의 유혹〉(2009)을 보면, 말도 안 되는 범죄들이 숱하게 벌어지는데도 경찰은 존재감이 없다. 특히 신애리(김서형 분)가 만취한 민소희(장서희 분)를 한강변에 냅다 버리고 온 사실을 민소희의 가족들이 알게 되었을 때, 경찰이 한 일이라고는 고작 민소희가 한강변에서 머리를 크게 다친 채로 발견됐다는 사실을 알린 것뿐이었다. 그리고 이 사건의 범인을 잡기 위해 뛰어다닌 것도 경찰이 아니다. 가족들이 직접 한다. 어떠한 매개물도 없이 사건의 해결을 당사자가 온전히 감당해야 하기 때문에 이들의 감정 상태는 매우 원초적이고 히스테릭하다.

학교와 경찰, 국가를 더 이상 신뢰할 수 없게 된 상황에서 개인의 안전을 지키기 위한 자구책들은 그것이 아무리 과도한 것이라 할지라도 자기 자신에게는 아무 문제 없는 것으로 받아들여진다. 학교의 상황과 관련해 몇 가지 예를 들면 이렇다.

△학부모가 급우들로부터 따돌림을 당하고 선생님에게 구박받는 자녀를 보호하기 위해 아이가 등교할 때 주머니에 녹음기를 넣어 교육청 민원의 근거로 사용한다(이는 필자가 한 교육운동단체 활동가로부터 직접 들은 이야기다). △현장 학습에서 천식이 있는 아이가 꽃가루 알레르기로 기침을 하다 잠시 숨이 멈춰 주변의 선생님들이 응급조치를 해서 응급실로 보냈는데 학부모는 되레 "응급조치를 시행할 때 환자의 사전 동의를 받아야 하는 원칙을 지키지 않았고, 전문가가 아닌 사람(교사)이

응급조치를 취함으로써 더 위험한 상황에 처할 수 있었다"며 문제를 삼고 결국 학교로부터 100여만 원의 합의금을 받아 낸다.[4]

군이 세월호 참사가 아니더라도, 우리 사회의 많은 사람들은 이미 숱한 사건·사고를 통해 권위 있는 책임자들이 어떤 식으로 책임을 회피하며 이를 개인에게 전가했는지를 몸으로 체험해 왔다. 다소 비약적으로 묘사하자면, 우리 사회의 사람들은 가족 또는 개인 단위로만 묶인 채 맨몸으로 부유물 하나 붙잡고 바다 위에 떠 있는 처지이다. 위험은 우리의 살갗에 직접 맞닿아 있다. 때문에 사람들이 극도로 예민해지고, 작은 위험 신호에도 과도한 반응을 보이는 것은 어쩌면 현대 사회의 보편적이면서도 독특한 생존 방식이라고 할 수 있을 것이다. 커리어월드 설치를 반대하는 제기동 주민들의 행동 역시 이렇게 이해할 수 있지 않을까? 지적 능력이 다소 떨어지고 때로는 과잉 행동을 보이는 발달장애인 수십 명이 주거지 인근 학교에 오게 된다는 것을 그들은 분명한 '위험 신호'로 받아들였다. 교육청에서는 주민들이 우려하는 안전 문제를 예방하기 위한 각종 조치를 취한다고 했으나 그 말만 믿고 있는 것은 바보 같은 짓이다. 교

---

4   김환희, 앞의 글, 50쪽.

육청은 언제 또 말을 바꿀지 알 수 없다. 가만히 있으면 우리만 당한다. 세월호 참사가 알려 주는 교훈이 바로 그것이다. 위험한 발달장애인이 우리 동네에 들어오기 전에 사전 차단해야 한다. 그것이 나와 우리 가족을 지키는 길이다……. 주민들이 갖고 있는 논리 구조는 이런 것이 아닐까?

위험한 발달장애인이라는 '공포에 대한 공포'

그러나 세월호 참사가 남긴 후과는 커리어월드 사태에는 일반적이지만 매우 간접적인 영향만을 끼쳤을 뿐이다. 위험 책임의 사유화라는 현실이 곧장 '발달장애인=위험한 존재'라는 등식을 성립시키는 것은 아니기 때문이다. 물론 '발달장애인=위험한 존재'라는 편견이 그리 새로운 것은 아니다. 그럼에도 우리는 제기동 주민들의 발언 속에서 이런 인식을 강화해 준 최근의 사례를 발견할 수 있다. 바로 부산의 한 복지관에서 벌어졌던 '상윤이 사건'이 그것이다.

'상윤이 사건'은 2014년 12월 부산의 한 복지관에서 발달장애인 이모 군(19세)이 3층 복도에서 만난 2세 아기 '상윤이'를 옥외 비상계단 난간으로 데려가 바닥에 떨어뜨려 사망케 한 사건을 말한다. 당시 상윤이는 급히 응급실로 옮겨졌지만 심한 뇌출혈로 인해 사건 발생 5시간 만에 숨을 거두고 말았다. 사건 발생 후 상윤이의 어머니가 명확한 책임 규명과 처벌을 요구하는 글을 블로그에 올렸고, 이것이 SNS를 타고 퍼지면서 뜨거운 논란이 되었다. 이 사건은 분명 이 군의 과잉 행동으로 인해 상윤이가 사망에 이른 것이지만, 법적인 책임을 누가 질 것인지는 명확하지 않았다. 직접적 원인 제공자는 이 군이지만 법적으로 '의사 결정 능력이 없는 심신 상실 상태'로 규정되는 그에게 책임을 물을 수 없고, 이 군과 동행한 활동 보조인이 사건 당시 자리를 비운 게 문제라고는 하나 그것만으로는 사망의 직접적 책임이라고 볼 수 없었다. 복지관의 안전 관리 미비가 문제로 거론되기도 했으나, 이 또한 사망과 관련해 책임 소재를 묻기에는 애매한 지점이다. 결국 올해 5월 재판에서 이 군에게 무죄가 선고되었다. 이 군의 부모가 피해자 부모에게 수차례 찾아가 사과를 했다고는 하나, 별다른 법적 책임을 지는 주체는 없었다.

사실 이 사건은 발달장애인의 의사 능력 존재 여부를 판단해야만 하는, 장애인 관련 사건 중에서도 매우 다루기 힘든 경우에 속한다. 물론 그 사실이 피해자 부모가 겪어야 하는 억울함을 정당화해 줄 수는 없지만, 언론이 이 문제를 다룰 때는 매우 신중했어야만 했다. 그러나 대다수의 언론은 이 군의 무죄 판결 이후 짐짓 피해자 편에 서는 태도를 취하면서 이 군을 악마화하기 바빴다. 인터넷 뉴스에는 '발달장애 살인 면허', '살인죄 없는 살인 사건'과 같은 규정들이 쏟아졌고, 한 언론에서는

"현재 우리나라의 발달장애인 수는 약 19만 명 가까이로 추산되며 해마다 7,000~8,000명씩 급속도로 늘고 있는 상황"이라면서 "대책 마련이 시급한 실정"이라고 전했다.[5] 이 사건 하나만으로 발달장애인 인구 집단 전체가 예비 살인 범죄자로 낙인찍힌 것이다.

많은 언론에서 만들어 낸 상윤이 사건에 대한 이런 규정은 제기동 주민들의 인식에도 그대로 투영된 듯했다. 주민들은 "발달장애인이 사람을 죽여도 무죄를 받는데, 우리 중학생 아이들과 100m도 안 되는 거리에서 같이 학교를 다니게 하는 것은 말도 안 된다", "왜 우리 아이가 살인자랑 한 공간에 있어야 하냐"라는 주장을 폈다. 발달장애인이 범죄 사건에서 가해자가 되는 경우보다 피해자가 되는 경우가 더 많다거나, 비장애인의 범죄율과 비교할 때 발달장애인의 범죄율이 더 낮다, 특수학교 주변은 경찰이 방범을 더 많이 돌아서 범죄율이 오히려 더 낮다는 등 논리적인 반박은 전혀 먹혀들지 않았다.

물론 상윤이 사건이 주민들의 반대 정서 형성에 절대적인 영향을 끼쳤다고 보기는 어렵다. 이미 주민들은 각자 나름의 방식으로 발달장애인에 대한 이미지를 갖고 있기 때문이다. 제기

---

5   "발달장애는 살인 면허? 2살 아기 살해한 발달장애아 무죄 논란", 〈헤럴드경제〉 2015년 5월 19일.

동에서 59년을 살았다고 밝힌 한 주민은 "내 조카도 발달장애 우라서 (이번 사태를) 유심히 보고 있다"며 "남녀공학인데 그들과 혼합되어서 다녔을 때 일어날 수 있는 일을 누가 책임지느냐. 자기 욕구를 억제하지 못하거나, 아이들보다 체격이 월등하니 아이들이 놀리면 욱하고 들이받을 수도 있고. 그런 사고 상상할 수 있지 않느냐"라고 말했다.[6]

오늘날 어린 학생들을 둘러싼 환경은 온갖 위험과 불안 요소로 가득 차 있다. 각종 안전사고는 물론이고 학교폭력, 왕따, 성폭행 등 미디어를 통해 들려오는 온갖 뉴스들이 학부모들을 불안케 한다. 그러나 이런 사건들은 실제 그 일이 벌어지기 전에는 구체적인 행동으로 예방하기 쉽지 않다. 학교폭력이나 왕따 같은 문제는 또래 집단의 관계 맺기 과정에서 벌어지는 것이기에 외부에서 개입하기 쉽지 않고, 성폭행의 경우 지금까지 나온 대책이라고는 여학생이 처신을 잘해야 한다는 식의 이야기뿐이어서 사실상 무용하다. 결국 개인적으로 조심하는 것 외에는 딱히 할 수 있는 일이 없다. 그러나 발달장애인이라는 위험한 이미지로 각인된 이들이 수십 명이나 외부에서 들어오는 사태는 너무나 눈에 선명해서 즉각적인 반응을 불러일으

---

6   "여전히 '갈등 속' 커리어월드 사태, 공사 또다시 연기", 〈비마이너〉, 2015년 11월 12일.

킨다. 게다가 이들은 기존 중학교 내 학생들과는 매우 이질적으로 보이는 집단이다. 이제 특정한 연령대로 동질성을 유지한 집단의 '평화'를 깨뜨리는 이질적 존재들의 '침입'을 막는 것이 자녀들을 지키기 위한 최우선 과제로 부각된다. 이 때문에 주민들의 논리는 "중학교는 중학생만을 위한 곳이어야 한다", "중학생 400명에 연간 2,700명의 외부인이 웬 말이냐", "우리 아이들에게 일방적으로 강요하는 배려는 폭력이다"는 주장으로 나아가게 된다.

그렇기 때문에, 제기동 주민들의 공포는 어쩌면 지그문트 바우만이 말하는 '공포에 대한 공포'에 해당할지도 모르겠다. 바우만이 말하는 근대인들, 그리고 특히 안전 책임이 사유화된 시대를 살고 있는 현대 한국인들은 "다른 대부분 사회의 사람들보다도 위협과 불안, 무서움을 더 많이 느끼고, 더 극심한 공포에 시달리며, 보안 및 안전과 관련된 모든 일에 더 많은 열정을 쏟아붓는 사람들"[7]이다. 그러나 안전에 공을 들이면 들일수록 불안은 오히려 증폭된다. 바우만이 누군가의 말을 인용해 이야기한 것처럼 "공포를 야기하는 새로운 괴물은 존재하지 않는다. 공포라는 독이 퍼지고 있을 뿐이다. (……) 규제 철폐 현

---

7   지그문트 바우만, 한상석 옮김, 《모두스 비벤디 - 유동하는 세계의 지옥과 유토피아》, 후마니타스, 2010, 93쪽.

상이 깊이 뿌리 내리고 시민사회를 보호해 주던 요새들이 무너져 가면서 날마다 인간 존재 속으로 공포가 스며들고 있다."[8] 이 때문에 상윤이 사건과 같은 다소 예외적인 사건만으로도 주민들은 극도의 불안을 투사할 수 있었던 것이 아닐까. 또한 같은 이유로 악마화된 발달장애인의 형상은 그들의 공포가 만들어 낸 허수아비가 아닐까. 현대인들이 느끼는 삶의 불안은 근본적으로는 걷잡을 수 없을 정도로 빠르게 흘러가는 자본주의적 속도전의 삶의 패턴이 야기한 것일 테다. 그러나 그것은 직접 대면해 싸우기에는 너무나 광범위하고 또 그것의 정확한 위치도 알 수 없다. 반면, 바우만이 '불운하고 무기력한 난민'에 대해 그렇게 말했듯이, 발달장애인 역시 "눈에 분명하게 보이고 제자리에 있으므로 넘쳐 나는 분노를 쏟아부을 수 있는 손쉬운 표적이다. 비록 그런 분노의 원인인 공포와 고통과는 아무런 관계가 없어도 말이다."[9]

이렇게 외부의 이질적이고 낯선 타자의 진입을 거부하는 '이질공포증mixophobia'은 우리 사회의 모습을 곧장 '빗장 건 사회gated society'로 변형시킨다. 이 사회는 외부를 차단함과 동시에 내부에 들어와 있는 구성원들을 균질화된 동질성의 틀에 맞추려

---

8   지그문트 바우만, 앞의 책, 32쪽
9   지그문트 바우만, 앞의 책, 81~82쪽

한다. 때문에 이 사회는 그 나름의 고유한 '교육적 효과'를 낳기도 한다. 엄기호의 표현에 따르자면 그것은 "타자와의 만남이 사라지고 개별화·동질화된 세계에서 인간의 경험은 축소되고 국지화"되며, 또한 "경험은 낯선 것과는 단절된 채 비슷한 것, 동질적인 것 안에서만 무한 반복"[10]되는 것이다. 동질성 안으로만 숨고자 하는 교육 체제에서는 눈에 보이는 장애인은 말할 것도 없고, 조금 유별난 상처를 가진 아이조차 공존할 수 없게 된다. 공동체 안에서 상처를 서로 보듬어 가며 함께 성장해 나가는 교육적 과정은 거세된 채, 학교는 오로지 "우리는 네 상처에 관심이 없다, 가해자가 설치는 꼴이든, 피해자가 비척대는 꼴이든 보고 싶지 않으니, 다른 데로 잠시 꺼져 달라"라고 말하고 있다. 그런 귀찮은 일은 파출소나 병원, 특수학교에 맡기거나, 그도 아니면 전학이나 퇴학으로 처리해 버리면 그만인 것이다.[11]

그렇다면, 이렇게 내부를 동질화하고 나면 이 '빗장 건 사회'는 비로소 안전해지는가? 그러기는커녕, 오히려 무한히 반복되는 동질화의 압박 속에 얽매이고 만다. 나아가 더 이상 외면

---

10   엄기호, 《단속사회》, 창비, 2014, 61쪽.
11   이계삼, 〈학교폭력의 인식론적 회로를 더듬다〉,
     《그리고 학교는 무사했다 - 학교폭력에 대해 말하지 않은 것들》, 교육공동체 벗,
     2013.

적으로는 동질화시킬 수 없을 정도로 동질화된 순간에 불안과 폭력은 정점을 찍을 것이다. 우리 사회에서 가장 동질화의 정도가 높은 대표적인 주거 공간인 아파트를 보라. 아파트는 어딜 가나 비슷한 사람들끼리 모여 사는, 비슷한 주거 공간이지만 그곳에선 연일 층간 소음, 주차 문제 등으로 갈등을 빚는다. 사소한 갈등이 때로는 이웃 살인이라는 끔찍한 결말로 치닫기도 한다. 이웃 살인을 하는 이들은 나와 유사하거나 동일한 평범성의 담지자들이기 때문에 그들을 구별해 내는 것은 사실상 불가능하다. 이런 이웃 살인과 같은 폭력을 방지하기 위해 '치안'의 이름으로 CCTV를 곳곳에 설치하기도 하지만, 이 또한 악순환을 한 번 더 반복하는 것에 불과하다.[12] 어쩌면 제기동 주민들의 몸부림 또한 이 동질화의 악순환 속에 스스로를 가두는 행위는 아닐까?

'말하는 입'을 빼앗긴 타자, 작아지는 '민주주의'

이처럼 타자의 진입을 원천 봉쇄하는 태도는 타자로부터 '말하는 입'을 박탈하는 데까지 나아갔다. 이를 상징적으로 보여 주

---

12   장훈교, 〈속도전과 이웃 살인 - 관계의 평화라는 급진적 필요와 급진 민주주의〉, 제6회 맑스코뮤날레 발표문, 급진민주주의연구조합 데모스, 2013.

는 장면이 두 차례 나타난다. 하나는 10월 6일에 열린 주민 간담회 자리에서였다. 이날 속기록을 보면, 반대 주민들이 발달장애인을 예비 범죄자로 취급하는 듯한 발언을 계속하자 한 장애인 부모가 서러워하며 눈물을 흘린다. 그러자 이를 본 반대 측 주민 한 명이 "눈물이 나면 나가서 우세요"라고 쏘아붙인다. 또 다른 장면은 11월 2일 성일중학교 강당에서 열린 6차 주민 설명회 자리에서 나왔다. 주민 설명회는 시작되자마자 반대 측 주민들의 격렬한 시위 구호에 묻혀 버렸고, 이 때문에 30여 분 만에 종료되었다. 이때 센터 설립에 동의해 줄 것을 눈물로 호소하던 장애인 부모 한 명이 실신해 구급차에 실려 갔으나, 주민들은 이를 무시하고 교문 밖으로 나가 대규모 피켓 시위를 벌였다.

주민들은 교육청의 일방적인 행정 집행에 반대한다며 일견 민주적인 주민 의사 수렴을 요구하는 듯 행동했지만, 민주주의의 중요한 가치의 한 축을 이루는 토론과 소통, 합의는 스스로 원천 봉쇄했다. 교육청은 여러 차례 주민 설명회와 간담회를 진행하고 주민들의 불안을 불식시키기 위한 대책을 제시했지만, 매번 돌아오는 것은 고성과 비난, 집단 피켓 시위였다. 이는 "사탕발림이다", "나중에 또 뒤집힐지 어떻게 아느냐"는 등의 발언을 통해 알 수 있듯, 공무원에 대한 뿌리 깊은 불신에서 비롯된 행위였다. 하지만 그렇다 해도 지나치게 감정적이고 과도했다. 반대 측의 이야기를 듣고 논리적으로 반박하고 이성적으로 토론해 합의점을 찾아 나가는 과정은 찾아 볼 수 없었다. 보기에 따라서는 이것이 민주주의의 또 다른 가치 축을 이루는 '직접행동'처럼 보일 수도 있지만, 이는 사회의 변화를 추동하기 위한 연대적 힘이 아니라 변화를 차단하기 위한 고립적 힘이라는 측면에서 직접행동이라 부르는 것은 무리다. 이런 행동을 통해 주민들은 대화와 소통에 있어 필수적인 상대방의 자리를 처음부터 없애 버렸다.

이는 역으로 주민들 자신의 발화 행위도 (공적인) '말하기'가 아니라 (사적인) '소리 내기'로 만들어 버렸다. 공적인 말하기란 "동등하고 다원적인 동료 시민들 대다수 앞에 자신의 모습을 드러냄으로써 그들의 눈과 귀에 노출될 것을 전제로 하여, 혹은 그러한 가능성을 감수하면서도 말하고 행위하는 능력이다". 즉 공적인 말하기는 나 아닌 타자의 다름을 인정하고 그 다름을 소통하는 행위인 것이다. 그러나 신자유주의적 문화 변동을 겪고 있는 현대 사회는 "인간의 정치적 실존의 다원적 조건을 오직 사유화된 표상과 행동 양식에 따라서 판단하고 활동하는 일로 지속적으로 환원시켰다."[13] 홍철기는 아렌트의 말을 빌려 이것이 20세기에 가장 효율적으로 공적 능력을 제거한

---

13   홍철기, 〈세월호 참사로부터 무엇을 보고 들을 것인가?〉, 《눈먼 자들의 국가》, 문학동네, 2014, 209쪽.

'전체주의' 체제가 21세기에 재현된 것이라는 점을 강조한다. 이런 지적들은 제기동 시위 현장에도 그대로 적용된다. 그곳에서는 말하는 입을 빼앗긴 장애인(부모)이나, 말을 들어 줄 상대방을 잃어버린 주민들 모두 공적 주체로서의 자격을 상실하고 만 것이다.

어떤 면에선 민주주의란 "내가 속한 단위가 공론을 통해 문제를 제기하고 해결하는 공론의 장이 되기를 바라며 둥글게 앉는 것"[14]에 다름 아니다. 그러나 제기동에서는 끊임없이 '둥글게 앉을 자격을 갖추지 못한 자'를 배제하면서, 이 폐쇄적인 원 안에 들어온 사람만의 게토화된 민주주의가 작동되었으며, 원 바깥의 사람들의 목소리를 소음으로 처리했다. 그래서 이 공간에서는 대화하고 토론하여 합의에 이르는 공론의 장치가 작동하지 않고, 규탄·비난·봉쇄 등 언어적, 비언어적 강제력 행사만 남아 버렸다.

타자의 바다 한가운데서

나는 앞에서 제기동 주민들에게서 나타난 일련의 현상을 공포

---

14   엄기호, 앞의 책, 45쪽.

에 대한 공포, 이질 공포증을 재생산하는 '빗장 건 사회'라는 모델의 출현 속에서 등장한 하나의 증상으로 분석했다. 물론 이들이 장애인에 대한 오해와 편견, 장애차별주의[disablism]적 시각을 갖고 있기 때문이라고 볼 수도 있다. 그러나 제기동 주민들에 대한 이러한 규정은 틀린 것은 아니지만 그렇다고 적절한 것도 아니다. 왜냐하면 그들이 어떤 이유로 편견과 장애차별주의를 갖게 되었는지를 따져 묻고, 그들 스스로를 가둔 차별적 인식에서 빠져나올 출구를 찾는 데 어떤 해답도 줄 수 없기 때문이다. 이런 규정하에서의 해법은 오로지 교육과 계몽뿐이며, 그 결과는 기대와는 달리 반감과 냉소로 돌아올 것이다.

물론 이 글에서 제시한 분석 또한 한계가 분명하다. 주민들의 분노가 큰 탓에 〈비마이너〉처럼 장애인의 입장을 우선시하는 것으로 '낙인찍힌' 언론이 주민들에게 밀착된 인터뷰를 하기는 쉽지 않았다. 또한 제기동이라는 지역의 특수성을 구체적으로 분석하지도 못했다. 이 때문에 직접 시위에 나선 주민들이 마이크를 붙잡고 하는 이야기와 교육청과의 간담회 속기록 등에만 의존해 나름의 의미를 분석해 나갈 수밖에 없었다.

그럼에도 이 글에서는 잠정적이나마 '세월호'라는 키워드로부터 시작하여, 안전 책임이 사유화되어 가는 시대에 '공포에 대한 공포'를 느끼는 지역 주민들이 '발달장애인'이라는 '불안을 유발하는' 타자를 배제하는 현상으로 이번 사태를 분석했다. 이렇게 볼 때, 장애차별주의는 이런 현상의 결과로서 표면화된 것에 불과하며, 장애차별주의와 맞서기 위해서는 더 넓은 시야 속에서 안전 책임의 개인 전가 및 사유화에 맞서 '안전한 삶'에 대한 다른 사회적 토대를 만들어 가려는 노력이 필요할 것이다.

그러나 지금 제기동에서는 이 '안전한 삶'에 대한 다른 사회적 토대를 만들어 줄 상상력이 학교 현장에서부터 공격받고 있다. 마치 그것이 교육의 본령이라도 되는 양 "중학교는 중학생만을 위한 곳"이라는 구호를 앞세워, 타자에 대한 배제를 일상화시키고 있다. 하지만 이는 나와 다른 타자와의 '만남'을 통해 상호성을 습득해 가며 지금까지와는 '또 다른 나'로 성장해 간다는 교육의 가장 기본적인 가치로부터 멀어지는 것이다. 그 다른 타자가 꼭 장애인이 아니더라도 학교라는 공간에서 학생들이 만나는 존재들은 모두가 나와는 어느 정도 다를 수밖에 없는 '타자'들이다. 즉, 타자와의 만남이 없는 학교란 불가능하다. 그런 학교를 상상하는 것은 "마치 아이들이 완벽하게 안전한 상태로 수영을 배울 수 있게 보호하려고 풀장의 물 자체를 아예 빼 버리는 것처럼 어리석은 일이다."[15] 때로는 불안하고 아슬아슬하지만, 타자의 바다 한가운데에서 기꺼이 헤엄쳐 나

---

15   지그문트 바우만, 조은평·강지은 옮김, 《고독을 잃어버린 시간》, 동녘, 2012, 342쪽.

갈 용기를 갖춘 새로운 주체의 출현을 위한 교육과 지역 사회 민주주의의 재편이 필요하다.

《오늘의 교육》30호

하금철
hkcsp@hanmail.net

이 사회가 쓸모없다고 여겨 내다버린 사람들의 이야기를 쫓아다니는 '이야기의 넝마주이'를 꿈꾸는 사람. 장애인야학 교사, 〈비마이너〉 기자를 거쳐, 현재 한국학중앙연구원 박사과정에 재학 중이다. 함께 지은 책으로는 《아무도 내게 꿈을 묻지 않았다》가 있다.

세월호 참사와 회복적 정의

—

김훈태

이것이 나라인가?

세상에 어둠이 가득하다. 사람들의 마음에도 빛이 사그라졌다. 어쩌면 빛은 예전에 꺼져 버렸고, 우리는 빛이 꺼졌는지도 모른 채 살아왔는지 모른다. 그 어디에서도 희망을, 신선한 기운을 찾기가 어렵다. 사회 구석구석에 만연했던 패배주의, 그리고 비루한 이기주의가 한곳에 모여 폭발해 버리고 말았다. 다들 말한다. "이것이 나라인가?" 그렇다. 이것이 우리가 만든 나라이고, 우리의 얼굴이다.

2014년 4월 16일 아침, 진도 앞바다에서 배가 침몰했다. 300여 명의 사람이 선실에 갇혔으나 단 한 명도 구조되지 못했다. 선장과 선원들은 승객들을 선실에 그대로 머물게 한 뒤 달아났다. 정부는 우왕좌왕하는 와중에도 책임을 떠넘기기 바빴

다. 구조를 담당해야 할 해경은 귀중한 시간만 낭비하다가 예산
을 핑계로 손을 놓았다. 구조는 운수 회사가 계약한 민간 업체
가 맡았으나 이들은 인양 전문 업체였고, 자발적으로 찾아온 잠
수사들을 접근하지 못하게 막았다. 일부 언론은 정부가 발표하
는 허위 사실을 대서특필하고, 패륜적인 선정 보도를 일삼았다.

그리고, 시간이 흘렀다. 애타는 시간 동안 의미 있는 구조
작업은 없었다. 온 국민이 실시간으로 그것을 보았다. 파도에 휩
쓸려 가는 아이를 바라보며 발을 동동거리는 심정으로. 정부는
철저히 무능했고 무책임했으며 무자비했다. 최고 권력자는 제
대로 된 사과를 하지 않았다. 오히려 실무 담당자들을 꾸짖었
다. 승객들을 두고 먼저 탈출한 선장처럼, 책임 있는 태도를 보
이지 않았다. 구조 작업은 난항을 거듭했고, 해군과 자원봉사
자들은 작업에서 제외됐다. 여기에 돈의 문제가 끼어들었다. 정
부 기관과 관련 기업의 부패한 유착 관계가 드러났다. 무력감,
비통함, 미안함, 그리고 분노와 증오가 사람들의 마음에 깊은
생채기로 남았다.

침몰한 세월호는 규제 완화 덕분에 들어올 수 있었다. 선
령 제한을 30년으로 개정한 뒤, 설계 수명 20년인 배를 들여와
안전장치마저 제거하고 증축 공사를 했다. 정부가 '암덩이' 같
은 규제를 완화하려는 이유는 단 하나, 기업에 더 큰 이득을 안
겨 주기 위해서이다. "기업하기 좋은 나라"를 만들고자 하는 정

부의 노력은 규제의 목적 자체를 부정한다. 사람의 안전은 관심 밖인 것이다. 적정량을 초과하는 화물과 승객을 실은 배는 안전 점검을 제대로 받은 적이 없고, 대피 훈련을 해 본 적도 없다. 배를 운항하는 선원들의 대다수가 비정규직 노동자이다. 비용 절감을 위한 기업의 노력 탓이다. 그렇게 해서 아낀 돈은 정치권에 로비와 접대를 위해 쓰인다. 더 많은 돈을 벌기 위해. 모두가 그렇게 한다.

인간 없는 사회

망연자실 손을 놓고 있을 수 없다. 체념하거나 비관적으로 절망하고 있기도 어렵다. 세월호 참사의 피해자는 직접적으로는 300여 명의 희생자와 그 가족들이지만 간접적으로는 참사를 지켜본 전 국민이라고 할 수 있다. 국민 모두가 큰 충격과 비통함에 빠져 있다. 사고의 발생과 수습 과정 모두 납득하기 어려운 지점이 많다. 왜 배가 가라앉는데도 조처를 취하지 않았는지, 왜 구조 작업을 제대로 하지 않아 사람들을 죽게 했는지 납득이 되지 않는다. 이것은 차라리 살인이 아닌가? 철저한 수사를 통해 잘못을 저지른 이들이 합당한 책임을 지는 것과 동시에 우리 사회가 회복해야 할 것이 무엇인지 살펴봐야 한다. 이러한 일이 반복되지 않기 위해서는 책임자 처벌로 끝내서는 안 된다. 회복해야 할 사회의 모습을 단단히 짚어 봐야 한다.

우리는 보통 인간을 중심에 두고 사고를 한다. 어떤 이유에서든지 배가 가라앉았고, 그 안에 사람들이 갇혀 있다면 누구든 어떤 비용을 치르고서라도 당연히 사람부터 구해야 한다고 생각할 것이다. 유가족은 물론이고 지켜보는 국민 모두 그렇게 생각했다. 가슴을 치며 통곡하고 간절히 기도했다. 제발 살아 돌아오길 바랐다. 그러나 '그들'은 달랐다. 철저히 이윤 중심으로 사고했다. 운수 회사와 선장은 과실이 드러날까 봐 퇴선 명령을 내리지 않았을 것이라고 한다. 세월호는 100억 원이 넘는 선체 보험을 든 상태였다. 또한 구난 업체는 구조를 서두르지 않았다. 그렇게 하지 않는 편이 더 이윤이 남기 때문이라고 한다. 천안함 사건 때도 구조 계약을 맺었던 이 업체는 당시에도 전혀 성과를 내지 않은 채 시간만 끌다가 계약 금액을 받아 갔다. 세월호 참사에서도 구조 장비가 제대로 갖춰지지 않았음에도 다른 단체의 구조를 막아선 것은 구조 관련 비용을 독점하기 위해서라는 게 의혹의 초점이다. 사고가 난 선박을 구조하는 것이 주 임무인 해경은 구조 작업의 책임을 운수 회사에 떠넘겼고, 자기들과 유착 관계에 있는 그 특정 구난 업체와 계약하도록 종용했다. 그리고 뒤를 봐주는 행태를 보였다.

생각해 보면 우리 사회에서 기업들은 철저히 이윤 중심으로 돌아갔다. 반도체 회사의 직원들이 독극물에 노출돼 백혈병에 걸려 죽어 가도 회사는 산재 신청을 받아들이지 않았다. 비용 절감을 위해 하청에 하청을 주고, 비정규직 노동자가 업무 시간에 사망을 해도 안전 대책을 세우지 않는다. '노동 시장 유연화'라는 명목으로 대량 해고를 자행하고, 파업을 벌이면 모조리 불법으로 간주하여 수십억 원대의 손해 배상을 청구한다. 여기에는 국가의 방조와 협력이 빠지지 않는데, 공권력이 사용자의 편임을 매번 확인하게 된다. 자본주의 사회에서 기업의 원초적인 목적이 이윤 추구라는 것을 부정할 수는 없다. 그러나 기업들이 맹목적인 이윤 추구에 빠져 인간의 얼굴을 잃어버린다면 사회는 존속할 수 없다. 붕괴된 사회에서 자본만이 살아남을 수는 없는 노릇이다.

우리는 현재 인간을 잃어버린 사회 속에 살고 있다. 기계적인 시스템은 탐욕으로 물들었고, 기본적인 신뢰 관계가 붕괴했으며, 서로가 서로를 잡아먹는 혼란 상태에 이르렀다. 정의가 땅에 떨어지고 짓밟혀 흔적조차 찾기 힘든 상황이다. 거기에 돈의 문제가 깊이 개입되어 있다. 인간보다 돈이 더 가치 있는 가치 전도의 세상이 되었다. 그럼에도, 아니 그렇기 때문에 더욱 정의는 회복되어야 한다. 이렇게 희망 없는 사회가 지속된다면 새로운 전체주의가 발흥하게 될지도 모른다. 이미 파시즘의 경고 신호가 곳곳에서 울리고 있다. 어떻게든 대안을 찾아야 한다. 인간의 얼굴을 되찾아야 한다. 기성세대가 더 이상 죄를 짓지 않기 위해서는 정의를 바로잡아야만 한다. 서구에서 회복적 정의 운동이 활발하게 벌어지고 있는 것은 이러한 절박한 시대 상황과 맞닿아 있다.[1]

인간다움의 회복

회복적 정의의 시선으로 우리의 현실을 돌아볼 때, 회복해야 할 첫 번째 정의는 인간다움이다. "인간이 인간을 잃어버렸다." 루돌프 슈타이너가 1922년 독일 슈투트가르트에서 청년들을 대상으로 한 연속 강연에서 힘주어 한 말이다. 슈타이너는 사람들이 공동체적인 것을 더 이상 느낄 수 없기 때문에 공동체적인 것을 달라고 아우성을 칠 수밖에 없다고 말한다. 우리는 서로를 이해하지 못하고 스쳐 지나갈 뿐이며 사람들 모두 자신에게만 관심이 있다는 것이다. 100년이 지난 한국에서 우리는 더 끔찍한 인간 소외의 현실을 마주한다.

---

1   회복적 정의는 가해자로 하여금 자기 행동이 끼친 영향에 대해 성찰하고 그 결과에 대한 책임도 자발적으로 지도록 한다. 피해자의 회복을 위해 필요한 것을 함께 고민하고 최대한의 원상 복귀를 위해 정신적, 물질적, 관계적 행동을 이행하게 하는 것을 기초로 한다. 피해자는 자신에게 벌어진 일의 부당함을 인정받고, 자기 정체성을 회복해 가도록 충분한 도움을 받는다. 지역공동체는 사건의 당사자들이 자신들의 역할을 찾아갈 수 있도록 돕는다. 회복적 정의에서는 범죄나 잘못된 행동이 단지 빨리 없애야만 하는 부정적 사건이 아니라 올바른 접근 과정을 통해 당사자 개인과 주변에 긍정적이고 교육적인 결과를 도출할 수 있는 생산적인 기회로 변화할 수 있다고 본다.

인간이 사라진 세상은 황폐하고 차갑다. 우리는 신자유주의 시스템이라는 탐욕스러운 기계의 일부가 되어 버린 지 오래이며, 부품으로서의 자신을 내세우기 위해 자기 계발에 몰두한다. 부품이 되지 못할까 봐, 부품의 자격을 잃을까 봐 불안해하고 두려워하는 분위기가 사회에 만연하다. 많은 이가 이름 없이 죽어 갔고 죽음은 금세 잊혔으며 부품의 죽음은 세상 소식으로도 알려지지 않았다. 어쩌면 우리는 자기 계발이라는 구명조끼만을 겨우 입은 채 침몰하는 사회의 선실 바닥에 꼼짝 못 하고 누워 있는 것은 아닌지. "법을 지켜라, 가만히 기다려라" 반복되는 선내 방송에 따라 숨을 죽이고 있는 건 아닌지. 이 삭막한 세상에 우리는 과연 인간의 온기를 불어넣을 수 있을까? 어떤 노력이 세상을 다시금 살아 있게 만들 수 있을까?

사회적 치유를 위해서는 우선 인간을 찾아야 한다. 그리고 인간이 되어야 한다. 그래야 잘못된 시스템에 맞서 싸울 수 있고, 변화시켜 나갈 수 있다. 병든 시스템을 부수고 새롭게 할 수 있는 것은 오직 살아 있는 인간뿐이다. 슈타이너는 네 편의 신비극을 통해 "인간아, 너를 찾으라!"라는 메시지를 전했다. 인간을 찾는다는 것은 인간의 본성을 이해하고, 자기 자신이 누구인지 알아간다는 뜻이다. 신비극에서 등장인물들은 고대로부터 윤회를 거듭하며, 서로 간에 얽힌 인연을 통해 자신의 사명과 존재의 근원을 발견해 나간다. 인지학의 본질이 자기 인식의 길이라는 점을 슈타이너는 수차례 강조하였다. 우리의 삶 역시 일상적인 부조리와 참담한 재앙 속에서 인간의 본성을 회복하는 일에 그 목적이 있을 것이다. 그러나 우리 사회에서는 인간이란 무엇이고 인간으로서 어떻게 살아야 하는지에 대한 물음이 교육에서조차 사라지고 없다.

모든 것이 상품이 되어 버린 사회에서 우리가 기억해야 할 것은 인간에게 마음(영혼)이 있다는 사실이다. 그리고 인간에게는 인간의 마음이 있다. 인간이 인간다울 수 있는 건 짐승과는 다른 마음의 차원이 있기 때문이다. 이것이 인간다움이고, 흔히 말하는 인간성이다. 이러한 인간성에 대해 맹자는 다음과 같이 말한다. 인간은 그 본성이 선하고, 인간의 선함은 네 가지 형태를 가진다고. 고색창연한 이야기일 수 있지만, 인의예지에 관한 사단론, 즉 측은지심惻隱之心, 수오지심羞惡之心, 사양지심辭讓之心, 시비지심是非之心은 짐승과 다른 인간의 본성을 보여 준다. 점차 흐릿해져 가는 인간의 얼굴이다.

태양이 세상을 밝힌다면 인간 내면에서는 양심conscience이 빛을 발한다. 맹자는 인간이 본래 선하게 태어난다고 하였는데, 이는 인간의 본성을 양심에 두었기 때문이다. 인간은 누구나 양심을 가진 존재이다. 양심은 내면의 빛, 또는 내면의 소리로서 무엇이 선이고 무엇이 악인지를 알려 준다. 우리가 선을 향해 가는 과정에서 실패했을 때 스스로에 대해 부끄러움을 느끼게 해 주는 것이 바로 양심이다. 극단과 극단의 유혹에 빠질 때 의식혼이 그러하듯 양심은 정도의 길을 제시한다. 무릇 양심은 자기의 잘못을 부끄러워하고 악을 미워하는 마음이며(수오지심), 겸손하고 양보하는 마음이고(사양지심), 남의 불행을 가엾고 불쌍히 여기는 마음(측은지심)이다. 이를 바탕으로 우리는 무엇이 옳고 무엇이 그른지 알 수 있다(시비지심).

신뢰의 원

그러나 우리는 양심의 개념이 무엇이고 맹자의 사단론이 무엇인지를 지식으로만 배웠지, 삶으로 이끌어 내는 교육을 받아 본 적이 없다. 곰곰이 돌아보고 자기 삶의 한 부분으로 소화할 수 있는 시간조차 갖지 못했다. 지금의 아이들도 마찬가지이다. 너무나 바쁘다. 학교와 학원을 분주히 오가는 삶이 지금 아이들에게 주어진 일상의 전부에 가깝다. 심지어 유치원에서도 창의성을 키운다는 명목으로 몇 시간씩 강제로 수업을 하는 형편이다. 내면이 공허한 우리는 삶의 여백을 채우기 위한 강박에 시달려 왔다. 목적 없이 걷고 음악을 듣는 시간, 멍하게 앉아 풍경을 바라보는 시간, 가족과 함께 보내는 시간 들을 줄이고 아껴 자꾸만 무언가를 하려고 애썼다. 그러나 세월호 참사를 지켜본 많은 부모들이 자녀의 학원을 끊고 가족과 함께 보내는 시간을 늘리려 한다는 소식이 들렸다. 삶에서 무엇이 진정으로 소중하고 가치 있는지 돌아보게 된 것이다.

우리는 이제 분주한 움직임을 멈추고 둥그렇게 둘러앉아야 한다. 더는 자신을 감추거나 꾸밀 수도 없다. 시끄러운 마음을 내려놓고 진솔하게 속내를 나누는 자리가 필요하다. 둥그렇게 앉아 자신의 마음을 더듬으며 무엇이 두렵고 힘든지, 무엇을 바라는지 등에 대해 이야기 나누는 자리가 반드시 필요하다. 이야기가 아닌 침묵이어도 좋다. 아니, 오히려 내면의 소리에 귀를 기울이며 고요에 잠기는 시간이 더 필요할지도 모른다. 함께 모여 자신의 마음을 들여다보는 것만으로도 내면의 빛은 회복될 것이다. 이러한 모임을 통해 우리는 상처를 위로받을 수 있고 치유의 길에 들어설 수 있다. 그리고 회복된 이 힘을 통해 실질적인 사회 변화를 이끌어 낼 수 있을 것이다.

여기에는 특별한 지식이 필요한 것도 아니다. 서로를 '초대'하는 마음을 낼 수 있다면 그것으로 족하다. 초대는 거절할 수도 있는 성질의 것이다. 거절할 수 있는 자유가 주어진 초대는 기꺼이 맞아들이는 마음을 바탕으로 한다. 강요가 아닌 부탁이며, 요구가 아닌 초대이다. 모두가 평등하게 원으로 둘러앉은 이 모임을 회복적 정의 운동에서는 '신뢰 서클'이라고 부른다. 파커 파머는 신뢰 서클에서 행해지는 모든 실천이 자유롭고 열린 공간을 유지하는 동시에 내면의 일에 초점을 맞추어야 한다고 말한다. 여기에는 우리 삶에서 실질적인 문제들, 특히 믿음과 두려움, 희망과 절망, 사랑과 증오를 탐구하려는 의도가 있어야 한다는 것이다.

루쉰은 1918년 초기작 〈광인일기〉를 통해 서로가 서로를 잡아먹으려 하는 사회의 살풍경한 모습을 묘사했다. "자신은 사람을 잡아먹으려 하면서도 남에게 잡아먹히는 것은 두려운 것이다. 그래서 모두 의심스런 눈초리로 서로 상대의 얼굴을 몰래 훔쳐보는 것이다. 이런 생각을 버리고 마음 편히 일하고, 길을 걷고 식사하며 잠을 자면 얼마나 즐거울까! 그것은 단지 문지방 하나, 고개 하나를 넘어서면 그만인 것이다." 우리는 신뢰를 잃어버린 사회에 살고 있다. 그래서 두렵다. '누가 나를 잡아먹지 않을까?' 하는 두려움이 의식 저변에 깔려 있다. 또한 우리의 의식 저 밑바닥엔 누군가를 잡아먹고자 하는 욕망이 숨어 있을지도 모른다. 남보다 앞서고 싶고 경쟁에서 이겨야만 살아남는다는 의식이 팽배하지 않은가. 불평등을 당연히 여기고 차별에 무감각해지진 않았는가. 문지방 하나, 고개 하나를 넘어서기 위해 우리는 진실한 마음을 내야 한다. 함께 들여다봐야 한다.

우리는 2014년 세월호 참사 특별조사위원회의 청문회를 보았다. 예상했던 바이다. 여당 쪽 추천 위원들이 모두 불참한 가운데 증인으로 나온 가해자들은 불성실한 태도로 기억이 나지 않는다는 말을 반복했고 거짓말을 일삼았다. "내가 신이냐"며 역정을 냈던 사람은 구조 책임이 막중했던 목포해양경찰서장이었다. 현행 사법 제도의 한계가 그대로 드러났다. 참사를 일으킨 국가는 사과 한마디 없었다. 피해자들이 그토록 바라던 "미안하다"는 말은 86일간 실종자를 수색했던 민간 잠수사의 입에서 나왔다. 여전히 '이것이 나라인가?'라는 질문을 던지게 한다.[2]

어떻게 해야 하는가? 나는 다시 한 번 회복적 정의 운동을 떠올린다. '헬조선'이라 자조하는 이 나라에서 그것이 현실적 대안이라는 생각은 들지 않는다. 정권이 바뀌지 않는 이상 세월호 참사는 결코 진상이 규명되지 않을 것이다. 정권이 바뀐다 해도 지금 같은 분위기가 달라질 수 있을까? 종편과 공중파

---

2   근대 사법 제도는 사실상 가해자의 처벌에만 집중되어 있다. 거기에는 피해자의 인권도 없고, 가해자의 성찰도 없다. 파괴된 공동체의 관계 문제도 관심 밖의 일이다. 오로지 기계적인 판결에 따라 감옥에 보내는 것이 주된 과제이다. 감옥에 가게 된 가해자가 자신의 잘못을 돌아보고 반성하여 다시는 잘못을 저지르지 않는 사람이 될 거라는 기대는 하기 어렵다. 오히려 자신의 행동을 합리화하고 문제의 본질을 도외시할 확률이 크다. 피해자 역시 재판의 과정에서 철저히 소외되기 때문에 판결이 내려지더라도 분노와 절망감을 씻어 내기 어렵다. 회복적 정의가 말하는 '잘못'은 관계를 훼손한 것을 의미한다. 따라서 훼손된 관계를 회복하기 위해 무엇이 이뤄져야 하는가에 더 많은 관심과 에너지를 집중한다. 이 관점에서 피해자와 가해자는 모두 회복의 대상이고, 이들의 요구와 필요를 채우는 것이 정의를 이뤄 가는 과정에 핵심이 되어야 한다. 그 과정이 적절하고 균형적으로 이뤄졌을 때 결과로써 주어지는 것이 화해이고 치유가 되는 것이다.

TV, 주류 신문사 들은 한목소리로 진상 규명 요구를 폄훼할 것이다. 그러면 어떻게 할 것인가? 내가 기대는 것은 단 하나, 교육이다. 한 사회의 정신-문화를 지탱하는 두 축인 언론과 교육 중 언론은 이미 기회를 놓쳤다. 회복적 정의 운동이 교육계에서 퍼져 나가길 바라고 있다.

《오늘의 교육》 31호

김훈태
edukht@hanmail.net

슈타이너사상연구소 대표. 초등학교와 발도르프학교에서 아이들을 가르쳤고, 현재 회복적 정의 전문가 과정을 밟고 있다.

나로부터 시작해
나에게로 향하는 나의 운동

—

홍은전

노들, 삶과 운동의 분리에 맞서다

2001년 방황하던 스물세 살에 노들야학을 처음 만났다. 그곳
에서 만난 장애인의 삶은 충격적이었다. 그런데 그 충격은 장
애인의 열악한 삶 그 자체에서가 아니라 야학 사람들이 그것
을 '문제'라고 말한다는 데서 왔을 것이다. 내가 자라 온 세상에
선 누구도 그것을 '문제'라고 하지 않았다. 나중에 깨달은 것이
지만 어떤 문제를 '문제'라고 부를 수 있는 사람은 그 현실을 해
결할 의지가 있거나 최소한 직면할 용기가 있는 사람이다. 나는
20년 만에 외출했다는 사람, 바다를 한 번도 못 봤다는 사람,
언니 결혼식에 초대받지 못했다는 사람, 공통적으로는 그것이
온통 '문제'라고 말하는 사람들 사이에서 신임 교사 교육을 받
았다.

당시 나에게 야학의 교육적 영향력이라는 것은 마치 책으로만 영어를 공부하던 사람이 어느 날 갑자기 미국에 떨어진 상황만큼이나 폭발적인 것이었다. 그저 나 자신에게 방황할 시간을 더 주고 싶어 찾아간 곳이었는데 그곳은 곧바로 현장이었다. 고리타분한 문법이나 이해하기 어려운 문학적 수사 따위는 없었다. 학생들은 지나가듯 이렇게 말하는 것이었다. "나도 대학 가고 싶어." "나도 돈 벌고 싶다." 그 말 뒤에는 모두 '너처럼'이 생략되어 있었다. 교사들은 어떻게든 자신만의 답을 마련해야 했다.

그들은 내가 대학에서 보았던 열혈 운동권도, 대단한 교육학도도 아니었으나 대부분이 '나침반의 떨고 있는 여윈 바늘'처럼 진지하고 치열한 사람들이었으므로 그 언어는 생생하고 구체적이며 섬세했다. 어마어마한 지적 쾌감과 정서적 해방감으로 나를 흥분시키던 그 시절의 노들은 '새로운 정보'가 아니라 매일매일 나의 세계를 와르르 무너뜨리며 다가온 '완전히 새로운 세계'였다.

노들야학이 '투쟁적'이라는 소문을 들은 대부분의 사람들은 '노들이 차별받은 사람들의 공간이기 때문'이라고 생각할 것이다. 하지만 그것은 일부만 옳다. 수십 년 차별받은 사람들은 가난하고 교육 수준도 낮다. 그러니 계속 차별받으며 살아가는 것이 더 자연스럽다. 앞서 말한 것처럼 문제를 '문제'라고 말하는 것은 그 문제와 싸울 의지가 있을 때이다. 그렇지 않다면 '그 것 참 안타까운 일이네요' 하는 표현만 적절하게 구사할 수 있 어도 얼마든지 그 관계는 문제없이 지속될 수 있다. 그것은 노 들 안에서도 마찬가지여서 개교 이래 두 입장은 물과 기름처럼 겉돌았다. 그러다가 내가 처음 야학에 왔던 2001년에는 그것이 습관적 대립의 양상을 벗어나 '교육'과 '운동'이라는 이름으로 격렬하게 충돌하고 있었다.

2001년 1월 오이도역에서 장애인이 리프트를 타다가 추락 하여 사망하는 사건이 일어났고, 2주 후 노들야학은 장애인 이 동권을 외치며 서울역 철로를 점거하고 지하철을 멈춰 세웠다. 이것은 사람들의 마음속에 투쟁의 불꽃을 점화하는 사건이었 다. 야학의 몇몇 사람들은 그 불꽃을 본격적인 이동권투쟁으로 이어 가고 싶었다. 그러자 내부의 저항 역시 거세었다. 날선 비 판과 응어리진 미움이 곳곳에서 부딪쳤다. 한쪽에선 검정고시 위주의 수업이 학생들의 삶을 배신한다고 비판했고, 한쪽에선 명분만 쫓는 투쟁이 그러하다고 맞섰다.

내가 노들에 마음을 빼앗긴 장면 중 하나가 바로 이 싸움 이었다. 나는 어디에서도 그토록 치열하게 싸우는 사람들을 본 적이 없는데 그들은 진심으로 고통스러워하면서도 싸움을 멈추지 않았고, 자기 안의 긴장과 분열을 견뎌 냈으며 놀랍게 도 서로를 믿고 있었다. 그것은 그들이 '어떤 가치도 학생들의 일상을 지키는 것에 우선할 수 없음'을 공유하고 있기 때문이었다. 가장 치열한 '운동파' 교사와 '교육파' 교사는 학생들의 삶에 가장 밀착한 사람들이었고 그들의 삶을 진심으로 걱정했으며 자신만의 방식으로 그것을 실천했다.

내가 야학에 처음 왔을 때는 이 싸움의 후반전이 막 시작될 무렵이었고 어느 날 정신을 차리고 보니 나는 이 싸움의 한가운데에 끼어 참전을 종용받고 있었다. 그러나 이렇다 할 경험도 없고 각 '파'들과 얽힌 인간적 관계도 없는 나 같은 사람이 어떤 입장을 선택하기란 그리 쉬운 일이 아니었다. 양쪽 모두 진심으로 학생들의 삶을 걱정하고 있는 듯 보였다. 게다가 문제를 더 어렵게 만드는 것은 '교육파'의 누구도 이동권투쟁에 대해 '틀렸다'고 말하지 않는다는 것이었다. 대신 '야학은 교육 공간이므로 교육 활동에 소홀해선 안 된다'고 했고, 그러니 '운동은 상근자 혹은 이동권연대를 중심으로 하고, 교사는 교육에 집중하자'고 말했다. 그것이 운동도 더 잘하고 교육도 더 잘하는 길이라는 것이었다. 시간이 흘러 되돌아보건대, '교육파'는 그들이 의도했건 하지 않았건 간에 결과적으로는 '현장'으로부터 '운동'을 분리해 내고 싶어 했다.

'운동성'이란 존재를 끊임없이 불편하게 만든다. 긴장을 견디지 못하는 현장은 자신의 몸에서 운동을 밀어내고, 운동 역시 안전한 공간을 따로 확보하는 길을 선택한다. 그렇게 삶은 운동성을 잃고, 운동은 삶이라는 육체성을 잃는다. 그러나 당시의 '운동파' 교사들은 그것이 몇몇 활동가 혹은 단체에 위임할 수 없는 성질의 것이며, 이 문제의 당사자인 노들이 직접 자신의 삶 속에서 실천해야 한다는 주장을 끝까지 포기하지 않았다.

그리하여 '교육이란 무엇이고 운동이란 어떠해야 하는가' 하는 논의가 1년 이상 이어졌고, 물과 기름처럼 외따로 존재하던 교육과 운동은 이 시기를 통과하며 역동적으로 뒤섞이게 된다. 그 결과는 이렇게 정리할 수 있을 것이다. "'투쟁'을 '실천' 전체로 고정시키고 '수업'을 '교육' 전체로 대치시키는 것, 그리하여 교육과 운동에 냉소와 냉담을 이입시키는 모든 관성적 교육과 운동에 반대한다.' 그 치열했던 과정은 바깥을 향해 외치는 '이동권투쟁'과는 성격이 완전히 다른 노들의 자기 투쟁이었다. 자신의 현장에서 운동을 분리하려는 움직임에 맞서 싸운 것이고, '운동'과 '운동하지 않음'의 평화적 공존을 끝낸 것이다.

그 시절 나는 노들이 세상을 바꿀 것임을 믿어 의심치 않았는데, 그것은 단지 노들이 '투쟁적이어서'가 아니었다. 어떤 순간에도 '교육과 운동이 무엇인가' 하는 질문을 놓치지 않을 거라는 믿음, 다양성이란 이름 아래 우리 안의 무책임을 긍정하고 차별에 침묵하지 않을 거라는 믿음, 그리고 끊임없이 생각을 나누고 논쟁하는 자기 싸움을 멈추지 않을 거라는 믿음이 있었기 때문이다.

저항은 어떻게 시작되는가

2003년 상근 활동가가 되었다. '야학이 죽을 만큼 좋아서 평생 하고 싶다'고 말하던 나는 몇 년 후 깨달았다. '이걸 평생 하려면 죽을 만큼 힘들겠구나.' 학생들의 민원은 순번 대기표를 나눠 줘야 할 만큼 끝이 없었고 그 내용도 화장실 활동보조에서부터 가족이 자신을 시설에 보내려 하니 막아 달라는 것까지 다양하기도 했다. 학생들의 삶은 매일매일 '처리'해야 할 일상이 되었다. 늘 무언가를 설명하고 제안하고 설득하고 결정하고 점검하고 빈자리를 채우는 활동은 해도 해도 끝나지 않았다.

장애인의 삶이 열악할수록 그 운동은 숨 가쁘게 빠른 속도로 달려갔고, 공동체가 커질수록 상근자들의 자율적 영역은 좁아졌다. 당위가 온몸을 짓누르고 있었으므로 '노들에 최적화된 인간형'이었던 나는 '문제'가 될 만한 것들을 알아서 걸러 냈다. 어디까지가 나이고 어디부터가 노들인지 구분되지 않는 생활, 나에게 노들은 좋든 싫든 99.9%였다. 노들을 뺀다면 좋은 것도 싫은 것도 없는, 나는 욕망 없는 존재가 되어 있었다.

야학을 하는 가장 큰 즐거움도 사람이었지만 야학 하는 가장 큰 괴로움도 사람이었다. 많은 사람들이 떠났고 나는 남았다. 그들이 떠난 자리엔 그들이 야학에 대해 쏟아 놓고 간 비판들만 남아 나를 찔렀다. 때론 온갖 상소리를 하며 싸우는 경찰이나 공무원보다 곁에 있는 동지들이 나를 더 모멸했고, 나 역시 그랬다. 언제부터인가 나는 늘 지쳐 있었고, 억울했고, 화가 나 있었다. 노들을 떠나겠다는 말을 입에 달고 살았으나 실천할 자신은 없었으므로 나는 내 안에 차 있는 온갖 미움과 피로, 죄책감을 견디느라 많은 에너지를 써야 했다.

그 후 안식년을 가졌고, 치유 프로그램을 찾아다니고, 명상을 배웠다. 스트레스를 피하고 부정적 감정들을 가라앉히는 방법을 배운 후 드디어 평화가 찾아왔으나 나는 곧 깨달았다. 내가 누군가를 '진심으로' 조직하고 있지 않다는 것을. 어떤 일의 의미를 공유하고 같이하자고 손을 내미는 것이 아니라 그저 회의에서 결정된 내용을 기계적으로 소통할 뿐이었다. 의미만 남고 재미는 사라진 생활 속에서 나는 무력해져 있었다. 노들이 싸우는 곳에 나도 있었으나 그저 엄마 뱃속의 캥거루처럼 수동적이었다. 내 나침반의 바늘이 떨고 있지 않았다. 2012년 나는 노들을 떠나기로 결심했다. 힘들어서가 아니라, 힘들지 않아서. 야학을 처음 만났을 때의 그 요동치는 에너지가 그리웠다.

야학 활동의 마지막 해, 나는 노들의 20년 역사를 정리하기로 했다. 내가 보고 들은 것을 기록하고 싶은 마음, 남은 사람들에게 힘이 되는 이야기를 해 주고픈 마음으로 시작한 일이었다. 그런데 뜻밖에 그 일은 나에게 예상치 못했던 떨림을 선물했는데, 말하자면 '저항하는 자'들의 경이에 눈뜬 것이었다.

1999년 야학 학생 이규식은 혜화역에서 리프트 추락 사고를 당했고, 야학은 지하철공사를 상대로 소송을 제기했다. 1년간의 법정 공방 끝에 이규식이 승소하는데, 모두가 승리감에 취해 있을 때 누군가 이렇게 말하는 것이다. '이것은 끝이 아니라 시작이다. 잊지 말자. 우리에겐 세상 모든 길을 갈 수 있는 당연한 권리가 있다.' 그리고 반년 후, 오이도역에서 장애인 추락 참사가 발생했고 노들은 지하철 철로를 점거하는 극적인 투쟁을 펼치며 이동권투쟁의 불꽃을 쏘아 올렸다.

2001년 미국에서 장애인 자립생활이념이 처음 도입되었을 때, 책 속에서 배운 것을 자기 삶 속에 실천하고 싶었던 이규식은 야산에 다 쓰러져 가는 판잣집을 개조해 혼자 살아 보기로 한다. 책 속에 나오는 이동권도 없고, 활동보조서비스도 없었지만 그는 '살면서 그때처럼 가슴이 부풀었던 적이 없었다'고 했다. 최진영은 '중증장애인의 힘으로 차별에 맞서고 세상을 변혁하라'는 그 이념이 듣기만 해도 황홀했다. 그러나 2년 후 시설민주화투쟁이 벌어졌을 때 그녀는 자신에게 자립생활이념을 가르쳤던 선생님들에게 폭력적으로 짓밟혔다. 이때의 경험에 대해 그녀는 이렇게 말했다. '배운 대로 실천하는 것이 얼마나 어려운지, 권력에 맞서 싸우는 것이 얼마나 고통스러운지 뼈가 저리도록 처절하게 느꼈다. 그래서 투쟁하는 사람들의 곁을 떠날 수 없다.' 2007년 모두를 놀라게 했던 활동보조서비스 제도화의 성과는 바로 이들이 만들어 낸 것이었다.

경기 김포 석암베데스다요양원의 폭력과 비리 문제가 터졌던 2008년, 그 안에 살고 있던 장애인들과 바깥의 인권운동 활동가들은 1년간 함께 싸웠고 결국 운영진을 모두 몰아내는 데 성공했다. 이때 활동가 김정하는 비리에 맞서 싸웠지만 여전히 시설 안에서 살아야 하는 장애인들을 찾아가 다음과 같이 말했다. "이제 시설에서 나가셔야죠. 그런데 지금 바깥에는 아무것도 없습니다. 우리가 그걸 만드는 싸움을 해 봅시다. 여러분이 결의해 주시면 우리도 끝까지 가 보겠습니다." 그 자리에서 여덟 명이 그녀의 손을 잡았고 그해 여름, 두 달간의 노숙 농성을 통해 그들은 '탈시설'이라는 새로운 길을 열었다.

무수한 기록들 속에서 저 말들을 만나는 순간 나는 눈물이 쑥 솟아올랐다. 수백 일의 농성과 단식, 점거와 삭발, 수년간의 시행착오 끝에 법을 만들고 지하철을 바꾸고, 저상버스를 도입하고, 활동보조서비스를 제도화하고, 탈시설의 길을 열어 나간 그 뜨거웠던 투쟁들을 따라가면 그 끝엔 저렇게 작고 반짝이는 말들이 있었다. 가슴이 뛰고, 잊지 말자고 다짐하고, 너의 손을 놓지 않겠다고 말하고, 다시 한 번 힘을 내 보자고 일어서는 순간들이 있었다. 그 순간, 인간이란 얼마나 멋있는 존재인가.

모든 싸움은 그곳에서 시작되었다. 저 말들의 이동을 따라 저항이 조직된다. 우리가 이루어 낸 것들은 실로 거대한 혁명이었으나 그것을 가능케 한 비밀은 그저 수많은 하루하루였다. 떨림과 다짐과 믿음과 약속을 공유하는 관계를 따라 불씨가 지켜지고 불꽃으로 터져 나오며, 다시 한 사람 한 사람의 불길을 따라 들불처럼 번져 가는 것이다. 야학의 20년사 정리가 마무리되었을 때, 나는 이 사실을 깨달았다는 것만으로도 완전히 다른 사람이 된 기분이었다. 마치 어느 봄 여린 새싹이 언 땅을 뚫고 나오는 경이에 눈뜬 후 자연이 전혀 새롭게 보이기 시작하는 것처럼, 너무 흔해서 귀한 줄 몰랐던 '싸우는 자'들의 비밀을 보게 된 나는 이 세계가 이전과는 전혀 다르게 보이기 시작했다.

세월호, 송국현, 그리고 나

그리고 그때, 2014년 4월 16일 세월호가 침몰했다. 그게 무엇을 뜻하는지도 모르면서 하루 종일 뒤집힌 배에 사로잡혀 있었다. 그날 밤 야학 학생 송국현이 위독하다는 소식이 전해졌다. 며칠 전 그의 집에 불이 났고 그는 전신에 화상을 입고 중환자실에 누워 있었다. 무언가 큰일이 일어나고 있는 것 같은데 온몸은 마취된 듯 아무런 고통이 느껴지지 않는 불길한 밤이었다. 다음 날 새벽, 송국현이 죽었고, 가라앉은 배 안에 사람들이 있다는 소식이 전해졌다.

세월호는 천천히 침몰했다. 2014년 4월 16일 오전 8시 50분이 아니라 알 수 없는 어느 해 어느 순간 도처에서 시작되었다. 송국현의 집을 덮친 화마 역시 서서히 다가왔을 것이다. 2014년 4월 13일 일요일 오전 11시가 아니라 오래전 그가 세상으로부터 내쳐지던 무수한 순간들에서 시작되었을 것이다. 기업과 복지, 언론과 교육, 행정과 정치의 수많은 현장에서 사람들의 삶이 뚝뚝 끊어져 나갔을 때, 그것은 모두 하나의 말로 시작되었을 것이다. '어쩔 수 없잖아.' 나도 알고 있다. 분노하지 않는 내가 눈감아 버린 폭력들을, 지난 수년간 무기력해진 내가 놓쳐 버린 삶들을.

4월 20일 새벽 진도에선 청와대로 가겠다는 유가족을 경찰들이 막아섰다. '내 새끼를 살려 내라'고 비를 맞으며 울부짖는 부모들과 그들을 막는 경찰의 모습은 너무나도 드라마틱하여 사람들은 필시 대단한 음모가 있는 것이라고 입을 모아 말했다. 그러나 나는 알고 있었다. 경찰은 원래부터 저랬다. 며칠 전 송국현이 자신은 '활동보조인 없이는 살 수가 없다'며 장애등급 재심사를 요구하러 국민연금공단 장애심사센터에 찾아갔을 때, 공무원들은 '우리가 내린 판정에는 아무런 문제가 없다'고 했다. 대단한 음모 없이도 며칠 뒤 송국현은 죽었다.

4월 20일 송국현의 영정을 든 사람들에게 경찰은 마치 총을 쏘듯 최루액을 정조준하여 발사했다. '한 명 한 명 정확하게 채증하라'는 경찰의 방송이 정확하게 들렸다. 민망할 만큼 자신의 일에 충실할 뿐, 그들에게도 대단한 음모는 없어 보였다. 내가 집회하고 퇴근하듯이 저들은 집회를 막고 퇴근할 것이다. 내가 빨리 퇴근하고 싶어 하듯 저들도 그러할 뿐이다. 나는 수많은 집회 안에 있었으나 실은 무력했다.

한때는 미친 듯이 싸웠으나 어느 순간 포기했고, 더는 분노조차 하지 않았다. 그럼에도 밖에서 나를 보는 사람이 있다면 마치 내가 열심히 싸우는 것처럼 보였을 테고 나 역시도 그런 줄 착각하고 있었다. 하지만 사실은 내가 저 벽을 넘을 마음이 전혀 없다는 것을 경찰들만은 알아보았을 것이다. 그러니 저들이 존재할 명분을 제공하면서도 그 파렴치와 기고만장에 눈감은 나는 그날 아침 경찰이 새끼 잃은 부모를 짓밟는 데에 일조했다. 저놈들의 손에 총을 쥐어 준다면 그것 역시 발사될 것이다. 나는 엉엉 울고 싶었다.

그해 5월 18일, 침묵시위 '가만히 있으라'에 참가했던 시위대 100여 명이 경찰에 체포되었다. 나는 이동권투쟁 이후 10년 만에 유치장에 갇혔다. 10년 전 나는 억울해서 팔짝팔짝 뛸 만큼 화가 났었는데 그날의 나는 슬퍼서 눈물이 났다. 나는 진짜 죄인이었던 것이다. 경찰은 100명 모두에게 똑같은 질문을 했다. 용혜인을 아는가. 그녀는 침묵시위 제안자였다. 경찰은 10년 전에도 모두에게 똑같은 질문을 했다. 박경석이 시켜서 한 일인가. 그는 이동권연대 대표였다. 나는 묵비를 행사했다.

　　　　　　　　　3부. 세월호라는 기표

그날 경찰은 해산 명령을 열 번도 넘게 했고, 나는 그때마다 도망을 갈까 말까 고민했다. 시위대엔 아는 사람도 없었으므로 동지애랄 것도 없었다. 6시에 빠질까. 6시 10분에 빠질까. 고민하는 순간마다 용혜인이 울면서 소리쳤다. "언제까지 가만히 계실 겁니까!" 그것은 경찰을 향한 말이었는데 나는 나한테 하는 말처럼 들렸다. 전날에도 시위대 100여 명이 체포되었다. 아무것도 할 수 있는 게 없었으므로 시위대는 잡혀 가는 것으로라도 저항하려는 듯 대부분이 자리를 지켰다. 체포가 시작되자 바퀴벌레 떼 같은 경찰에 둘러싸여 20대 초반의 앳된 여성들이 사지를 들려 하나둘씩 끌려 나갔고 자신의 차례가 올 것을 뻔히 알면서도 그들은 서로의 팔을 끼고 드러누운 채 목이 터져라 외쳤다. "5.18을 잊은 너희가 304명을 죽였다!" 그들의 저항이 눈부셔서 나는 도망칠 때를 놓쳤다.

체포된 다음 날 유치장의 창살 밖으로 대통령의 담화를 보았다. 대통령은 눈물을 흘리며 최종 책임은 자신에게 있다고 말했으나 우리는 여전히 갇혀 있었다. 그리고 그 다음 날 법적 구금 시간을 모두 채우고 나서야 풀려났다. 다섯 명의 유치장 동기들에게 밥이라도 한 끼 사 주며 '도망 못 가게 붙잡아 주어 고맙다'는 말을 전하고 싶었는데 그녀들은 풀려나자마자 알바를 하러 급히 떠났다. 나는 쓸쓸한 기분이 되어 목동의 어느 버스 정류장에 홀로 앉아 오래전 대학을 떠나올 때 읽지 않고 지나쳤던 대자보를 떠올렸다. 경쟁, 효율, 신자유주의 반대 운운하던 그것들이 경고했던 미래가 이런 모습이었을까.

버스에는 '교수도 주말에 수술을 하는' 병원의 광고판에 '토요일에 수술 받고 월요일에 출근하라'는 문구가 보이고, 지나가는 어느 학원 버스의 옆구리에는 '선생님도 매월 시험을 보는 학원'이라고 대문짝만 하게 적혀 있었다. 아파트 상가를 통과해 집으로 오는 길엔 어느 보습 학원의 원생들의 사진과 그들이 이 학원을 다니며 올린 성적의 분포가 게시되어 있었다. 보는 것만으로도 부끄럽다. 집으로 돌아와 유치장과 다를 바 없어 보이는 사회와 그 사회의 통계들에 대해 생각했다. 자살률 1위, 산재 사망률 1위, 교통사고 사망률 1위, 노동 시간 1위……

그러고 보니 내 옆에서도 많은 사람들이 사라져 갔다. 야학 학생이었던 이 아무개와 아는 장애인인 김 아무개가 아팠는데 치료를 제때 못 받아 죽었고, 나와 동갑이었던 장애 여성 활동가가 불이 나서 죽었다. 야학 학생이었던 장 아무개와 여행 중에 만났던 혈기 왕성했던 젊은 비장애인 남자와, 친구의 동생과 친구의 친구의 동생과 아는 아저씨의 아들이 스스로 목숨을 끊었다. 친구의 동생이 산재로 죽었고, 아는 언니의 동생과 내 언니, 그리고 형부가 교통사고로 세상을 떠났다. 모두 지난 10년 사이 지근거리에서 일어난 일이었고 그들은 모두 지금의 나보다 젊었다. 보험 회사와 상조 회사와 경찰이 처리한 그 삶들은 제대로 정산되었나. 그 죽음들은 정당하게 대우받았나.

15년 전 세상을 향해 소리치고 손가락질할 때 그것은 아버지와 아버지의 사회를 향한 것이었다. 이기적이고 폭력적인 그 사회가 장애인을 죽이고, 여성인 나를 억압하고, 비장애인인 나를 끝없는 경쟁 속으로 몰아간다고 소리칠 때 나는 죄가 없었다. 그런데 정신을 차리고 보니 이것은 나의 사회였다. 아버지의 유산을 물려받고, 아버지의 범죄를 물려받은 나의 사회다. 변화시켜야 할 것은, 소리쳐야 할 대상은 어느덧 이 사회를 체화한 나 자신이었다.

나와 내 가족, 내 친구들이 공모하고 침묵하고 포기해 버린 세상에서 15년 전 대자보가 말하던 어두운 미래가 적군처럼 세상을 점령하는 동안 나는 그 많은 죽음을 통합하지 못했고, 신문의 수많은 통계들을 내 삶 속에 대입하지 못했다. 그날 밤 집에 누워서 한참 동안 잠을 이루지 못하고 생각했다. 내 삶, 내 자리에서 매일매일 매 순간 놓치지 않을 나의 운동에 대해서. 성명서에서 출발해 먼 허공을 향해 호통 치는 그런 운동이 아니라, 나로부터 시작해 나에게로 향하는 나의 싸움을 하고 싶다고. 그때 나는 끌려갈 것을 알면서도 끝까지 저항하던 그 앳된 여성들처럼 비로소 내 싸움의 당사자가 된 기분이었다.

나의 깃발

관객이 되어 '거대한 악'을 관람하는 듯한 시절이다. 기업이 돈만 쫓고, 관제센터가 관제를 하지 않고, 아무도 구조를 하지 않고, 선원들이 먼저 달아나고, 경찰이 기록을 삭제하고, 언론이 진실을 가리고, 정치가 가만히 있으라 하고, 학교는 그저 무력하다. 그들의 향연이 어마어마한 블록버스터처럼 스펙터클하다. 사람들은 감독을 찾는다. 감독은 7시간 동안 자리를 비웠다는 대통령인가. 진상 규명을 훼방 놓는 여당인가. 그럴 리 없다. 나의 배후가 용혜인과 박경석이 아닌 것처럼. 대단한 음모는 없을지도 모른다. 하루하루 우리가 포기한 것들이 거대하게 돌아왔을 뿐.

다시 광장에 섰다. 노들 바깥에 나와서 보니 노들이 제대로 보인다. 아무렇지 않게 했던 말과 행동들이 사실은 얼마나 귀한 것이었는지를 매일매일 깨닫는다. 그 시절 우리는 '냉담과 냉소보다는 희망이 더 정상적인 것으로 취급되는' 흔치 않은 공동체에 속해 있었고, 그 방법으로밖에 배울 수 없는 것들을 배웠다. 덕분에 노들 바깥에서도 다양한 방법으로 싸우는 사람들을 만났다. 세월호 유가족을 만났고 형제복지원의 피해 생존자들을 만났다. 잘 들리지 않는 그들의 이야기를 기록하여 세상에 전하는 것을 자신의 투쟁으로 삼는 사람들도 만났다. 그들과 함께 몇 편의 글을 내놓기 위해 씨름하는 동안 다시 내 나침반의 바늘 끝이 떨고 있음을 발견했다.

어떤 시절 나에겐 욕망이 필요했고, 어떤 시절엔 수련이 필요했으나 지금 나는 깃발이 필요하다. 광장엔 무수한 깃발이 나부낀다. 모두들 세상을 바꾸자고 외치는데 각자 행진하는 방향도 다르고 해산하는 시각도 다르다. 어떤 이들은 청와대로 가자고 하고, 어떤 이들은 청와대로 가선 안 된다고 한다. 나는 다시 노들로 돌아왔다.

거대한 악이 '촘촘하게 결합된' 비겁하고 무책임한 행동들이듯, 거대한 저항 역시 수많은 하루하루의 떨림과 다짐과 믿음과 약속으로 이어진다. 그러니 타인을 향해 양손 모두를 열어 놓기를, 누군가에게 손 내밀고 누군가가 내민 손을 잡아 주기를, 매일매일 나의 삶의 자리를 확인하고 그 위에서 나의 싸움을 멈추지 않기를, 긴장과 분열의 고통을 견디며 살아 있는 매 순간 맑은 정신으로 이야기 나누고 배우고 싸우는 것을 포기하지 않기를. 나는 그것을 노들로부터 배웠다. 그것이 바로 지금 나의 깃발이다.

《오늘의 교육》 31호

홍은전
partisan98@hanmail.net

전 노들장애인야학 교사. 인권 기록 활동가. 문제 그 자체보다는 그 문제를 겪는 사람에게 관심이 있다. 차별받던 인간이 저항하는 인간이 되는 이야기를 수집한다. 《노란들판의 꿈》을 썼고 《금요일엔 돌아오렴》, 《숫자가 된 사람들》, 《나를 보라, 있는 그대로》를 함께 만들었다.

나로부터 시작해 나에게로 향하는 나의 운동

'착한 바보들'은 어떻게 되었나
세월호 참사 5주기,
다시 청소년의 자리를 묻다
—

배경내

"어른들 한마디에 나도 죽을 수 있겠구나."

2019년 3월 초, 촛불청소년인권법제정연대의 주최로 선거권 연령 하향과 시민교육의 과제를 짚어 보는 토론회가 열렸다. 자리에 참석한 한 청소년 토론자는 정치에 관심을 갖게 된 계기로 4.16 세월호 참사를 꼽으며 이렇게 말했다. 그의 말을 들으며 5년 전 세월호가 침몰하던 그날과 그날 이후 일어난 일련의 사건들을 지켜보면서 청소년들이 공유했을 어떤 집단적 감각 같은 것이 있다는 생각이 다시금 들었다. 단지 비슷한 '또래'의 죽음이어서가 아니라, 비슷한 '처지'에 놓인 사람들의 죽음이라는 알아차림, 나도 저렇게 버림받을 수 있고 내가 아닌 자의 한마디에 운명이 갈리는 위태로운 처지에 놓여 있음을 직감한 슬픔과 분노 같은 것 말이다. 그토록 많은 청소년들이 세월호 참사를 자기 일처럼 받아들이고 지금도 여전히 기억하고 있는 이유도 바로 이 때문은 아닐까.[1] 그런 의미에서 그가 말한 '어른들'이란 단지 가만히 있으라고 지시한 선장과 선원만을 가리키진 않을 것이다. 청소년을 시키는 대로 가만히 있어야만 하는 위치에 가둬 놓은 채 굴러가고 있는 비청소년 중심 체제를 가리키는 말이기도 할 것이다.

세월호 참사 이후, 세월호 이전과 이후는 근본적으로 달라져야 한다는 이야기들이 무수히 쏟아져 나왔다. 안타깝게도 선언은 현실로 이어지지 못했다. 세월호 '이후'를 독자적으로 구성할 만한 변화가 과연 있었나 싶게 변화의 방향은 모호하고 속도도 더디다. 희생당한 청소년들과 그 안에서 자기 자신을 보았던 청소년들의 사회적 위치는 얼마나 달라졌나. 참사 이후, 우리 사회가 청소년을 호명하고 재현했던 방식은 청소년을 끊임없이 4.16 이전의 위치로 가두는 방향은 아니었나. 세월호 진상 규명 운동이나 탄핵 촛불 과정에서 많은 시민들이 청소년들의 참여를 반짝 환호하기는 했다. 그러나 잠깐의 열광은 열망으로 다져지고 못했고, 그렇기에 현실로 이어지지 못했다. 희생자들의 이름을 하나하나 가슴에 새기며 진실과 기억을 다짐했던 그 수많

---

1   4.16 세월호 참사 3주기를 앞두고 전교조 참교육연구소가 전국 고교생 1,540명을 대상으로 실시했던 설문 조사 결과에서도 응답자의 85.5%는 세월호 참사를 "선명하게 기억하고 있다"고 답했다.

은 사람들에게 청소년 또는 '아이들'은 과연 어떤 존재였던가.

희생된 청소년들은 어떻게 재현되었나

세월호 참사는 청소년이 다수 희생된 사건이지만 청소년이라서 희생된 사건은 아니다. 그러나 참사 이후에 벌어진 사회적 반응들과 일련의 사건들은 '청소년이라는 존재'와 청소년의 사회적 위치에 대해 사고하지 않을 수 없도록 만든다. 참사 이후 수없이 회자된 '가만히 있으라'가 대표적이다. '가만히 있으라'는 애초 그 명령의 맥락적 부당함과 함께 청소년의 사회적 위치에 대해서도 문제를 제기하는 언어였다. '가만히 있으라' 명령한 권력이 얼마나 무책임하고 무능했는지를, 무책임과 무능의 시스템을 만들어 낸 또 다른 권력이 누구였는지를 캐묻는 정치적 질문이었다. 한편으로는 청소년들의 일상을 가득 채우고 있는 가만히 있으라는 명령들의 부당함에 대한 정치적 사유이기도 했다. 세월호가 기울고 있는 와중에서도 선내 방송은 "특히 단원고 학생들"을 언급하며 가만히 있을 것을 명령했다. 이는 학교 안팎의 사회가 청소년을 다루는 익숙한 방식이었다. "초등학교 6학년 때 수학여행을 다녀온 직후에 세월호가 터졌어요. 수학여행처럼 학교에서 외부로 나가면 '애들은 통제하기 힘들다'는 이유로 무슨 물건처럼 취급하잖아요. 이리 가라, 저리 가라,

기다려라, 조용히 해라. 단원고 학생들도 그랬겠구나. 가만히 있으라는데 뭔가 다른 걸 찾기 힘들었겠구나, 그 생각을 가장 많이 했어요." 한 청소년의 말처럼, 사회는 청소년을 어떻게 대해 왔는지를 질문했어야 하고, 단지 '안전교육'이 아니라 '교육에서의 평등'을 질문했어야 했다.

그러나 놀랍게도, 아니 어쩌면 당연하게 사회는 익숙한 문법을 손쉽게 택했다. '어른들 말만 믿고 기다리다 희생된 착한 바보들', '가만히 있으라고 하니 가만히 있었던 순종적인 존재들', '두려움에 떨다 희생된 무기력한 피해자들'로서만 희생 학생들을 재현하는 데 골몰했다. 참사 초기에는 '지시에 따랐던 얌전한 애들은 죽었고 지시를 무시하고 갑판에 나온 노는 애들은 살았다'는 식의 유언비어까지 유통된 적 있다. '어린 학생들이 어른들 말만 믿다 희생되었다'는 이야기는 일면 더 많은 권한과 책임을 지니고 있었던 '어른들'의 잘못을 일깨우기 위한 성찰로 들렸지만, 희생된 청소년을 판단력이 없는 '바보'로 만드는 말이기도 했다. 세월호 청문회에 나온 해경이 '애들이 철이 없어서' 탈출하지 않고 가만히 있었다고 이야기한 것도, 한 유명 대학 교수가 '애들이 생각하는 습관이 없어서 사고를 당했다'고 수업 시간에 발언한 것도 같은 인식의 맥락하에 있었다. 사회가 희생된 '일반인'(일반인 승객과 학생 승객이라는 이분법 역시 학생이 일반에 속하지 못하는 소수자 집단임을 보여 주는 어법이다)들을 재현하는 과정에서는 찾아볼 수 없는 접근이었다. 세월호 이후 교육의 과제가 청소년의 '권한(권리) 없음'에 주목하기보다 청소년의 '판단력 부족', '보호와 안전교육'에 초점이 맞춰진 것은 어찌 보면 당연한 수순이었다.

가만히 있었던 것은 정말 '바보 같은' 짓이기만 했던가. 희생된 청소년들은 정말 가만히 있다가 죽음에 이르렀나. 재난 현장에서는 우왕좌왕하기보다 전문가의 지시에 따르는 것이 안전을 확보하기 위한 우선적 선택일 수 있다. 청소년들 역시 그렇게 판단하고 다음 지시를 기다리고 있었다. 세월호가 침몰하는 동안 생사의 갈림길에서 청소년들이 발휘한 역동 역시 제대로 주목받지 못했다. '416세월호참사 작가기록단'으로 활동하면서 만난 생존 학생들의 증언은 마지막 순간까지 청소년들이 얼마나 역동적으로 생존과 상호 구조를 위해 움직였는지를 알려 주었다. 누군가는 '배가 기우는데 가만히 있으라는 게 말이 안 된다'고 의심했고, 위험을 주변에 알렸으며, 최선을 다해 살아남기 위해 애썼고, 서로를 도와 탈출을 시도했다. 희생된 이들은 가만히 있었기에 죽은 것이 아니라, 저마다 살아 내려는 의지를 짓밟혔기에 죽은 것이었다. 가만히 있으라는 지시를 믿었던 게 문제가 아니라, 가만히 있으라고 한 사람들이 그 믿음을 배반한 것이 문제였다. 생존 학생들 역시 끊임없이 판단했고 몸이 으스러지는 줄도 모르고 친구나 다른 승객들의 구조에 나서기도 했다.[2] 이처럼 청소년들은 해석 권력을 독점하고 있는 비청소년들에 의해 있는 그대로가 아닌, 대상화되고 일반화되고 납작해진 채 재현되는 일을 빈번하게 겪어야 했다.

'아이들'이라는 기표는 어떻게 유통되었나

세월호 참사를 대표하는 또 하나의 문장은 바로 "아이들아 미안하다"였다. 참담한 재난 참사 현장이 생중계되면서 지켜본 많은 이들의 마음엔 어떤 미안함과 책임감이 찾아들었다. 어린이나 청소년들도 미안함이나 '나는 그런 무책임한 어른이 되지 않겠다'는 다짐을 표현하는 경우가 많았던 것을 보면, 미안함이라는 감정은 부모, 교사와 같은 비청소년 집단만이 느낀 것은 아니었다. '전원 구조' 보도가 사실이기를 바랐던 간절함이, 그 같은 참사가 일어나지 않도록 사전에 뭔가 할 수 있는 일이 있지 않았을까 하는 의문이 희생자들에 대한 미안함으로 연결된 것은 자연스러운 일이다. 간절한 바람과 현실의 낙차만큼이나 미안함의 무게는 가중되었다. 문제는 그 미안함이 왜 유독 '아이들'에 대한 미안함으로만 집중되었는가, 그리고 '아이들'을 호명

---

2   지배적 통념과 달리, 세월호가 침몰하는 순간 배 안에서 청소년들이 어떻게 행동했는지는 《다시 봄이 올 거예요》에 자세히 기록되어 있다.

하면서 그들을 어떤 위치에 배치했느냐에 있다.

다른 사건들과 마찬가지로 세월호 참사에서도 '아이들'은 사건의 참혹성과 중대성을 강조하는 기표로서 활용되었다. '아이들'이라는 기표는 무엇보다 순수한 피해자라는 이미지와 연결되어 있다. 일본군 '위안부' 피해 문제를 다루는 과정에서도 '꽃다운 10대 나이에 끌려간 순수한 피해자'의 이미지가 계속 재현되곤 했다. 피해자의 순수성을 강조하는 이 같은 접근 방식은 사건의 핵심을 가해자의 행위가 아닌 피해자의 속성에서 찾는다는 점에서 사건의 본질을 흐릴 뿐 아니라, '순수하지 않은' 피해자의 피해는 인정하지 않겠다는 폭력적 태도를 만들어 낼 수 있다는 점에서 문제적이다. 청소년이 순수한 피해자로 간주될 수 있는 이유는 그들이 '비정치적' 존재로서 살아가기를 강요당해 왔기 때문인데, 바로 비정치성이야말로 피해자를 계속해서 피해자로 묶어 두게 만드는 밑바탕이 되어 왔다. 이는 다른 재난 참사와 달리 이례적으로 사건이 일어난 바로 다음 날 '집단'을 형성하고 국가에 대해 책임을 묻기 시작한 세월호 유가족에 대해 '순수 유가족'이 아니라고 운운했던 정부와 언론의 태도와도 연결된다.

'아이들'이라는 기표는 또한 '아이들이 죽어서 더 안타까운 사건'이라는 해석과도 연결되었다. 꽃피우지 못했기에 또는 한창 꽃다울 나이이기에 그 죽음이 더 안타깝다고 보는 사고방식은 세월호의 희생자들을 애도하고 기억하는 방식에도 고스란히 반영되었다. 희생된 청소년들은 아직 꽃피우지 못했기에 '일반인' 승객보다 더 사회적 애도의 대상이 되었다. 김현경은 이를 '전쟁의 관점'이라 부르며 세월호는 그 관점 자체와의 단절을 요구하는 사건이라고 말한 바 있다.[3]

> 우리는 더 가치 있는 생명과 그렇지 않은 생명, 아니 그 정도까지는 아니더라도, 더 안타까운 죽음과 그렇지 않은 죽음을 무의식적으로 나누고 있는 게 아닐까? 그렇다면 그것은 전쟁의 관점이다. 전쟁은 공동체의 심장과 손발, 살아남을 사람들과 희생될 사람들을 나누는 데서 시작하기 때문이다. 현대 사회에서 재난은 점점 전쟁을 닮아 간다. 하지만 세월호의 트라우마는 우리에게 재난에 대처하는 더 나은 방법을 찾기에 앞서 전쟁의 관점 자체와 단절하기를 요구하고 있다.

'아이들'의 죽음에만 유독 더 큰 애도가 집중되는 이유는 청소년이 언제나 '미래적 존재', '미래의 가능성을 품은 존재'로만 간주하는 태도와도 무관하지 않다. 청소년은 아직 꽃피우지

---

3   김현경, 〈아이들이라는 기표〉, 《오늘의 교육》, 21호, 2014년 7·8월, 100~101쪽.

못했기에 그 죽음이 더 안타깝고 귀하지만, 동시에 살아서는 아직 완성되지 못했기에 사회적으로는 낮은 대접을 받는 게 당연하다고 여겨진다. 이와 같은 문법에 대해 사회가 제대로 성찰하지 못했고 단절하지 못했기에 미수습자 조은화 학생이 돌아왔을 때 여러 언론이 다음과 같은 표제를 달았던 것은 아니었을까. "1,123일 만에 돌아온 '전교 1등' 조은화 양."

"아이들아 미안하다"는 순수한 피해자의 자리에 청소년을, 지켜 주었어야 할 책임자와 주체의 자리에 비청소년을 가져다 놓는 것이었기에 자연스럽게 "침몰한 나라, 어른들이 건져 낼게"와 같은 다짐으로 연결되곤 했다. 침몰하는 세월호 안에서 청소년들이 그저 '우리에게 안전한 나라를 물려주세요'라고만 바랐던 것일까. 아니면 그것은 참사를 지켜본 비청소년들이 기존의 통념대로 멋대로 추측한 것은 아니었을까. 지켜 주(었)어야 할 대상에 희생된 청소년만이 포함된 것은 아니었다. 참사를 함께 경험했고 동시대를 함께 살아가고 있는 청소년들 또한 어른들이 다시 건져 낼 나라에서 안전하게 보호받아야 할 대상이라는 위치를 요구받았다. 청소년에게는 잠깐 동안의 슬픔만 허용되었을 뿐, 진상 규명을 위해 행동할 자유도, 시간도, 위치도 부여되지 못했다. 청소년은 휘둘리지 않고 서둘러 공부라는 학생의 본분에 복귀할 것을 요구받았고, 안전 대책과 안전교육의 대상으로만 간주되었을 뿐 무엇을 위험으로 규정할 것인지,

무엇이 안전을 확보하기 위해 필요한지 요구하는 정치적 자리에는 초대받지 못했다. 세월호 선내에 이어 사회 곳곳에서 '가만히 있으라'는 명령이 계속 이어진 셈이다. 망각을 강요하는 사회에 맞서 세월호를 기억하기 위한 교육운동의 대응이 그나마 있었지만, 진실을 가르치는 교사와 가르침의 대상으로서의 학생이라는 구도가 근본적으로 질문되었는지는 모르겠다. 청소년의 사회적 애도는 '수업 안'에서만 한정적으로 허용되었던 것은 아닌지도 질문될 필요가 있다.

　보호의 대상이기만 할 때 안전해질 수도 없다는 진실은 2016년 9월 12일, 경주 인근에서 강도 높은 지진이 발생했을 때 다시금 적나라하게 확인된 바 있다. 1차 지진이 발생하고 더 높은 강도의 지진이 발생하기까지 1시간에 가까운 시간 동안 여러 학교에서 청소년들은 강제적인 야간 자율 학습에 묶여 피신할 자유조차 빼앗겨야 했다. 놀라서 교실에서 뛰쳐나온 청소년들에게 체벌을 가하거나 벌점을 부과하겠다 협박한 학교도 있었다. "수능이 66일 남았는데 지진이 무슨 대수냐." 학생들의 동요를 막는다는 이유로 한 교사가 했다는 말은 믿기지 않을 정도다. 이 같은 일들은 이어진 포항 지진에서도 고스란히 되풀이되었다. 앞으로 교사들이 재난 대응 매뉴얼을 제대로 숙지하면 청소년의 안전이 확보되는 것일까. 보호를 제공하는 측의 판단에 따르기만 해야 할 때, 그 보호는 언제나 철회될 수 있는

임의성과 원하지 않는 방향으로 제공될 일방성이라는 위험을 내재한 것은 아닌가. 청소년이 무엇이 합당한 안전 조치인지 질문할 수 있고 보호를 요구할 힘이 있을 때, 다시 말해 평등에 한 걸음 더 다가갈 때 안전도 확보될 수 있는 것은 아닌가.

청소년의 애도는 어떻게 통제되었나

청소년이라는 정체성과 재난 참사의 피해자라는 정체성이 교차된 이들에게는 과연 무슨 일이 일어났었나. 유가족 형제자매 청소년들과 생존 학생들은 한편으로는 '어린 피해자'로서 세상의 관심과 걱정을 한 몸에 받았지만, 동시에 다른 고통과 끊임없이 비교되면서 사회가 요구하는 무거운 역할을 떠안아야 했다. 참사 피해가 '어린 자식을 잃은 부모의 절대적 슬픔'으로 대표되면서, 유가족 형제자매 청소년들이 겪어 내야 했던 복합적 감정들과 위치에 대한 질문은 생략되었다. "이제 너희가 부모한테 잘해야 한다"는 압박 속에서 그들은 아무도 "너는 어떠니?"라고 물어봐 주지 않는 시간들을 남몰래 보내야 했다. 마음껏 슬퍼하기도 힘들었고, 남은 자식들을 대신해 혼자서 궂은일을 도맡으려는 부모들을 더 걱정시킬 수 없어 자신도 진실 규명을 위해 무언가를 하겠다는 소망을 접기도 했다. '유가족들끼리 몰려다니며 티 내지 마라, 다른 학생들에게 끼치는 영향도 생각

해라, 그냥 공부 열심히 하는 게 부모들 걱정 줄여 주는 거다'
와 같은 유·무언의 압박을 가한 학교도 있었다. 이처럼 청소년
유가족들은 애도도, 정치적 사유도, 진실을 구하는 정치적 행
동에서도 배제된 채 자식 노릇, 학생 노릇만을 요구받는 경우가
허다했다.

세월호 참사 1주기를 맞이하여 유가족 형제자매들이 "엄
마 아빠의 동료가 되어 진실에 다가서겠다"는 성명서를 발표하
고 이후 세월호의 진실 규명을 요구하는 현장에서 독자적인 역
할을 하기 시작한 것은 그런 의미에서 이례적이고도 주목할 만
한 것이었다. 유가족 부모들이 '집단'을 형성함으로써 진실을 덮
으려는 정부와 맞설 수 있었듯이, 형제자매들도 형제자매 모임
이라는 '집단'을 형성함으로써 사회가 요구한 자식과 학생이라
는 위치에만 결박당하지 않고 '답을 구하는 자'의 위치를 가질
수 있었다.

생존 학생들 역시 친구들을 두고 홀로 살아남았다는 죄책
감과 함께, 사회가 건넨 섣부른 판단과 위로, 보호 조치들로 이
중 삼중의 고통을 겪었다. '애들이라서 평생 씻을 수 없는 트라
우마에 시달릴 거야', '애들이니까 금세 잊고 괜찮아질 거야'와
같은 모순적인 시선들에 시달려야 했다. 의료진, 부모, 학교가
허락한 범위 안에서만 애도해야 하는 통제적 환경에 놓이기도
했다. 각자의 고유한 방식대로 애도하고 상처를 보살피며 회복

하는 시간의 주체가 되기보다 '어린 피해자들'로 뭉뚱그려졌다. 청소년들의 일상이 그러하듯, 생존 학생들 역시 그들이 말하고 싶은 것이 아니라 사회가 듣고 싶은 것들만 질문받았으며, 자신의 삶과 치유를 둘러싼 수많은 결정에서 배제되었다. 단원고 교실 존치 여부와 같은 중요한 결정 과정에서조차 '어른들만의 리그'를 지켜보기만 해야 했다.

세월호 참사 직후, 정희진은 이렇게 썼다. "대개 치유를 마음의 평화나 감정적 위안이라고 오해하기 쉽다. 그러나 치유는 근본적으로 사고방식의 변화로서, 인간 행동 중 가장 인지적인 과정이다."[4] 치유란 자기에게 어떤 일이 일어났고 이 상처의 이름은 무엇인지 명명하고 원인과 대처 방법을 알아 나가는 인지적 과정을 동반하지 않을 수 없다. 그러기 위해서는 사건을 해석할 정보와 언어, 사회적 경험이 필요했다. 일어나지 않았으면 좋았을 사건이지만 이 사건을 통해 무엇이 달라졌고 정의를 회복하는 과정에서 그 희생이 어떤 의미를 지녔는지를 알 수 있을 때 치유도 한 걸음 더 나아갈 수 있었다. 그럼에도 유가족 형제자매와 생존 학생들에게는 바로 그 정치적 자리가 허락되지 않았다. 그럼에도 몇몇은 사회가 내주지 않은 자리를 꿈꾸고 또

4 　정희진, "[정희진의 어떤 메모] 2차적 인간", 〈한겨레〉, 2014년 6월 20일.

만들기도 했다. 쉽게 연민의 대상은 될지언정 '몫'과 '결'을 허락받지는 못하는 청소년 피해자들이 보낸 참사의 시간은 그렇게 흘러갔다.

다시 청소년의 자리를 묻다

4.16 세월호 참사 이후 봄날은 아프게 시작된다. 304개의 우주가 사라졌다. 남겨진 이들은 여전히 찾지 못한 진실에 대한 답을 구하고 있다. 참사 이후에도 피해자들이 피해를 증명하고 답을 구해야 하는 부정의는 되풀이되고 있지만 또 우리가 고통 속에서 건져 올린 변화도 없지 않다. 무엇보다 5년 전 그날 이후 달라진 청소년들이 우리 사회에 함께 살아가고 있다. 누군가는 '친구들아 미안해'라는 애도로, 누군가는 '가만히 있지 않겠다'는 행동으로 세월호를 기억했고, 그 마음들이 흘러 대통령 탄핵의 촛불로 피어오르기도 했다. 그럼에도 여전히 청소년과 정치의 만남은 불온하게 여겨지거나 임시적일 것을 요구받는다. 박근혜 대통령 탄핵 촛불 이후 선거권 연령 하향에 대한 사회적 관심이 높아졌지만, 청소년들은 여전히 사회에 자기 자리를 갖지 못한 '비非시민'의 자리에 결박당해 있다. 학교의 인권 수준도 여전히 낮은 점수를 면치 못하는 상황이다.

'가만히 있으라'가 품은 정치적 질문이 여전히 유효하다고

믿는다면, 희생된 이들에 대한 미안함이 그저 '아이들'이어서
가 아니라 누구도 그렇게 버림받지 않는 사회를 꿈꾸는 마음이
었다면, 참사가 되풀이되지 않기 위하여 더 많은 사람들의 경험
과 지혜가 보태어져야 한다고 생각한다면, 세월호 이전과 이후
가 정말 근본적으로 달라져야 한다고 여전히 믿는다면, 청소년
의 사회적 자리를 묻지 않을 수 없다. 청소년들은 더 많은 사회
적 장소에서 환대받고 결정할 기회를 갖고 있는가. 학생과 교사
는 좀 더 평등해졌는가. 학교는 인권과 민주주의를 환영하는가.
그리하여 청소년은 학교 안팎에서 모두 시민인가.

《오늘의 교육》 49호

배경내
hregang@hanmail.net

인권교육센터 '들' 상임활동가.

꿈의 불멸
우리의 가장 좋은 모습과 가장 좋은
목소리가 남을 것이다
—

정혜윤

올 초에 세월호 전 집행위원장 현 자칭 '리베로' 유경근 선생님
에게 달력을 선물 받았다. "무슨 달력이에요?" 무심코 건네받
았다가 '아뿔싸!' 싶었다. 달력에는 세월호에서 희생된 아이들,
선생님, 김관홍 잠수사, 그리고 세월호를 촬영하던 중에 사망한
고 박종필 독립영화감독의 생일이 표시되어 있었다. 달력 속에
서 아이들은 제주도뿐만 아니라 전 세계를 마음껏 여행 중이었
다. (정말 싫지만) 눈에 띄는 대로 몇 명만 무작위로 옮겨 적어
보겠다.

1월	**5일**	직접 만든 빵을 나눠 주는 것을 좋아하는 천인호
	11일	성적 우수 장학금을 받아 부모님 결혼 20주년
		여행을 보내 드린 신승희
	13일	어머니가 출근하는 주말이면 도시락을 싸 드리

는 김민정

17일 다른 사람들의 행복을 지켜 주는 것이 가장 소
중하다고 생각하는 밴드 리더 박수현

2월 2일 엄마에게 아름다운 피아노 연주를 들려드리는
피아노 천재 김도현

10일 여자 친구와 함께 있는 시간이 좋아 시간이 천
천히 가는 시계가 발명되었으면 하는 서현섭

23일 남을 도와주는 경찰이 되고 싶어서 명탐정 코
난, 셜록 같은 추리물을 즐겨 보던 백지숙

3월 1일 아버지의 휴대폰에 내 심장이라고 저장되어 있
는 귀한 4대 독자, 작사 작곡을 잘하는 남현철

3일 늦은 밤 어머니가 퇴근해서 오시면 꼼꼼하게
안마해 드리는 엄마의 영원한 보디가드 정원석

10일 힘없고 가난한 사람을 돕는 정의로운 변호사를
꿈꾸고 엄마 아빠 남동생을 먼저 생각하는 김
담비

11일 학교에 가장 먼저 출근해서 학생들 등굣길 지
도를 하시는 양승진 선생님

13일 만화가가 꿈이고 아름다운 이야기를 나눌 수

있는 친구들이 가장 소중한 김소정

4월 10일 디자인을 배워 장롱을 디자인해서 엄마에게 선물하겠다고 한 김주아

19일 초등학교 때 점토 교사 자격증을 딸 정도로 손재주가 좋고 만들기를 좋아하는 김민희

21일 부모님이 힘들게 버는 돈을 허투루 쓰고 싶지 않다던 속 깊은 아들 김민성

30일 어머니랑 농구 하는 것을 좋아하고 세계 곳곳을 바람처럼 누비며 일하는 것이 꿈인 곽수인

5월 5일 약자가 배려받고 차별받지 않는 사회를 만들기 위해 법관이 되길 소망하는 홍종영

14일 엄마가 힘들다고 하면 해바라기 같은 웃음을 띠고 꼭 안아 주는 고해인

26일 아버지와 손잡고 걷는 것을 좋아하고 친구들 사이에선 의리녀 팔색조로 불리는 유혜원

6월 18일 동물학자가 되길 꿈꾸고 언제나 동생을 먼저 챙기던 다정한 오빠 허재강

19일 편찮으신 어머니를 자전거 뒷자리에 태우고 다

니면서도 늘 웃고 사회 복지사를 꿈꾸는 정이삭

25일 축구를 좋아하고 약속한 것을 꼭 지키려고 노력하는 미래의 파일럿 홍승준

7월 1일 조향사가 되어 첫 번째 향수는 언니를 위해 만들겠다고 약속했고 해맑게 잘 웃는 배향매

4일 우리 애기들 살려야 해요, 마지막까지 학생들 생각을 먼저 한 전수영 선생님

22일 밖에 나갔다 돌아오면 할아버지 할머니 드시라고 붕어빵을 사 들고 오는 눈이 맑고 예쁜 박정슬

25일 아버지께 물려받은 카메라로 사진을 찍으며 카메라 감독을 꿈꾸는 한고운

8월 5일 동생이 출동이라고 외치면 어디든 함께 가는 형, 듬직하고 다정한 장남 임건우

13일 편지를 잘 쓰고 글씨도 예쁘게 써서 유사임당, 제빵사가 되어 오! 유정 빵집을 열고 싶은 오유정

22일 또각또각 구두 소리가 좋아서 구두 디자이너가 되길 소망한 박예슬

25일 모든 생명이 아프지 않고 살 수 있는 세상을 꿈꾸며 수의학과에 가고 싶은 장혜원

9월 23일 덩치가 큰데도 애교가 많아 아버지와 같이 사우나에 가서 등을 밀어 주는 나강민

10월 6일 아버지의 전부, 학교에서 받은 장학금으로 아버지 친구분들에게 삼겹살을 대접한 효녀 김소연

15일 모든 일에 최선을 다하고 시작한 일은 언제나 끝까지 열심히 하는 아이, 뮤지컬 배우가 꿈인 유예은

29일 어머니와 밤새 속닥속닥 수다 떠는 딸, 중국어를 좋아해서 중국어 번역 일을 하는 것이 꿈인 황지현

11월 17일 아픈 사람과 함께하는 것이 의미 있다고 생각해 간호사를 꿈꾸는 김영경

20일 발자국 소리만 들어도 엄마인 줄 알고 문을 먼저 여는 아이, 컴퓨터 그래픽이나 게임 관련된 일을 하고 싶은 이승민

25일 소리가 들리지 않는 분들에게 아름다운 세상을 들려주는 수화 통역사를 꿈꾸는 조서우

12월 3일 애교가 넘쳐 늘 아빠에게 매달려 있어 별명이 나무늘보, 손재주가 좋아서 인테리어 디자이너

가 꿈인 구보현

4일 언제나 전교 1등, 사회의 잘못을 가려내고 약자
들을 보호하는 판사를 꿈꾸는 박성빈

5일 메이크업 아티스트가 되어 엄마의 주름살을 펴
주는 것이 꿈인 이혜경

9일 세뱃돈을 모아서 아버지께 중고차를 사 드린 적
이 있을 정도로 알뜰한 효녀 박예지

10일 일요일 오후에 아버지와 화랑유원지에 가서 축
구 하는 것을 좋아하는 김성현

29일 발달장애아를 돕는 간호사를 꿈꾸는 김초예

31일 좋은 프로그램을 제작하는 방송국 피디를 꿈
꾸는 박정은

이렇게 옮겨 적고 있으려니 시나 아름다운 음악을 옮기는
기분마저 든다. 이게 만약 시나 음악이라면 더 잘 들리게 하고
싶다. 이름 하나하나가 사랑과 꿈처럼 느껴진다. 꿈 하나하나마
다 젊고 어린 영혼이 담겨 있다. 꿈 하나하나마다 얼굴과 이름
이 담겨 있다. 이름 하나하나마다 수많은 가정의 불 켜진 방, 꿈
결 같은 풍경이 담겨 있다. 가래떡을 구워 먹고 안마를 하고 붕
어빵 봉지를 열고 발자국 소리를 듣고 현관문을 열고…… 이
모든 일상이 애틋한 빛 속에 떠오른다. 이들 모두는 각각 나름

대로의 방식으로 잘 살 수도 있었을 것이다. 빗소리를 들으며 커피를 마시거나 화분에 물을 줬을 수도 있었을 것이다. 요가를 하고 허리 사이즈를 줄이거나 땀에 젖은 야구복을 빨지도 않고 던져뒀을 수도 있었을 것이다. 세월이 흐르면서 오래된 꿈을 버리고 새 꿈을 꿨을 수도 있고 현실이 아니라 꿈에 맞게 자신을 변화시켰을 수도 있다. 운이 좋다면 싫어하는 것보다 좋아하는 것의 목록을 더 늘렸을 것이다. 더 운이 좋다면 삶이 주는 타격에 부상을 당하고도 새 출발을 할 수 있었을 것이다. 그러나 아이들이 영어 문법이나 미적분의 규칙을 외우는 동안 더 큰 세상의 규칙은 무너지고 있었다.

어쩌면 피디가 되어서 나와 함께 일했을지도 모르는 아이는 12월 31일에 태어난 박정은 학생이다. 나는 박정은 학생을 한 번도 만난 적 없지만 만났다면 정말 정말 잘해 주었어야 한다는 것을 지금은 안다. 세상 온갖 것으로부터 보호했어야 한다는 것도 지금은 안다. 나는 살면서 꿈이 피디인 고등학생을 적어도 열 번 이상은 만났다. 대학생은 훨씬 더 많았을 것이다. 그애들은 여전히 피디가 되고 싶어 할지 궁금하다. 더 많은 것들이 궁금하다. "제 꿈은 피디예요"라고 말하면서 다가온 아이들에게 못 해 준 말은 없었을까? 잘못 말한 것은 없었을까? 아이들에게 무슨 말인가를 전하려고 고민하면서 산다는 것의 의미는 무엇일까?

지금 이 순간은 질문들에 대한 하나의 답처럼 이한빛 피디가 생각이 난다. 이한빛은 대학을 마치고 언론사 공채 시험에 합격해 〈혼술남녀〉라는 드라마를 만들던 정규직 피디다. 이한빛은 이야기의 힘을 믿었다. 좋은 이야기로 세상에 영향을 미치길 바랐다. 상당 부분 제작이 진행된 〈혼술남녀〉는 방영 전에 사내 모니터 회의를 했다. 모니터 결과 〈혼술남녀〉는 좋은 평가를 얻지 못했다. 간부진에서 이런 내용을 담은 말이 오갔을 수도 있다.

"다 짤라." "촬영 팀 교체해." "계약 파기하고 비용 회수해."

다 짜른다면 그것은 정규직 피디들이나 스태프들을 향한 말은 아니다. 비정규직이 대상이다. 하지만 비정규직 촬영 팀들은 이미 제작비로 많은 돈을 썼다. 그 돈마저 회수하는 역할은 팀의 막내 피디인 이한빛에게 돌아갔다. 나는 어떤 하루의 이한빛을 상상해 본다. 그가 함께 일하던 동료들에게 해고 통보를 전달하던 날이다. 그날 바깥세상은 평화로웠을 수도 있다. 그는 이제 그만 일하시고 돈을 돌려달라는 말을 어떻게 했을까? 얼굴을 똑바로 보고 말했을까? 외면하면서 말했을까? 커피를 한 잔 마시면서 했을까? 복도에 서서 했을까? 그때 기분은 쑥스러웠을까? 비참했을까? 이한빛은 정규직 피디였다. 조금만 버티면 시간이 흐름에 따라 자연스럽게 중간 관리자 자리로 올라갈 것이고 더 이상 자기 손에 피를 묻히는 궂은일을 할 필요까지야 없었을 것이다. 그러나 이한빛 피디는 스스로 생을 마감했다. 그 전에 그는 두 가지 일을 했다. 하나는 구의역 김 군 사건으로 알려진 구의역에 간 것이다. '짬이 잠깐 나서 구의역에 갔다'라고 그는 썼다. 짬이 잠깐 난 그는 왜 구의역에 갔을까? 시민의 한 사람으로서 애도를 표현하려고 가고 싶었을 수도 있었겠지만 다른 이유도 가능하다. 구의역 김 군은 비정규직이었다. 이한빛은 김 군을 사망에 이르게 한 바로 그 일을 자기도 하고 있다고 느꼈을 것이다. 죽기 전날 그가 한 일도 있다. 그의 행적은 동생 이한빛의 동생 이한솔이 밝혀 냈다. 이한빛은 죽기 전날 어려서 살던 동네들과 자신의 모교가 있던 신림동 일대를 차례차례 돌아봤다. 나는 이한솔에게 "형은 왜 어려서 살던 동네를 돌아봤을까요?"라고 물은 적이 있다.

"아마, 자기가 어떻게 살아야겠다고 꿈꾸던 동네였으니까 그랬을 것 같아요. 얼마나 꿈이 많았겠어요. 하지만 이렇게 살려고 했던 건 아니니까."

이한솔 씨와 내가 이런 대화를 처음 나눈 것은 2년도 더

꿈의 불멸

전의 일이다. 그래도 어제 일처럼 생생하다. 정규직 피디가 비정규직 문제를 겪으면서 스스로 생을 마감한 것은 방송사 초유의 일이었다. 나를 포함한 많은 정규직 피디는 그렇게 안 한다. 우리는 "이 판은 원래 그래!"라고 정당화하거나 무뎌진다. 심지어 나를 보호하기 위해 상황을 옹호까지 한다. 우리가 원했던 것, 우리의 꿈 ― 정규직 피디가 되는 것 ― 이 우리를 무감각하게 한다. 어쩌면 현실에는 '세상은 원래 그래!'라고 믿어야만 감당할 수 있는 무언가가 있을 수도 있다. 어쩌면 현실에는 적당히 무뎌지지 않으면 견디기 힘든 무엇인가가 있을 수도 있다. 우리는 꿈과 현실이 달라도 꿈이 아니라 현실에 몸을 맞춘다. 운이 좋다면 아주 적절하게 잘 타협하고 헤쳐 나갈 수도 있다. 이한솔이 나중에 이한빛 피디의 회사에서 들은 말도 "이 판은 원래 그래!"였다. 그 세계의 논리로 보면 이한빛은 세상은 원래 그런데 거기에 적응하지 못한 나약한 부적응자일 뿐이다. '형은 정말 나약한 부적응자에 불과했을까? 형은 누구였을까? 내가 알던 형이랑 그들이 아는 형은 다른 사람일까?' 동생이 죽은 형에게 이런 의혹을 품는 것은 고통스러운 일이었다. 그러나 이한솔은 의혹을 품었다. 당연히 고통을 받았다. 그는 형과 함께 일하던 사람들을 만나러 다니기 시작했다. 적지 않은 사람들이 만나는 것 자체를 거부했다. 이런 이한솔에게 용기를 준 사람이 있었다. 비정규직 기술직 종사자였다.

"이한빛 피디는 그래도 유일하게 우리를 인간 취급 해 준 사람이었어요."

그 말을 들었을 때 한솔 씨가 느낀 안도감, 뿌듯함 그리고 자랑스러움은 그를 모처럼 활짝 웃게 만들었다.

'우리 형이 그렇지. 우리 형이 그래.'

이 말에서 결정적 용기를 얻은 이한솔은 기자 회견을 했고 형의 죽음에 얽혀 있는 방송사 노동 문제를 세상에 제기했다. 그때 그가 외친 구호는 "원래 그런 것은 없다"였다.

한솔 씨는 죽은 형의 생일에 큰 선물을 했다.

"우리 형은 새로운 것을 좋아했으니까 왕창 새로운 것을 주기로 마음먹었어요."

그가 죽은 형에게 준 선물은 한빛재단이다. 방송사 비정규직 문제 해결을 위해 노력을 하는 재단이다. 형의 이름처럼 방송사 비정규직들에게 '빛'이 되길 꿈꾸는 재단이다. 나는 이한빛이 구의역에 간 일과 죽기 전날 그가 꿈꾸었던 동네를 돌아봤던 것을 잊지 못하겠다. 내가 지금의 나와 다른 사람이 될 수도 있었단 생각 자체를 못 하는 사람은 변화를 말하지 못한다. 내가 지금의 나와는 다른 사람일 수 있고 그래야 한다는 생각은 그토록 중요하다.

"우리 형은 죽기 전에 외로웠을 거예요. 말할 사람이 없었어요."

한솔 씨는 이렇게 말했지만 나는 뒤늦게나마 이한빛을 생각하면 말할 수 없는 친밀감을 느낀다. 살아생전 이한빛을 만났다면 우리는 좋은 친구가 되었을 것이다. 현실에는 문제가 있고 변화가 필요하다는 것을 말할 수 있다는 사실만으로도 반가움을 느꼈을 것이고 어깨를 나란히 하고 걷고 세상이 어떻게 이럴까? 온갖 욕을 했을 것이다. 나는 12월 31일생 피디가 꿈인 박정은 학생을 만나면 이한빛 피디 이야기를 나눌 것이다.

"나에게는 진짜 좋은 친구가 있어. 나와 내 친구는 만난 적 없어. 하지만 그는 내 삶 속에 들어왔어. 자주 생각해. 나는 그가 내게 가진 의미를 잊어버리지 않을 거야. 내가 그렇게 한다면 너가 이다음에 피디가 되었을 때 지금보다 훨씬 괜찮은 삶을 살 수 있어."

이한빛 피디의 꿈, 좋은 이야기로 세상에 영향을 미치고 싶어 했던 꿈은 살아남아 현실이 되어야 한다. 그 이야기의 출발점은 현실이다. 수많은 평범한 꿈을 간직한 세상은 고칠 점 투성이, 문제가 많은 세상이다. 원래 그런 모습 그대로 고정되어야 하는 곳이 아니라 새롭게 생성되어야 할 것이 많은 세상이다. 그래서 우리에게는 더 많은 좋은 이야기들이 필요하다. 이 이야기들 속의 꿈은 자라나 미래에는 현실이 되어야 한다.

이한솔은 내가 어떻게 살아야 할지 도움이 되는 말을 두 가지나 더 했다.

"저는 제 슬픔을 잘 표현하지 않아요. 그 이유는 세상에 슬픈 사람이 많다는 것을 알게 되었기 때문이에요. 또 하나는 많은 유가족이 그렇겠지만 저에게는 삶의 기준이 생겼어요. 어떻게 할까 헷갈릴 땐 형을 생각해요. 이게 우리 형한테 떳떳한 일인가? 형이 보기에 떳떳하지 않은 일은 하지 않으려고 하더라고요. 제가 형의 사고 소식을 들은 것은 군대에 있을 때예요. 완전무장을 한 상태에서 들었어요. 장례식을 마치고 부대로 복귀했어요. 사람들이 가끔 저에게 관심 병사가 되지 않았냐고 물었어요. 많이 슬퍼했으니까요. 관심 병사가 되긴 했어요. 하지만 슬퍼해서는 아니에요. 우리 형이 그렇게 죽었으니까 저도 원래 그런 것은 없다고 생각하게 되었어요. 원래 그런 것으로 치부하고 넘어온 많은 좋지 않은 관행들을 바꿀 기회가 있으면 자꾸 말하게 되었고 누가 부당한 일을 당하면 그 사람 편에 서보려고 했어요. 우리 형이 그렇게 죽었는데 나마저 모른 척하면 우리 형이 얼마나 더 외롭겠어요."

이것이 많은 유족들이 사랑하는 방식이고 용기를 내는 방식이다. 사랑하는 사람의 꿈과 가장 좋은 생각을 이어 가는 것, 이것이 많은 유족들이 살아가는 이유다. 우리는 죽은 사람들을 다시는 만날 수 없다. 그 사실을 생각할 때마다 슬프지 않을 도리가 없다. 그러나 세월호 달력을 다시 한 번 보자. 어떤 아이도 과거형으로 표현되어 있지 않다. 모두 현재형이다. 부모들은 아이들에게 말 걸기를 멈추지 못하고 있다. 부모들은 여전히 아이들과 삶과 관련된 온갖 이야기를 나눈다.

"잘 자. 불 꺼 줄게."

"오늘은 눈이 와, 추워. 따뜻하게 입어야겠어."

"아들, 오늘 잘 지냈어?"

"아빠 옷 좀 사 주세요. 옷이 작아졌어요."

아이들의 꿈도 현재형이다. 부모들은 전에는 물어보지 않았던 많은 것들을 아이들에게 물어보고 의견을 구한다.

"아들, 아빠가 지금 잘하는 중이니?"
"그럼요. 잘하고 있어요. 아무 걱정 마세요."

"딸, 아빠가 지금 이렇게 하는 게 맞니?"
"할 거면 제대로 하세요."
"응, 그렇게 할게."

부모들은 세상 온갖 것으로부터 아이들을 지키기 위해 할 수 있는 모든 일을 다 할 것이다. 아이들의 가장 좋은 모습과 가장 좋은 목소리와 꿈이 기억되도록 할 수 있는 모든 일을 다 할 것이다. 아이들의 꿈과 가장 좋은 모습이 우리들의 삶으로 흘러들어 가길 원할 것이다. 그리고 더 이상 만져 볼 수 없는 희미해져 가는 사랑하는 얼굴에서, 아이들의 꿈에서만 자기 자신의 얼굴과 꿈을 알아볼 것이다. 달력을 매일 바라보며 시간이 흐름을 느끼는 나는, 세월호 5주기를 앞두고, 보르헤스의 말을 떠올리지 않을 수 없다.

나는 불멸을 믿는다고 말하고자 합니다. 개인의 불멸은 믿지 않지만 우주적 차원의 불멸은 믿습니다. 우리의 육체적 죽음 너머로 우리의 기억이 남을 것이며, 우리의 기억 너머로는 우리의 행동과 우리의 상황, 그리고 우리의 태도가 남을 것입니다. 그러니까 우주 역사의 가장 멋진 부분이 모두 남을 것입니다.[1]

《오늘의 교육》 49호

---

1   호르헤 루이스 보르헤스, 송병선 옮김, 《말하는 보르헤스》, 민음사, 2018, 46쪽.

정혜윤
coffeepearl@hanmail.net

CBS 프로듀서. 팟캐스트 〈세상 끝의 사랑 – 유족이 묻고 유족이 답하다〉 제작자.

4.16 이후 엄마-되기
영화 〈미쓰백〉을 경유해서

—

김종구

1.

5.18, 6.10처럼 4.16은 이미 한국이라는 나라-공동체의 거대한 사건으로 남았다. 그 전과 후를 나누어 생각해야만 하는, 혹은 그 이전으로 되돌아갈 수 없는 공동체 구성원 전체의 뇌리에 아로새겨진 사건 말이다. 4.16은 어쩌면 5.18보다 더 강렬한 사건일지도 모른다. 사건의 역사적 크기나 무게가 아니라, 체험의 강도의 차이 때문이다. 배가 점차 침몰해 가던 현장의 다급한 영상이 우리의 스마트폰 속으로 속속 전해졌고, 배 속에 아직도 많은 아이들이 남겨져 있다는 사실에 우리는 한시도 스마트폰에서 눈을 떼지 못했다. 우리 모두 그 현장으로 불려 간 것이다. 우리는 그날, 그리고 그 다음 날 또 그 다음 날…… 무엇이 일어났는지 똑똑히 본 것이다. 우리는 두 손 모아 기도했고,

잠수부가 곧 투입된다는 소식에 희망을 걸었으며, 물살이 거세 잠수가 내일로 연기된다는 소식에 안타까운 마음으로 발을 동동거렸다. 정부의 발표가 오락가락/우왕좌왕할 때 모두가 혀를 찼으며, 선장을 포함한 선원들이 해경의 보호를 받고 안전하게 구조될 때 분노로 치를 떨었다. 희생자의 주검이 하나둘 건져질 때마다 슬픔에 휩싸였으며, 애도라는 의식까지 갖추진 못했지만 밥 먹는 것조차 죄스러워졌다. 크기는 저마다 다르겠지만, 우리 모두에게 '그날'은 지금도 아물지 않은 상처로, 때때로 불쑥불쑥 치고 올라오는 트라우마로 남겨졌다.

글을 쓰고, 그림을 그리고, 노래를 지어 부르고, 카메라로 세상을 표현하는 작가들에게도 4.16은 이전으로 돌아갈 수 없는 사건이자 상처로 남은 듯하다. 쓴다는 게 뭔가, 이제부터 카메라는 뭘 해야 하나, 4.16 이후 '빌어먹을' 시를 쓸 수 있을까 …… 하는 질문을 각자의 자리에서 던지기 시작했다. 아니, 그러한 질문이 그들을 찾아왔다고 해야 좋을 것 같다. 그러한 질문에 다들 꼼짝없이 포로가 된 것이다. 소설가 윤대녕은 세월호 사건을 통과하며 쓴 장편《피에로들의 집》의 작가 후기에서 다음과 같이 '그때 이후'를 토로하고 있다.

계간지 연재가 시작될 즈음 세월호 사고가 발생했다. 나는 그만 말문이 막혀 버렸다. 이후 만성적인 우울과 불안에 시달리며 쓰다, 말다를 반복하면서 작가임을 스스로 한탄하기도 했다. 결국 연재가 한 차례 중단된 뒤, 나는 미완의 원고를 들고 밖으로 나갔다.[1]

그리고, 그는 더 이상 소설을 쓸 수 있을까 하는 자괴감에 털썩 주저앉아 버렸다가 침묵을 깬 끝에 올해 초 소설집 《누가 고양이를 죽였나》를 펴냈다. 그런데, 그것은 세월호 사건이 작가의 삶, 아니 작가의 신체를 관통하며 남겨진 자국과 겨우 대면하여 토해 낸 편린들이었다. 윤대녕만이 아니다. 소설가만도 아닐 것이다. 창작을 하는 작가들은 모두 벙어리와 말더듬이(장애인에 대한 비하일 수 있지만 이 말 외에는 적절한 표현이 떠오르지 않아 그대로 쓴다)가 되었다. 그런 가운데서 작가들은 더 이상/이대로/가만히/있을 수 없어서 막힌 말문의 빗장을 걸어 내기 시작한다. 아동문학평론가 김지은은 2014년의 세월호 사건을 통과해 가까스로 세상에 나온 이른바 '4.16 이후의 동화' 몇 편을 리뷰하면서 다음과 같이 말한다.

그날 이후 우리는 '배'와 '가라앉다'라는 단어의 조합을 아동문학에서는 다루기 어렵게 되었다. 수학여행 장면을

---

1   윤대녕, 〈작가의 말〉, 《피에로들의 집》, 문학동네, 2016, 248쪽.

쓰는 것도 아직 우리의 손과 마음이 허락하지 않는다. 그러나 눈물을 저장하는 마음으로 몇몇 작가들은 자기 나름의 우회로를 찾아 목소리를 내기 시작했다.[2]

진실에 대한 갈망이든, 불의에 대한 항거든, 어쨌든 그들은 자신들이 가진 그 누구에게도 빼앗길 수 없는 무기인 '언어'로 불온하고 수상한 시대에 대해, 죽은 아이들을 애도하고 살아남은 자들을 다독거리기 위해 글을 쓰기 시작한다.

2.

세월호, 4.16이라는 키워드로 도서 검색을 해 보았다. 방대한 목록이 눈앞에 나타났다. 놀라웠던 건 그 목록들이 거의 모든 분야와 장르를 망라하고 있다는 점이었다.

《세월호 이후의 한국연극》, 《세월호와 역사의 고통에 신학이 답하다》, 《세월호 이후의 사회과학》, 《세월호는 우리에게 무엇인가 - 철학의 물음》, 《네가 나라다 - 세월호 세대를 위한 정치철학》, 《새로운 세대의 탄생 - 세월호 참사에 대한 기억의 의무》, 《팽목항에서 불어오는 바람 - 세월호 이후 인문학의

---

2   김지은, 《어린이, 세 번째 사람》, 창비, 2017, 169쪽.

기록》,《416 세월호 민변의 기록》,《세월호를 기록하다 - 침몰·
구조·출항·선원, 150일간의 세월호 재판 기록》,《건축은 어떻
게 아픔을 기억하는가 - 남영동 대공분실에서 세월호 추모관까
지》,《천사들은 우리 옆집에 산다 - 사회적 트라우마의 치유를
위하여》,《세월호 이야기 - 동시인·동화작가·그림작가들 65명
이 모여 쓰고 그린》,《눈먼 자들의 국가 - 세월호를 바라보는 작
가의 눈》,《우리 모두가 세월호였다 - 세월호 추모시집》,《슬픔
을 공부하는 슬픔》……. 그리고 어쩌면 가장 중요한 두 권의 책
《금요일엔 돌아오렴 - 240일간의 세월호 유가족 육성기록》,《다
시 봄이 올 거예요 - 세월호 생존학생과 형제자매 이야기》.

대충 제목만 나열해도, 4.16은 각자의 자리에서, 뭘 할 수
있을까, 뭐라도 해야 하지 않을까를 묻고 또 묻게 한 사건이었
음을 가늠할 수 있다. 책이라는 형식으로 나온 텍스트만 검색
해 본 것인데, 그림, 노래, 크고 작은 공연, 설치 미술, 포스트-잇
에 담은 작은 위로의 단장들 등 지난 5년간 사람들이 토해 낸
텍스트들은 이루 헤아릴 수 없을 것이다.

여기에 카메라도 예외가 아니었다. 세월호 사건을 '우선
은/어쨌든' 감추려는 움직임과 맞짱을 뜬 몇몇 다큐들이 먼저
눈에 들어온다. 작품성이나 관점에 대한 시시비비는 있겠지만,
〈다이빙벨〉과 〈그날, 바다〉가 그 첫 번째 목록일 것이다. 그리고
유튜브에 돌아다니는 무수한 고발의 영상 이미지들이 있다. 그

리고, 감히, 벌써, 상업적으로, 라는 따가운 시선 때문에 세상에 내놓을 엄두조차 내지 못했던 픽션 영화들이 5주기를 즈음해서 세상에 나오기 시작했다. 이 글을 쓰는 지금 〈악질경찰〉(이정범 감독)과 〈생일〉(이종언 감독)이 개봉되었다. 소위 액션 형사물이라고 할 수 있는 〈악질경찰〉에는 세월호 사건으로 친구를 잃은 한 소녀가 등장한다. 그 소녀의 상처가 왜 굳이 세월호의 그것이어야 했는가 하는 비판이 바로 나왔다. 이정범 감독은 자신이 잘할 수 있는 장르 속에서 세월호의 상처와 남긴 숙제를 풀어 보려고 했다고 한다. 액션 영화를 전문으로 하는 감독에게도 세월호는 상처였고, 피할 수 없는 질문이었던 셈이다.

〈생일〉[3]은 그날 이후 일상이, 마음이 산산이 부서진 남겨진 자들의 이야기를 다룬다. 여기에는 소위 유가족이 있고, 단짝 친구가 있고, 그 배에서 가까스로 귀환한 아이도 있다. 모두가 이제 그만하면 되었다, 잊어버리자고 해도 아직은 그게 안되는 이들이, 죽은 아이의 생일날 함께 모여 '그'에 관한 기억들을 하나씩 풀어 가는 가운데 가슴속 응어리가 조금씩 풀려 가

---

3   난니 모레티의 〈아들의 방〉(2001)은 〈생일〉과 함께 보면 좋은 영화인 듯싶다. 두 영화 모두 불의하게 죽은 아들을 어떻게 떠나보내야 하는지를 다루고 있다. 〈아들의 방〉은 부모로서 알지 못했던 아들의 일상, 연애, 여자 친구 등 아이의 흔적을 찾아 짧은 여행을 나선다. 윤대녕의 《누가 고양이를 죽였는가》에서도 죽은 이가 마지막으로 떠났던 그 여행길을 뒤쫓는다.

는, 긴 애도의 시간을 다룬 영화다. 〈생일〉을 보는 내내 조마조마 살얼음판을 걷는 기분에 사로잡혔다. 아마 영화를 만드는 내내 감독이나 스태프, 배우들의 태도도 그랬을 것이다. 이런 장면은 절대 안 된다, 이런 장면을 넣어도 좋을까, 이런 대사 때문에 유가족이 상처를 받지 않을까, 우는 장면을 너무 길게 쓰면 최루성 상업 영화라고 비판받지는 않을까…… 하는 자기 검열의 그물망 속에서 만들어진 영화처럼 보였다. 절제의 미덕을 발휘한 영화가 아니라, 절제가 영화의 윤리를 지배하고 있었다. 타국에 있는 바람에 '그때' 아이 곁에, 가족 곁에 있지 못했던 아버지의 역을 맡은 설경구는 다음과 같이 말한다. "힐링은 〈생일〉의 금기어였다. 절대 힐링 영화가 되어서는 안 된다고, 힐링은 말도 안 된다며 만들었다. 그런데 영화가 위안을 줄 수는 있지 않나? 서로가 서로를 다독여 주고, 등을 쓰다듬어 줄 수 있는 영화가 될 수 있을 것 같아 다행이다."[4]

세월호라는 이 거대한 사건 앞에 무엇을, 어떻게 다루어야 하는지는 쉽지 않은 과제이다. 누군가는 국가의 부도덕과 무능력과 음모를, 누군가는 죽은 이들에 대한 애도를, 누군가는 살아남은 자들의 슬픔과 이제부터 살아가야 할 막막함을, 누군가는 세월호가 남긴 많은 숙제들(시스템의 정상적 작동이나 아이

---

4   〈'힐링'은 〈생일〉의 금기어였다〉, 《씨네21》, 2019년 3월 26일.

들의 안전)을 이야기할 것이다. 그러나, 작가들은 태도나 방법 이전에 '왜 이게 아니라 그걸 주제로 택했느냐' 하는 비판을 감 오해야 하며, 그런 가운데 끊임없이 자기 검열을 하지 않을 수 없을 것이다.

〈생일〉은 분명 수작이었고, 배우 설경구의 말처럼 세월호로 인해 상처받은 우리들을 다독여 주고 쓰다듬어 주는 그런 좋은 영화였다. 그러나 〈생일〉은 4.16 이후 만들어질 수 있는 영화이지만, 4.16이 가져다준 질문과 대결하는 '4.16 이후의 영화'라고 보기는 힘들었다.

그런 점에서 나는 4.16 이후의 영화로 작년에 이미 우리 앞에 선보인 〈미쓰백〉(이지원 감독)을 꼽고 싶다. 이 영화에는 세월호 사건의 이야기는 고사하고, 간접적으로라도 세월호를 가리키는 기호조차 보이지 않지만, 이 영화야말로 세월호 이후의 영화인 듯 보인다. 그렇게 생각하게 된 건 하나의 이미지 때문이다. 영화 속 주인공 미쓰백의 엄마가 되려는 결단과, 세월호 사건으로 아이들을 잃고 청와대로, 국회로, 거리로 달려가던 '그 엄마들'의 이미지가 겹쳐 보였기 때문이다. 학대받은 아이를 구출해 그 아이의 엄마가 되기를 결심한 미쓰백과 아이를 잃어버린 후 비로소 자신이 엄마였음을, 아니 이제라도(결코 늦지 않았다!) 엄마가 되기로 결심하는 세월호의 엄마들. 두 이미지는 우리 시대의 새로운 과제이자 물음인 엄마-되기를 세상에 던지고 있다.

3.

이 글은 〈미쓰백〉이라는 영화 작품에 대해 이러저러한 평을 하기보다는 〈미쓰백〉을 통해 좀 더 또렷이 보이게 된 '4.16 이후의 과제'에 대해 이야기해 보려고 한다. 그래서 영화에 대한 이야기를 조금 한 다음에, 영화 밖으로 나와 지금의 세상, 우리의 사회에 대해서 말할 것이다. 우선 영화 〈미쓰백〉으로 들어가 본다.

영화 〈미쓰백〉은 백상아(한지민 분)라는 이름을 가졌지만 주로 '미쓰백'으로 불리는 한 여자에 관한 이야기다. 그 이름에서부터 제 이름으로 불리지 못하고 허드렛일이나 하며 살아가는 여성임을 알 수 있다. 그런데 친구 하나 없을 것 같은 그녀 옆에는 묵묵히 그녀를 지켜 주는 형사 정섭(이희준 분)이 있다. 둘의 관계는 꽤 오래되었지만, 연인 사이로까지 나아가지는 못했던 것 같다. 자기 사전에는 누구의 엄마, 누구의 마누라는 존재하지 않으리라는 생각을 품고 있던 백상아가 그 이상의 관계로 나아가는 걸 거부하고 있기 때문이다. 정섭이 상아를 알게 된 것은 그녀가 10대 때 저지른 살인 미수 사건이 계기가 되었다. 자신을 강간하려는 남자를 깨진 유리 파편으로 겨우 막아 냈지만, 유전무죄인 세상에서 그게 정당방위로 인정받지 못했고, 도리어 그녀는 살인 미수로 철창신세를 진다. 평생 그녀를 따라다니게 될 빨간 딱지 하나가 그어진 것이다. 그런데 그녀에게는 그 사건보다 오래된 트라우마가 하나 더 있다. 엄마로부터의 학대와 버려짐이라는 트라우마. 남편을 잃고 우울증에 빠져 매일 술만 마시던 그녀의 엄마는 어린 상아에게 지속적으로 폭력을 가했고, 끝내 상아를 버리기까지 했다. 영화의 첫 장면은 누구 하나 돌볼 사람이 없어 죽은 지 한 달이 돼서야 발견되는 한 늙은 여인의 사체를 보여주는 것으로 시작되는데, 그건 바로 백상아의 엄마였다. 그녀는 끝내 백상아의 엄마가 되지 못했고, 백상아 역시 딸이 되지 못했던 것이다.

그리고 영화에는 또 한 명의 중요한 존재가 등장한다. 백상아의 집 근처에 사는 아홉 살, 열 살쯤 돼 보이는 지은이(김시아 분). 지은이는 집에 틀어박혀 게임만 하는 20대의 아빠와 룸살롱에서 일하는 아빠의 여자 친구(계모라고 하기에도 적절치 않은 그런 존재)와 함께 살고 있다. 그들과 함께 지내는 그 집은 지은이에게는 끔찍한 폭력이 자행되는 장소이다. 영화는 아빠와 아빠의 여자 친구가 지은이에게 자행하는 폭력을 지나치다 싶을 만큼 적나라하게 보여 준다. 아동 학대의 심각함과 다급함을 보여 주려는 감독의 의도적 연출이었을 것이다.

처음 상아가 지은이를 만났을 때 지은이는 추운 겨울인데도 얇은 옷밖에 걸치지 않았고, 몸의 이곳저곳은 상처로 얼룩져 있었고, 끼니조차 제대로 챙겨 먹지 못한 몰골을 하고 있었다. 상아가 근처 포장마차에서 지은이에게 먹을 것을 사 주는 것으로 둘의 인연은 시작되는데, 영화는 지은이의 몸 곳곳에 남겨진 끔찍한 폭력의 흔적을 보여 줄 때마다 상아가 엄마로부터 학대당하던 장면을 교차 편집으로 보여 준다. 상아는 지은이의 상처에 자신의 상처를 포개 읽은 것이다.

그들이 지속적으로 지은이에게 폭력을 행사하고 있다는 걸 알게 된 상아는 어느 날 지은이를 병원에도 데려가고, 경찰서에도 데려간다. 하지만 '관'이라는 시스템은 작동하지 않고, 지은이는 '친권'/'양육권'을 가진 그들에게 쉽게 되돌려 보내진다. 물론 이 과정에 '전과'가 따라다니며 백상아를 괴롭힌다. 병원에 가서 기입해야 할 행정 서류와 경찰서에 신고할 때 적는 행정 서류는 그녀가 누군가의 보호자(엄마)가 되기는 힘들다는 걸 끊임없이 상기시킨다. '관'에 신고해 봤자 보호받지 못할 것이고, 다시 끔찍한 그곳으로 되돌려 보내진다는 사실은 지은이 역시 이미 알고 있다. 어린 나이인데도 불구하고 비슷한 경험을 이미 몇 차례 겪었을 터였다.

가정이 아동 폭력의 발생 장소이고, 관은 친권/양육권/보호조치 등의 행정 서류 더미 속에서 어물쩍거리고 있을 때, 학대받는 지은이에게 관여할 수 없는, 즉 '법'의 바깥에 있던 상아는 어느 날 그 '법'을 깨고, 지은이와 함께하기로 결단한다. 감

옥 같은 집에서 가까스로 탈출한 지은이를 데리고 호텔로 들어
간 상아는 욕실에서 지은이에게 자신의 상처(흉터)를 보여 주
며 지은이에게 다짐의 말을 건넨다. "나는 무식해서 너에게 가
르쳐 줄 것도 없고, 뭐 가진 것도 없어서 줄 것도 없지만, 대신
니 옆에 있을게. 지켜 줄게." 영화는 두 사람의 관계가 낡은 모
성의 그것이 되면 안 된다는 의지로, 이어지는 지은의 말을 나
란히 대등하게 배치한다. "나도…… 지켜 줄게요." 지은 역시 상
아의 상처에 자신의 상처를 포개어 읽은 것이다.

사실상, 영화는 여기서 끝난다. 그 뒤의 시퀀스는 '법'과
'행정 서류' 바깥에서 엄마-되기를 결심한 상아에게 아동 유괴
신고가 들어가고, 이어서 벌어지는 도피와 추격전, 그리고, 아
동 학대 죄를 말끔히 지울 요량으로 숨어 지내던 지은이를 찾
아내 '없애' 버리려던 계모와 이에 맞선 상아와의 거친 몸싸움
장면 등이다.

4.

〈미쓰백〉은 평론가로부터도 관객들로부터도 좋은 평가를 받았
다. 감독이 발신한 메시지와 관객의 그 메시지 수용이 무리 없
이 이어졌던 것이다. 말하자면 편지가 '제때' 수신자에게 도착
한 것이다. 그런데 여기에는 하나의 트릭이 존재한다. 아동 학대

라는 다급한 현실 문제에 대한 보도 프로그램적 접근과 엄마-되기라는 시대적 물음에 대한 다소 문학적 상상력의 결합이라는 트릭 말이다.

우선, 아동 학대라는 다급한 현실 문제에 대한 보도 프로그램적 접근의 문제. 아마도 이 영화를 보기 위해 극장으로 몰려든 관객들은 아동 학대라는 주제에 끌렸을 것이다. 이 영화에는 아동 학대의 현실을 고발하는 명시적 암시적 신^{scene}들로 가득 차 있다. 부모로부터 학대받는 아이들이 많지만 그 아이들을 보호할 제도적 시스템이 미비하다는 것, 법적 시스템조차도 학대받는 아이를 보호하기는커녕, 친권/양육권이라는 이름에 굴복해 버리거나 가정이라는 사적 공간에서 해결할 문제라고 판단해 버린다는 것 등 현실의 문제점을 따끔히 지적한다. 무엇보다 이 영화가 아동 학대라는 문제를 보도 프로그램적으로 접근하고 있다고 생각한 것은 아이를 학대하는 부모들에 대한 묘사 때문이었다. 지은이의 아빠는 아직 가정을 꾸릴, 한 아이를 양육할 자격이 없는 존재로 그려진다. 집에 틀어박혀 컴퓨터 게임에만 몰두하고 있고, 아이는 그에게 심심할 때 패는 샌드백과 같은 존재다. 영화의 대사를 빌리면 아이는 '그냥 싸질러 놓은 것' 외에 아무것도 아닌 것이다. 계모조차 되지 못한 아빠의 여자 친구는 국가로부터 나오는 양육 수당이나 타 낼 궁리만 하고 있고, 아이는 굶든 말든 상관치 않고 키우는 강아지의 밥을 챙기는 데 더 관심이 있다. 한마디로 말해서, 자격도 없는 나쁜 부모라는 설정인 것이다. 그래서 그럴까. 영화가 막바지에 이르자 형사 정섭은 지은이 아빠의 뺨을 사정없이 후려치며 "아무리 싸질렀어도 그래도 니 새끼잖아"라고 일갈한다. 백상아는 지은이의 계모와 격렬한 몸싸움을 벌이며 그녀에게 기어코 한 방 먹인다. 영화를 보는 내내 꼴갑 떠는 그들에게 따귀 한 대를 갈기는 건 관객이 가장 기다린 카타르시스의 장면이었는지 모른다. 그 따귀 한 대는 아마도 이 영화가 내린 나쁜 부모에 대한 징벌일 것이다. 그러나 그들을 한 방 먹인다고 지은이들에게 새로운 삶이 펼쳐지는 것도 아닐 것이고, 그들을 악마로 규정한다고 해서, 그래서 그 악마를 뿌리 뽑는다고 해서 현실의 아동 학대가 사라지지도 않을 것이다. 구조를 말하는 것 같으면서도 수많은 보도 프로그램이 쉬이 다다르고 마는 익숙한 이미지, 나쁜 엄마, 아빠로의 귀결. 〈미쓰백〉 역시 아쉽게도 익숙한 이미지를 소비하고 만다.

두 번째, 엄마-되기라는 시대적 물음에 대한 다소 문학적 상상력의 결합이라는 문제. 학대받는 아이는 누가 끌어안을 수 있을까. 이 영화에서는 다소 문학적 해결책을 제시한다. 바로 비슷한 상처를 가진 어른(백상아)이, 상처를 받고 있는 아이(지은)를 끌어안는 것이다. 우리에게 익숙한 문학적 서사로서는 더할 나위 없이 좋은 배치이고 연결이다. 그러나, 상처받은 어른이 정

3부. 세월호라는 기표

말 상처받은 아이들을 끌어안을 수 있을까. 잘 끌어안을 수 있을까. 현실에서 들려오는 이야기는 그 반대를 가리키는 경우가 많다. 가령, 2015년 여름에 일본에서 발생한 '오사카 네야가와시 중학교 1학년생 남녀 살해 사건'. 후쿠시마 핵 발전소 폭발 사고 현장에서 제염 작업을 하는 일거리 외에는 딱히 구할 수 있는 직업도 없었던 남자는, 밤에 일을 나가야 하는 엄마를 둔 한부모 가정의 아이 둘을 자신의 차로 끌어들인 후 무참히 살해하고 만다. 세상으로부터 받은 상처가 많았던 아저씨는 자신처럼 외롭고 가난했던 그 아이들을 왜 따뜻하게 품어 안을 수는 없었을까. 우리의 문학적 상상력으로 메우기에는 현실이 만만치 않다는 것을 보여 준다.

그러나 이러한 단점에도 불구하고, 〈미쓰백〉은 엄마-되기라는 우리 시대의 과제를 정면으로 끌어안은 영화였다. 이 영화를 본 사람이라면 자연스럽게 떠오르는 드라마가 한 편 있을 것이다. 한국에서도 리메이크된 〈마더〉(니혼테레비, 사카모토 유지 각본, 2010)라는 일본 드라마다. 아시다 마나를 일본의 국민 아역 배우로 만든 이 드라마는 '모성은 여자를 미치게 한다'라는 캐치프레이즈에서도 알 수 있듯이 '모성'이라는 다소 보수적인 언어의 울타리를 취하고 있지만, 내용은 꼭 그렇지 않다. 이야기의 구조는 〈미쓰백〉과 거의 같은데 어릴 때 엄마로부터 버림을 받은 적이 있는 여자는 나쁜 엄마로부터 학대당하고 버려진 아이의 엄마가 되기로 결심한 다음, 아이를 '유괴'해 함께 살 길을 찾아 나선다는 것. 유괴가 용서되는 건 바로 나쁜 엄마로부터 아이를 구한다는 설정과 아이를 구하려 했던 쪽이 진짜 엄마가 될 자격이 있는 게 아닐까 하는 관객들의 동의를 이끌어 내는 섬세한 스토리텔링 때문이다. 일본이든 한국이든 아동 학대는 너무 다급하고 절실한 것이어서 누군가는 '법'을 가로질러서라도 바로 응답해야 하는 우리 시대의 과제가 된 것이다.

그런데 이러한 엄마-되기라는 이야기가 만들어지는 데에는 아이를 잃어버린 사회(세상)라는 디스토피아적 서사가 그 배경에 있다. 예컨대, 1960년대 만들어진 〈저주받은 도시〉(울프 릴라 감독, 1960)나 〈로즈메리의 아기〉(로만 폴란스키 감독, 1968) 등이 당시의 핵전쟁이나 과학 기술의 발전에 대한 두려움으로 내 아이가 혹시 괴물이나 악마로 변해 버리지는 않을까 하는 불안과 공포를 다루었다면, 2000년대 이후의 영화나 드라마들, 예컨대 〈칠드런 오브 맨〉(알폰스 쿠아론 감독, 2006), 〈월요일이 사라졌다〉(토미 위르콜라 감독, 2017), 〈시녀 이야기〉(HULU 제작, 2017; 원작 소설은 1985년) 등에서는 아이를 잉태하는 것조차 어렵게 된 우울한 시대를 보여 주고 있다. SF적 상상력이 바로 우리의 발밑까지 온 것이다. 힘들게 아이를 잉태하더라도 아이가 제대로 자라서 홀로 서기까지는 너무나 힘든 과정을 거쳐야 하는 시대(비용이 너무 많이 들고, 이들의 생명을 위협하거나 하찮게 여기는 것들이 곳곳에 도사리고 있으며, 학교는 여전히 엉망이고, 어른들은 무기력하다). 지속 가능한 사회는 먼 꿈이며, 인류라는 종의 재생산 이전에 나 한 사람 건사하기도 힘들고 불안한 시대가 된 것이다.

엄마-되기는 이런 디스토피아적 현실 속에서 나온 또 하나의 서사의 줄기이다. 그래서 그건 퇴행적으로 예컨대, 신경숙의 《엄마를 부탁해》(창비, 2008)처럼 이데올로기로서의 '모성'을 자극할 위험성도 있다. 이 험악한 시대에 그래도 믿을 건 모성이고, 가족이라는 이데올로기 말이다. 그러나 엄마-되기의 서사는 디스토피아적 서사를 거스르는 대항-서사의 가능성을 품고 있기도 하다. 아이를 잃어버린 사회, 아이를 낳고/키우고/가르치기 힘든 사회에 맞서는 서사 말이다. 4.16은 '아이를 잃어버린 사회'의 총체적 모습을 까발린 사건인데, 〈미쓰백〉은 '엄마-되기'라는 서사를 가지고 바로 이 물음에 응답하려 한 영화였던 것이다.

5.

〈미쓰백〉을 처음 보았을 때 머릿속을 맴돌던 의문 중 하나는, 이 영화는 왜 엄마가 되기로 결심한 장면에서 사실상 끝나는가였다. 영화는 백상아의 엄마-되기라는 결단만 다루고 있을 뿐

백상아와 지은이가 실제로 같이 사는 장면이 없다. 그런데 그 의문은 곧 바로 풀렸다. 엄마-되기에서 중요한 것은 바로 그 결단에 있다는 것을, 그 결단이 전부라는 걸 세월호의 엄마들로부터 배웠기 때문이다.

"내가 죄인 같아서 밥 먹는데도 눈물이 나오고, 어휴 저게 자식 죽었는데 저렇게 잘 먹나 그렇게 손가락질할까 봐 겁도 나고. 남들은 모여서 웃고 떠드는데 나는 한쪽에서 울고. 쳐다보는 눈빛들도 달라요. 나를 되게 불쌍하게 보는데, 난 또 그게 싫은 거예요."[5]

"교황님이 대전에서 세월호 유가족을 만나기로 한 날 저도 그곳에 갔어요. (……) 마구 막아 대는데 그냥 막 펜스 앞으로 쫓아갔지요. 이 마음이 아프니까 내 마음을 치유시켜 달라고, 내가 살 수 있게 해 달라고. 살아갈 수 있는 힘을 달라고."[6]

처음에는 세상과 어떻게 대면해야 할지 몰랐고, 시름과 한

---

5   416세월호참사 작가기록단 엮음, 《금요일엔 돌아오렴》, 창비, 2015, 76쪽. 승희 엄마 전민주 씨.
6   앞의 책, 37~38쪽. 건우 엄마 노선자 씨.

숨과 원망과 분노에 사로잡혀 있었던 엄마들이, 세상과 '맞서기로' 결심한다.

> "'아, 대한민국엔 대통령이 없구나.' 그 허탈감이란…… 나는 그때 더 강해졌어요. '죽을 때까지 이렇게 갈 거야.' (……) 여기서 포기해 버리면 나라가 버린 내 자식을 부모가 또다시 버리는 셈이니까."[7]

> "속이 많이 단단해지고 있어요. 정말 세상에서 처음 듣는 별의별 소리를 다 듣다 보니까. (……) 앞으로 두려울 게 없다고나 할까요. 그냥 있는 그대로 보여 주고 숨기는 게 없으면 두려울 게 없을 것 같아요. (……) 어쨌든 진실이라는 목표 하나만 보고 달려가다 보면 목적지에 다다를 수 있을 거 같아요."[8]

지젝은 어디에선가 "주체의 결단이 없이는 어떠한 사건도 일어날 수 없으며, 진정한 혁명은 절실함과 다급함 속에서 발생한다"고 했는데, 세월호 사고, 세월호 참사(누군가는 교통'사고'와 같은 거라고 했다)가 '세월호 사건'이 될 수 있었던 건 온전

---

7   앞의 책, 128쪽. 호성이 엄마 정부자 씨.
8   앞의 책, 159쪽. 창현이 엄마 최순화 씨.

히 이 엄마들(혹은 아빠들)의 결단 때문이다. 소설가 박민규는 세월호를 '사고'로 처리하려는 자들에 맞서 세월호가 '사건'이 되어야 함을 길게 이야기한 적이 있다.[9] 그리고, 평론가 신형철 역시 '사고'와 '사건'의 구분이 왜 중요한지를 다음과 같이 이야기했다. "사고는 '사실'과 관계하는 '처리'와 '복구'의 대상이다. 그러나 사건은 '진실'과 관계하는 '대면'과 '응답'의 대상이다."[10]

옳은 지적이다. 그러나, 두 사람 모두 세월호가 '사건'이 될 수 있도록 한 운동의 발화 지점을 이야기하는 걸 잊었다. 그 불씨는 세월호의 엄마들이었다. 이들은 세상과 맞서 엄마가 되기로 결심한다. 보통 이데올로기로서의 모성은 사회 질서 앞에, 권력 앞에 멈추는데 이들의 투쟁은 자격 없는 대통령을 끌어내리는 데까지 멈추는 법이 없었다. 바다 밑에 잠들어 있던 세월호를 기어이 끌어올린 것도 이들이다. 이뿐만 아니다. 엄마들은 세월호 사건 이후 상처받은 자들의, 혹은 이제 무엇을 할 것인가를 고민하는 사람들의 공동체를 만들어 냈는데, 말 그대로 그건 코뮌이었고, 코이노니아(교회)였다. 이 코이노니아로 고 김용균 씨의 어머니 김미숙 씨가 찾아와 세월호 엄마들을 붙잡고 울음을 터뜨렸으며, 고 장자연 씨 사건의 유일한 증언자 윤지오

---

9   박민규 외, 《눈먼 자들의 국가》, 문학동네, 2014, 54~61쪽.
10   박민규 외, 앞의 책, 229쪽.

씨도 찾아와 '나도 세상과 맞서 싸우겠다'는 고백을 하기도 했다. 이 모든 운동의 발화 지점에 세월호 엄마들의 엄마-되기의 결단이 있었고, 그들은 엄마-되기의 서사를 현실 속에서 구현해 보인 것이다.

《오늘의 교육》 49호

김종구
spinozian@hanmail.net

2009년 일본으로 건너온 후 지금은 후지산과 태평양이 바라다보이는 시즈오카의 한적한 마을에서 살고 있다. 영상-미디어의 과거와 현재를 살피는 게 연구자로서의 주된 일인데, 최근 들어 이런저런 것에 곁눈질을 많이 한다. 일본의 젊은 소설을 읽거나, 지역 재생 프로젝트 현장을 방문하거나 일본의 오래된 순례 길을 걸으며 나와 공동체의 미래를 근심하며 살고 있다.

교육공동체 벗

교육공동체 벗은 협동조합을 모델로 하는 작은 지식공동체입니다.
협동조합은 공통의 목적을 가진 사람들이 모여서 만든
권력과 자본으로부터 독립된 경제조직입니다.
교육공동체 벗의 모든 사업은 조합원들이 내는 출자금과 조합비로 운영됩니다.
수익을 목적으로 하지 않기에 이윤을 좇기보다
조합원들의 삶과 성장에 필요한 일들과
교육운동에 보탬이 될 수 있는 사업들을 먼저 생각합니다.
정론직필의 교육전문지, 시류에 휩쓸리지 않는 정직한 책들,
함께 배우고 나누며 성장하는 배움 공간 등
우리 교육 현실에 필요한 것들을 우리 힘으로 만들고 함께 나누고 있습니다.

조합원 참여 안내

출자금(1구좌 일반 : 2만 원, 터잡기 : 50만 원)을 낸 후 조합비(월 1만 5천 원 이
상)를 약정해 주시면 됩니다. 조합원으로 참여하시면 교육공동체 벗에서 내는
격월간 교육전문지 《오늘의 교육》과 조합 통신 〈벗마을 이야기〉를 받아 보실
수 있습니다. 출자금은 종잣돈으로 가입할 때 한 번만 내시면 됩니다. 조합을
탈퇴하거나 조합 해산 시 정관에 따라 반환합니다. 터잡기 조합원은 벗의 터전
을 함께 다지는 데 의미와 보람을 두며 권리와 의무에서 일반 조합원과 차이는
없습니다. 아래 홈페이지나 카페에서 조합 가입 신청서를 내려받아 작성하신
후 메일이나 팩스로 보내 주세요.

홈페이지 communebut.com
카페 cafe.daum.net/communebut
이메일 communebut@hanmail.net
전화 02-332-0712
팩스 0505-115-0712

교육공동체 벗을 만드는 사람들

※ 하파타순

후쿠시마 미노리, 황지영, 황정하, 황정일, 황정인, 황정원, 황정욱, 황이경, 황윤호성, 황순임, 황봉희, 황미숙, 황기철, 황규선, 황고운, 홍정인, 홍유지, 홍용덕, 홍순성, 홍세화, 홍성은, 홍성구, 홍석근, 홍미영, 현복실, 현미열, 허효인, 허은실, 허성균, 허보영, 허기영, 허광영, 함점순, 함영기, 한학범, 한지희, 한지혜, 한정혜, 한은옥, 한영욱, 한영선, 한승모, 한소영, 한성찬, 한봉순, 한민혁, 한만중, 한날, 한경희, 하정호, 하인호, 하승우, 하승수, 하순배, 하광봉, 탁동철, 최희성, 최현숙, 최현미a, 최현미b, 최진규, 최주연, 최정윤, 최정아, 최은희, 최은정, 최은아, 최은숙a, 최은숙b, 최은미, 최은경, 최윤미, 최원혜, 최영식, 최영락, 최연희, 최연정, 최애영, 최애리, 최승훈, 최승복, 최슬빈, 최선영a, 최선영b, 최선경, 최봉선, 최보람, 최병우, 최미영, 최미선, 최미나, 최문정, 최류미, 최대현, 최기호, 최광용, 최광락, 최경미, 최경련, 채효정, 채종민, 채옥엽, 차종숙, 차용훈, 진현, 진주형, 진웅용, 진영효, 진영준, 진냥, 지정순, 지수연, 주윤아, 주순영, 주수원, 조희정, 조형식, 조향미, 조해수, 조하늘, 조진희, 조지연, 조준혁, 조주원, 조정희, 조응현, 조윤성, 조원배, 조용진, 故조영희(명예조합원), 조영현, 조영옥, 조영실, 조영선, 조영란, 조여은, 조여경, 조수진, 조성희, 조성실, 조성대, 조석현, 조석영, 조상희, 조문경, 조두형, 조경애, 조경아, 조경삼, 제남모, 정희영, 정희선, 정홍윤, 정혜령, 정현진, 정현주a, 정현주b, 정현숙, 정헤레나, 정태회, 정춘수, 정철성, 정진영a, 정진영b, 정진규, 정종민, 정재학, 정이든, 정은희, 정은주, 정은균, 정유진, 정유숙, 정유섭, 정원석, 정용주, 정예슬, 정영현, 정영수, 정애순, 정수연, 정부교, 정보라a, 정보라b, 정미숙, 정미라, 정명옥, 정명영, 정득년, 정남주, 정광호, 정광필, 정광일, 정관모, 정경원, 전혜원a, 전혜원b, 전정희, 전유미, 전보선, 전병기, 전민기, 전미영, 전난희, 장효영, 장홍월, 장현주, 장진우, 장종성, 장인하, 장인수, 장은하, 장은미, 장윤영, 장원영, 장시준, 장슬기, 장상욱, 장병훈, 장병학, 장근영, 장군, 장경훈, 임혜정, 임향신, 임한철, 임지영, 임중혁, 임종길, 임정은, 임전수, 임수진, 임성준, 임성빈, 임성무, 임선영, 임상진, 임동헌, 임덕연, 임금록, 이희옥, 이희연, 이효진, 이화현, 이호진, 이혜정, 이혜린, 이형빈, 이현주, 이현종, 이현, 이혁규, 이향숙, 이한진, 이태영a, 이태영b, 이태구, 이충근, 이초록, 이진혜, 이진주, 이진숙, 이지혜, 이지현, 이지향, 이지영, 이지연, 이중석, 이준구, 이주희, 이주탁, 이주영, 이종찬, 이종은, 이정희a, 이정희b, 이재형, 이재익, 이재두, 이인사, 이응휘, 이은희a, 이은희b, 이은향, 이은진, 이은주a, 이은주b, 이은영, 이은숙, 이은경, 이윤정, 이윤엽, 이윤선, 이윤미, 이유진, 이월녀, 이원님, 이우진, 이용환, 이용석a, 이용석b, 이용기, 이영화, 이영혜, 이영주, 이영아, 이영상, 이연진, 이연주, 이연숙, 이연수, 이애영, 이승헌, 이승태, 이승연, 이승아, 이슬기a, 이슬기b, 이순임, 이수정a, 이수정b, 이수미, 이소형, 이성원, 이성우, 이성숙, 이성수, 이설희, 이선표, 이선영, 이선애a, 이선애b, 이선미, 이상훈, 이상화, 이상직, 이상원, 이상미, 이상대, 이병준, 이병곤, 이범희, 이민아, 이민숙, 이미옥, 이미연, 이미숙a, 이미숙b, 이미라, 이문영, 이명훈, 이명형, 이매남, 이동철, 이동준, 이동갑, 이도종, 이덕주, 이남숙, 이난영, 이나경, 이기규, 이근희, 이근철, 이근영, 이균호, 이광연, 이계삼, 이경은, 이경욱, 이경언, 이경아, 이경림, 이건진, 이건민, 이갑순, 윤홍은, 윤큰별, 윤지형, 윤종원, 윤우람, 윤영훈, 윤영백, 윤여강, 윤석, 윤상혁, 윤병일, 윤규식, 유효성, 유재을, 유은아, 유영길, 유성희, 유성상, 위양자, 원지영, 원윤희, 원성제, 우창숙, 우지영, 우완, 우영재, 우승인, 우수경, 오혜원, 오중근, 오정오, 오은정, 오은경, 오유진, 오승훈, 오수민, 오세희, 오세연, 오세란, 오상철, 오민식, 오명환, 오동석, 오경숙, 염정신, 여희영, 여태전, 엄창호, 엄지선, 엄재홍, 엄영숙, 엄기호, 엄귀영, 양희전, 양해준, 양지선, 양은주, 양은숙, 양영희, 양애정, 양선화, 양선형, 양서영, 양상진, 안효빈, 故안혜영(명예조합원), 안찬원, 안지현, 안지윤, 안지영, 안준철, 안정선, 안재성, 안용덕, 안옥수, 안영빈, 안순억, 안경화, 심항일, 심은보, 심승희, 심수환, 심동우, 심경일, 신혜선, 신혜경, 신충일, 신창호, 신창복, 신중휘, 신은정, 신은숙, 신은경, 신유준, 신소희, 신미옥, 신관식, 송화원, 송호영, 송혜란, 송현주, 송진아, 송정은, 송인혜, 송용석, 송승훈, 송명숙, 송근희, 손호만, 손현아, 손진근, 손은경, 손소영, 손성연, 손미승, 소수영, 성현주, 성현석, 성유진, 성용혜, 성열관, 성나래, 설은주, 설원민, 선휘성, 선미라, 석옥자, 석경순, 서혜진, 서정오, 서인선, 서은지, 서윤수, 서우철, 서예원, 서승일, 서명숙, 서금자, 서강선, 상형규, 복헌수, 복준수, 변현숙, 백현희, 백인식, 백영호, 백승범, 배희철, 배희숙, 배주영, 배정현, 배정원, 배일훈, 배이상헌, 배영진, 배아영, 배성호, 배경내, 방득일, 방경내, 반영진, 박희진, 박희영, 박효정, 박효수, 박환조, 박혜숙, 박형진, 박형일, 박현희, 박현주, 박현숙, 박춘애, 박춘배, 박철호, 박진환, 박진숙, 박진수, 박진교, 박지희, 박지홍, 박지혜, 박지인, 박지원, 박종하, 박정아, 박정미, 박은하, 박은정, 박은아, 박은경a, 박은경b, 박윤희, 박옥주, 박옥균, 박영실, 박영미, 박영림, 박신자, 박승철, 박숙현, 박수진a, 박수진b, 박수연, 박소현, 박소영, 박세영, 박성현, 박성찬, 박성규, 박선혜, 박선영, 박복선, 박미희, 박명진, 박명숙, 박동혁, 박도정, 박덕수, 박대성, 박노해, 박내현, 박나실, 박고형준, 박계도, 박경화, 박경진, 박경주, 박경이, 박건형, 박건진, 민형기, 민은식, 민애경, 민병성, 미류, 문희영, 故문홍빈(명예조합원), 문지훈, 문용석, 문영주, 문순창, 문순옥, 문수현, 문수영, 문수경, 문세이, 문성철, 문봉선, 문미정, 문경희, 모은정, 모영화, 명수민, 마승희, 류형우, 류창모, 류지남, 류정희, 류재향, 류원정, 류우종, 류영애, 류명숙 , 류경원, 도정철, 도방주, 데와 타카유키, 노영필, 노상경, 노미경a, 노미경b, 노경미, 남효숙, 남주형, 남정민, 남유경, 남원호, 남예린, 남미자, 남동현, 남궁역, 날맹, 나규환, 김희정, 김희옥, 김홍규, 김훈태, 김효승, 김환희, 김홍규, 김혜영, 김혜순, 김혜림, 김형렬, 김형근, 김현진a, 김현진b, 김현주, 김현영, 김현실, 김현경, 김현, 김헌택, 김필임, 김태훈, 김춘성, 김천영, 김창진, 김찬영, 김진희, 김진숙, 김진명, 김진, 김지훈, 김지연a, 김지연b, 김지미, 김지광, 김중미, 김준휘, 김준연, 김주영, 김주립, 김종현, 김종원, 김종욱, 김종성, 김종만, 김정희, 김정현, 김정주, 김정식, 김정섭, 김정삼, 김정기, 김정규, 김재황, 김재민, 김인순, 김이은, 김이민경, 김은희, 김은파, 김은주, 김은영a, 김은영b, 김은아, 김은식, 김은숙, 김은남, 김은경, 김윤주a, 김윤주b, 김윤정, 김윤자, 김윤우, 김원석, 김우영, 김우, 김용훈, 김용양, 김용섭, 김용만, 김용란, 김요한, 김영희, 김영진a, 김영진b, 김영진c, 김영주a, 김영주b, 김영자, 김영아, 김영순, 김영삼, 김연정, 김연일, 김연오, 김연미, 김애숙, 김애령, 김시내, 김승규, 김순천, 김수현, 김수진a, 김수진b, 김수정a, 김수정b, 김수경, 김소희, 김소영, 김세호, 김성진, 김성애, 김성숙, 김성보, 김설아, 김선희, 김선우, 김선산, 김선미, 김선구, 김선경, 김석준, 김석규, 김상희, 김상정, 김상일, 김상숙, 김상기, 김봉석, 김보현, 김병희, 김병훈, 김병섭, 김병기, 김범주, 김민희, 김민곤, 김민결, 김미향a, 김미향b, 김미향c, 김미진, 김미숙, 김미선, 김무영, 김묘선, 김명희, 김명섭, 김동현, 김동춘, 김동일, 김도현, 김도연, 김도석, 김대성, 김다희, 김다영, 김남철, 김남규, 김나혜, 김기웅, 김기오, 김기언, 김규항, 김규태, 김규리, 김광민, 김광명, 김고종호, 김경호, 김경일, 김경엽, 김경숙a, 김경숙b, 김가영, 김가연, 기형훈, 기세라, 금현진, 금현옥, 금명순, 권희중, 권혜영, 권현영, 권태윤, 권자영, 국찬석, 구희숙, 구자혜, 구자숙, 구완회, 구수연, 구본희, 구미숙, 괭이눈, 광흠, 곽혜영, 곽현주, 곽진경, 곽노현, 곽노근, 공현, 공은미, 공영아, 고춘식, 고진선, 고은정, 고은미, 고윤정, 고영주, 고병헌, 고병연, 고민경, 강현주, 강현정, 강현이, 강한아, 강태식, 강진영, 강준희, 강인성, 강이진, 강은정, 강영일, 강영구, 강얼, 강순원, 강수미, 강수돌, 강성규, 강석도, 강서형, 강병용, 강경모

※ 2019년 4월 9일 기준 891명